PERSPECTIVES COMPARATISTES
sous la direction de Véronique Gély et Bernard Franco
104

Drôles de dames

Ouvrage publié avec le soutien de l'Institut d'études transtextuelles et transculturelles (IETT) de l'université Jean-Moulin – Lyon 3

Sophie Coavoux

Drôles de dames

Femmes et féminisme dans l'œuvre d'Irini Dentrinou (1879-1974)

PARIS
CLASSIQUES GARNIER
2021

Sophie Coavoux est maître de conférences HDR en études néo-helléniques à l'université Jean-Moulin – Lyon 3 et membre de l'Institut d'études transtextuelles et transculturelles. Ses recherches portent essentiellement sur la littérature néo-hellénique, le genre et les sexualités. Elle a notamment publié *Le Développement de l'érotisme dans la poésie de Constantin Cavafy*.

ISBN 978-2-406-12015-5 (livre broché)
ISBN 978-2-406-12016-2 (livre relié)
ISSN 2103-480X

AVERTISSEMENT

Sauf mention contraire, tous les textes grecs ont été traduits par nos soins, de même que les titres des œuvres citées.

Le texte grec est reproduit selon l'original, avec ses particularités orthographiques et d'accentuation (accentuation polytonique, monotonique, texte reproduit sous une forme modernisée), dans le respect de l'établissement du texte des éditions utilisées.

Les noms de revues, associations féministes et autres organismes grecs sont quant à eux translittérés.

Concernant le nom d'Irini Dentrinou, nous avons opté pour une translittération plus à même de rendre compte de l'orthographe retenue par la Corfiote après son adhésion au démoticisme (*Δεντρινού* et non plus *Δενδρινού*, usage qu'elle abandonna très tôt). Enfin, que le lecteur non hellénophone ne s'étonne pas de la différence apparente de patronyme entre Irini et son père (Zavitsianos) ou son époux (Dentrinos) : l'usage grec assigne le génitif aux noms des épouses et des filles (Zavitsianou, Dentrinou).

INTRODUCTION

La Corfiote Irini Dentrinou (1879-1976) fut une figure importante de la vie intellectuelle et de la scène littéraire heptanésiennes du début du XXe siècle et se trouve souvent citée comme la dernière représentante de l'École de Corfou[1]. Ardente démoticiste, ses activités littéraires furent multiples et la variété de son répertoire impressionnante puisqu'elle se distingua comme poétesse, prosatrice, critique, conférencière, auteur pour enfants et traductrice. Membre de la Société de lecture de Corfou (« Anagnostiki Étairia Kerkyras »), de la Société des neuf (« Syntrophia ton ennia »), elle fut également directrice de la revue *Kerkyraïki Anthologia*.

Néanmoins, l'œuvre d'Irini Dentrinou, sa contribution littéraire et intellectuelle comme son nom ne sont entrés que trop partiellement dans la postérité, à rebours du rayonnement qu'ils ont connu en son temps dans le monde heptanésien et grec, et au-delà, au niveau international. En témoignent d'abord ses contacts avec de grands noms des lettres grecques tels Jean Psichari, avec lequel elle entretint une correspondance, Costis Palamas, Grigorios Xénopoulos ou Constantin Théotokis, ainsi que les nombreux témoignages d'admiration qu'elle suscita dans les cercles littéraires[2], ou encore sa contribution à des revues athéniennes. Au-delà des frontières de l'espace grec, elle est également citée dans quelques grands titres de la presse française durant les premières décennies du XXe siècle, notamment *Le Mercure de France*, *La Revue de Paris*, *Le Figaro* et les *Échos d'Orient*.

Par ailleurs, femme de terrain autant que femme de lettres, Irini Dentrinou s'est illustrée par sa participation au mouvement d'émancipation des femmes qui connaît dans l'espace grec une évolution décisive entre la

---

1 Voir le prologue de Costas Daphnis dans Irini Dentrinou, *Η Κερκυραϊκή Σχολή*, prologue de Costas Daphnis, Corfou, s. n., 1953, éd. augmentée, Kerkyraïka Chronika III, 1971, p. 10.

2 Voir notamment Katina Papa, « Ειρήνη Δενδρινού », *Néa Hestia*, année 49, t. 97, n° 1141, 15 janvier 1975, p. 102-107.

fin du XIXe siècle (et plus précisément à partir de 1880) et les premières décennies du XXe siècle. À ce titre, elle est parfois qualifiée de féministe ou de pionnière du féminisme grec. Mais sa contribution en la matière n'a pas suffisamment été mise en lumière, de même que la tradition interprétative de son œuvre n'a pas su mettre assez en exergue l'importance que revêt chez elle la « question des femmes[3] » et celle des rapports entre les sexes. Avant de chercher à comprendre comment son œuvre s'inscrit dans son temps ou dans quelle mesure elle s'en écarte, du point de vue de la question des femmes et du genre, dans ses implications littéraires, sociales, culturelles et idéologiques, un éclairage biographique et contextuel s'avère utile.

UN MILIEU PROGRESSISTE

Comme pour la plupart des femmes de son époque, son accès au monde des lettres lui fut rendu possible par le climat familial favorable et porteur du milieu aisé et éclairé qui était le sien, puisqu'elle s'inscrit dans une tradition de lettrés. Katina Papa, sa collaboratrice et amie, rappelle ainsi cette généalogie :

> Ἑκατὸν πενήντα χρόνων πρόγονοι, ὅλοι ἐξαιρετικοί, ἀπὸ τὸν πρῶτο τὸν προσπάππον της Σπυρίδωνα Ζαβιτσιάνο, ἱερέα στὴν Ἤπειρο πρὶν ἀπὸ τὴν Ἐπανάσταση τοῦ 21, ὡς τὸν τελευταῖο, τὸ Γεώργιο Ζαβιτσιάνο, τὸν πατέρα της, τὸν ἀψεγάδιαστο ἁγνὸ ἄνθρωπο καὶ βαθὺ ἐπιστήμονα, ὅλοι αὐτοὶ οἱ ἐξαιρετικοὶ πρόγονοι, ἐπιστήμονες, δάσκαλοι, καθηγητὲς στὴν Ἰόνιο Ἀκαδημία, στὸ Πανεπιστήμιο Ἀθηνῶν, πολιτικοί, ἀγωνιστές, ἰδεολόγοι, ὅλοι αὐτοὶ δούλεψαν μὲ μαστοριὰ ἀπὸ γενιὰ σὲ γενιὰ καὶ ὄξυναν τὸ πλούσιο καὶ δυνατὸ πνεῦμα ποὺ τῆς κληροδότησαν[4].
>
> « Depuis cent cinquante ans, des ancêtres tous exceptionnels depuis le premier, son arrière-grand-père, Spyridon Zavitsianos, prêtre en Épire avant le Soulèvement de 1821, jusqu'au dernier, Georgios Zavitsianos, son père, cet homme pur et irréprochable mais aussi grand scientifique, tous ces ancêtres exceptionnels, scientifiques, enseignants, professeurs à l'Académie ionienne, à l'Université d'Athènes, hommes politiques, combattants, intellectuels, tous ont travaillé avec art de génération en génération et ont affûté l'esprit riche et puissant qu'ils lui ont légué. »

3 « το γυναικείο ζήτημα ».

4 K. Papa, « Ειρήνη Δενδρινού », *op. cit.*, p. 102.

Son père, Georgios Zavitsianos, professeur de sciences formé à Paris, est issu d'une famille de notables corfiotes originaires d'Épire, et sa mère Hélène est d'origine aristocratique puisqu'elle appartient à la famille Voulgaris. Irini Dentrinou fut semble-t-il très largement influencée par la tradition libérale et progressiste de sa famille, en particulier de son père, « abreuvé d'idéaux démocratiques[5] », et de Constantin Zavitsianos qui dès les années 1850 se fit le héraut de la cause des femmes, en prônant notamment la nécessité de l'éducation des filles – il fonda à Corfou en 1852 une école privée de jeunes filles[6]. En théorie comme en pratique, la famille Zavitsianos se caractérise donc par une longue tradition progressiste : éprise de justice sociale, elle tient en haute estime les valeurs de l'égalité, notamment entre les sexes.

Élève de l'école Arsakeio de Corfou, Irini Dentrinou montre très tôt une inclination pour les lettres. Elle apprend le français, l'italien et l'anglais. Elle attire l'attention de plusieurs figures importantes du monde des lettres, qui lui manifestent une attention bienveillante, notamment Stélios Chryssomalis, Gérassimos Markoras ou Lorentzos Mavilis, bénéficiant en outre d'une formation complémentaire auprès du poète Georgios Kalosgouros, avec lequel elle lit Solomos et l'*Enfer* de Dante. Pleinement consciente de jouir d'un environnement intellectuel exceptionnel, elle écrit par exemple dans une lettre adressée à Athina Tarsouli le 14 mai 1945 :

> [...] γίνομαι τὸ χαϊδεμένο παιδὶ τοῦ Μαρκορᾶ, ποὺ μοῦ γράφει στίχους, τοῦ Χρυσομάλλη, ποὺ μὲ εἰρωνεύεται μὲ καλοσύνη καὶ μὲ σπρώχνει νὰ μελετῶ ἰδιαιτέρως ξένες γλῶσσες καὶ νὰ διαβάζω τοὺς μεγάλους στὴ λογοτεχνία[7].
>
> « [...] je deviens l'enfant chéri de Markoras qui m'écrit des vers, de Chryssomalis qui se moque de moi avec bienveillance et me pousse à étudier plus particulièrement des langues étrangères et à lire les grands noms de la littérature. »

Le 27 juillet 1900, alors qu'elle n'a que vingt et un ans, elle épouse Andréas Dentrinos[8], sans le consentement de ses parents[9]. Ce scénario

5 « ποτισμένος μὲ τὸ Εὐαγγέλιο τῆς Δημοκρατίας, βλέπει μὲ καλόβολο μάτι τὸ θηλυκό του », Athina Tarsouli, *Ἑλληνίδες ποιήτριες (1857-1940)*, Athènes, s. n., 1951, p. 84.

6 « παρθεναγωγείο ».

7 *Ibid.*

8 Conformément à l'usage en grec, le nom des épouses et des filles est au génitif, ce qui explique la différence entre Dentrinos et Dentrinou.

9 Théodossis Pylarinos, *Το λεύκωμα της Ειρήνης Α. Δεντρινού*, Athènes, Eirmos, 1989, p. 40.

improbable pour l'époque est vraisemblablement l'expression d'une liberté et d'un tempérament qui lui permirent de placer son libre arbitre au-dessus de l'institution du mariage et de transgresser ainsi ses prérogatives, ses devoirs et son rôle de fille obéissante. Ensemble, ils eurent deux enfants dont le premier meurt en bas âge. Elle fit de surcroît le choix d'un mari progressiste qui n'entrava jamais ses projets individuels. Andréas Dentrinos, bourgeois libéral, s'illustra essentiellement par son engagement dans la question paysanne à Corfou ainsi que par sa participation à la Révolution de Goudi. Élu député en 1910, il est un proche d'Élefthérios Vénizélos.

IRINI DENTRINOU ET « LA QUESTION DES FEMMES »

L'ENGAGEMENT

Dès l'âge de dix-sept ans et alors qu'elle est encore élève à Arsakeio, Irini Dentrinou collabore avec Callirhoé Parren, chef de file du mouvement féministe grec, en publiant des textes, poèmes et récits, dans *I Éphiméris ton Kyrion* (*Le Journal des Dames*), premier hebdomadaire féministe publié en Grèce entre 1887 et 1917. Ainsi, la première publication recensée d'Irini Dentrinou est *La chanson du batelier* (*Τὸ τραγούδι τοῦ βαρκάρη*), poème publié dans la livraison du 5 janvier 1896 du journal, et signé de son nom de jeune fille, « Mademoiselle Irini G. Zavitsianou ». Cette première publication est suivie par d'autres puisqu'Irini Dentrinou compte parmi les dix-huit collaboratrices régulières du journal[10], et c'est dès sa période de formation et manifestement stimulée par cette collaboration qu'elle s'initie au féminisme. Elle contribue également à d'autres revues et journaux féministes ou qui se caractérisent, à différents degrés et selon des postures diverses, par leur soutien au mouvement d'émancipation des femmes et à la littérature féminine, qu'il s'agisse de publications littéraires ou familiales, en particulier à *Noumas*, *Pinakothiki*, *Pleias*, *Grammata* d'Alexandrie, *Imérologio tis Éphiméridas ton*

10 Eleni Varikas, *Η εξέγερση των Κυριών. Η γένεση μιας φεμινιστικής συνείδησης στην Ελλάδα 1833-1907*, Athènes, Papadissi, 2011[5], p. 283 et p. 367.

Kyrion, *Oikogéneia*, *Oikogéneiako Imérologio*, *I Féministiki*, *Hellinis* ou encore *O Agonas tis gynaikas*.

Son engagement social et politique pour l'émancipation féminine ne doit pas être négligé : elle fut présidente de la Société du Combat de la Femme (« Étaireia tou Agona tis Gynaikas[11] »), présidente de la section corfiote de la Ligue des Grecques en faveur des droits de la femme (« Syndesmos Ellinidon yper ton Dikaiomaton tis Gynaikos », fondée en 1920[12]) et responsable de la section corfiote du Lycée des Grecques fondé par Callirhoé Parren en 1911[13]. En outre, Irini Dentrinou participa au Premier Congrès national des femmes qui se tint à Athènes en mars 1921. Dans une lettre qu'elle lui adresse au nom du Conseil d'administration du Lycée des Grecques, Callirhoé Parren fait référence à la participation de la Corfiote à ce Congrès[14]. De même, un article paru dans le journal *Hellinis* propose un compte-rendu du Premier Congrès national des femmes où il est précisé qu'Irini Dentrinou fut l'une des premières à prononcer une allocution lors de l'ouverture, le dimanche 28 mars 1921, en présence de la famille royale, du Conseil des Ministres, du Premier Ministre Gounaris et de tous les officiels[15]. Lors de ce moment solennel, elle fut en effet la quatrième oratrice après Callirhoé Parren, Anna Triandaphyllidou et Olga Bellini. La présence de la Corfiote lors de cette séance inaugurale officielle et la place de son discours après les allocutions respectives de la présidente et des deux vice-présidentes du Congrès, sont révélatrices de la confiance manifeste qui lui était faite et de l'importance que le mouvement féministe lui accordait. Lors de ce Congrès, elle prononça en outre une seconde allocution, le 3 avril, sur l'Association des Amateurs (« Énossi Érassitechnon[16] »). Malheureusement, à ce jour, les textes de ces deux discours n'ont pu être retrouvés.

Par ailleurs, au-delà de la sphère intellectuelle et artistique, Irini Dentrinou prit part à des activités sociales, en lien direct également

11 Th. Pylarinos, *Το λεύκωμα της Ειρήνης Α. Δεντρινού*, *op. cit.*, p. 42.

12 Ainsi que cela apparaît dans une lettre que lui adresse Callirhoé Parren le 2 janvier 1921, reproduite dans Théodossis Pylarinos, « Δύο φεμινίστριες συγγραφείς, Καλλιρόη Παρρέν και Ειρήνη Δεντρινού », *Mikrophilologika*, 10, automne 2001, p. 32, note 2.

13 *Ibid.*, p. 2, note 3.

14 *Ibid.*

15 Voir le compte rendu du Congrès « Τὸ ἐν Ἀθήναις Γυναικεῖον Συνέδριον », *Hellinis*, n° 2, 1921, p. 58.

16 *Ibid.*, p. 60.

avec le mouvement pour l'émancipation des femmes[17]. Selon son propre témoignage, elle fut la première femme à Corfou à s'inscrire sur les listes électorales pour les élections municipales[18]. Katina Papa se souvient également avoir été sollicitée par Irini Dentrinou qui tenta, sans succès, de créer une École du Dimanche à Corfou, sur le modèle de l'institution fondée en 1890 par Callirhoé Parren :

> Ἔχω ἀνάγκη ἀπὸ μορφωμένες κοπέλλες, ποὺ θέλουνε νὰ δουλέψουνε, καὶ δὲ βρίσκω· ἔλα νὰ μὲ βοηθήσεις. Θέλω νὰ φτιάξουμε μαζὶ ἕνα σχολειό, γιὰ τ' ἀγράμματα κορίτσια ποὺ δουλεύουν στὰ σπίτια. Ζητάω τόσον καιρὸ καὶ δὲ βρίσκω[19].
>
> « J'ai besoin de filles instruites, qui veulent travailler, et je n'en trouve pas : viens m'aider. Je veux que nous ouvrions ensemble une école, pour les filles illettrées qui travaillent dans les maisons. J'en cherche depuis très longtemps et je n'en trouve pas. »

Non contente de produire et de publier des textes littéraires, sans recourir ni à l'anonymat ni à des pseudonymes[20] – comme cela fut le cas pour d'autres femmes –, Irini Dentrinou s'illustra en outre comme directrice de revue, et elle fut la première femme à prononcer en Grèce des conférences publiques en langue démotique[21]. Son activité de femme de lettres signe en elle-même, à l'époque, son engagement féministe et fait d'elle un parangon d'émancipation. Il faut en effet rappeler qu'au moment où elle commence à écrire et à publier des textes, l'accès des femmes au champ littéraire est encore majoritairement jugé hétérodoxe dans le monde grec, où, comme ailleurs, se rendant par le fait coupables d'une transgression de genre, les « écrivantes » outrepassent la place sociale assignée à leur sexe. Pour une femme, écrire, et surtout publier, constitue alors un acte politique. Lors d'un séjour à Athènes, elle fréquenta

17 I. Dentrinou, *Ἡ Κερκυραϊκὴ Σχολή*, *op. cit.*, p. 7.

18 D'après Athina Tarsouli, *Ἑλληνίδες ποιήτριες*, *op. cit.*, p. 84 (la date n'est pas précisée).

19 K. Papa, « Εἰρήνη Δενδρινοῦ », *op. cit.*, p. 105.

20 Théodossis Pylarinos lui attribue toutefois l'usage du pseudonyme « Ελληνοπούλα », pour la publication du poème *Pour la cérémonie du souvenir des Corfiotes tombés au combat* dans *Éphiméris ton Eidisséon* (8 novembre 1897), voir « Ειρήνη Α. Δεντρινού (1879-1974) : από τη μεγάλη ακμή έως την αναπόφευκτη πτώση της Κερκυραϊκής Σχολής ή από την πρωτοπορία της περιφέρειας στην απομόνωση του επαρχιωτισμού », thèse de doctorat inédite, Université d'Athènes, 1997, p. 169, note 42. Il signale également l'emploi ponctuel par Dentrinou de ses initiales (ΕΑΔ) en lieu et place de sa signature (p. 45).

21 Glykéria Protopappa, « Εἰρήνη Α. Δεντρινοῦ », *Néa Hestia*, année 34, t. 68, nº 792, 1er juillet 1960, p. 858.

par ailleurs d'autres figures emblématiques de l'*intelligentsia* féminine grecque des milieux artistiques et littéraires de l'époque, comme la poétesse Myrtiotissa, la comédienne Marika Kotopouli, la musicienne Sophia Spanoudi[22].

Rappelons enfin que Constantin Théotokis, qu'elle rencontra en 1903, raffermira également sa sensibilité au socialisme et au féminisme. Défenseur de l'égalité sociale et de la cause des femmes, il lui dédia d'ailleurs son roman *L'honneur et l'argent* et tout semble indiquer que l'héroïne du roman, Rini, doive son nom à Irini Dentrinou[23]. De même, c'est vraisemblablement elle qui lui inspira les *Sonnets*, inédits de son vivant[24], qui révèlent les sentiments passionnés qu'il nourrissait pour elle – c'est d'ailleurs souvent au titre de « muse de Théotokis » que son nom est évoqué.

LES ÉCRITS

La question des femmes et la combinatoire des rapports entre les sexes occupent une place capitale dans son œuvre. En particulier, les figures féminines sont au centre de ses écrits fictionnels, et cela est manifeste dans ses récits *Le monde des salons* (*Ἀπὸ τὸν κόσμο τοῦ σαλονιοῦ*) et ses dialogues *Causeries légères* (*Πεταχτές κουβέντες*). De manière générale, la représentation des femmes, associée à un large réseau de thèmes corollaires – leur place dans la famille et la société, l'amour, le mariage, la maternité, le travail ou le désir – et celle des relations entre les hommes et les femmes sont sa première source d'inspiration. Cette caractéristique n'est cependant observable que dans ses compositions littéraires et on peut s'étonner de l'absence, à quelques exceptions près, de telles considérations dans ses articles et textes critiques. Ainsi, dans son ouvrage *L'École de Corfou*[25], Dentrinou ne met jamais en exergue les thématiques des rapports entre les sexes et de la condition sociale des femmes, pourtant largement traitées par certains membres de l'École de Corfou, dont ConstantinThéotokis et Nikolaos Koneménos.

22 Th. Pylarinos, *Το λεύκωμα της Ειρήνης Α. Δεντρινού*, *op. cit.*, p. 43.

23 Théodossis Pylarinos, « Multum in parvo : Από το "Πίστομα" και την *Τιμή και το χρήμα* του Κωνστ. Θεοτόκη στην τιμή και την υπόληψη του "Ασπροπόταμου" του Ι. Μ. Παναγιωτόπουλου », Corfou, *Ionios Logos*, 2007, p. 188.

24 Constantin Théotokis, *Σονέτα*, éd. Orestis Alexakis, Athènes, Okéanida, 1999.

25 I. Dentrinou, *Ἡ Κερκυραϊκὴ Σχολή*, *op. cit.*

Sans rester confinée dans une représentation naturalisée et réifiée du féminin qui chercherait à définir une identité féminine, son œuvre traite des femmes et non de *la* femme. Irini Dentrinou propose au contraire une riche typologie de personnages féminins. Tous les âges, toutes les classes sociales y sont représentés et tous les types, « ordinaires et atypiques », pour reprendre le titre de deux textes du recueil *Le monde des salons* (*Ἀπὸ τὸν κόσμο τοῦ σαλονιοῦ*) : filles, mères, vieilles filles, célibataires (par dépit ou par choix), coquettes, belles ou laides, bonnes ou ingrates, jalouses, victimes ou bourreaux, riches et pauvres, femmes infidèles et adultères, femmes vertueuses, séductrices, machiavéliques, femmes amoureuses, femmes frustrées, idiotes ou cultivées, femmes émancipées, libres, ou non, précieuses ridicules. Plus que des types, Dentrinou semble vouloir saisir et restituer des parcours individuels dans leur variété. Le point commun de cette large galerie de personnages est que les femmes y sont représentées dans la dynamique des rapports sociaux avec les hommes, la famille et la société tout entière, qu'il s'agisse pour elles de les accepter, de les critiquer ou encore d'y échapper.

À noter cependant que la majorité des personnages féminins sont des avatars de la bonne société corfiote de l'époque, à savoir de la fin du XIXe siècle et du début du XXe siècle, et que la plupart des textes sont inspirés du monde des salons, poste d'observation privilégié des classes moyennes et supérieures corfiotes. À ce titre, la dédicace qui précède les récits du *Monde des salons* (*Ἀπὸ τὸν κόσμο τοῦ σαλονιοῦ*) aux « filles de Grèce qui fréquentent les salons[26] » est emblématique.

Malgré la prépondérance des personnages féminins, ce sont en réalité les relations familiales et sociales qui constituent véritablement la pierre angulaire de ses écrits : entre les sexes, entre les classes, entre les âges. Irini Dentrinou s'inscrit à cet égard dans une tendance notable de la prose grecque des premières décennies du XXe siècle, l'échec de la famille traditionnelle bourgeoise devenant « un des sujets caractéristiques du roman des années 1930[27] » propice à une réflexion sur la condition féminine. D'une manière générale, les représentations des personnages féminins chez Irini Dentrinou révèlent une posture extrêmement moderne,

26 « Ἀφιερώνονται στὶς Ρωμιοποῦλες ποὺ συχνάζουν στὰ σαλόνια », Irini Dentrinou, *Τὰ Διηγήματα*, éd. critique de Théodossis Pylarinos, Athènes, Fondation Costas et Éléni Ouranis, 2014, p. 103.

27 Henri Tonnet, *Histoire du roman grec des origines à 1960*, Paris, L'Harmattan, coll. « Études grecques », 1996, p. 216 *sqq.*

pionnière, où la question des femmes rejoint une réflexion sociale plus large, reflet de ses affinités avec le socialisme comme avec le féminisme.

Et si son œuvre constitue un témoignage sur la condition des femmes grecques au début du XXe siècle, s'inspirant en particulier des femmes de la bonne société corfiote des salons, elle offre en outre un regard critique concomitant à une réévaluation des codes et valeurs dominants de l'époque. Exploration des configurations protéiformes des identités sexuelles et genrées comme des rapports entre les sexes, l'œuvre d'Irini Dentrinou ouvre ainsi aux femmes, par la fiction, un « champ de possibilités stratégiques[28] ».

CRITIQUE ET POSTÉRITÉ DE L'ŒUVRE

L'ÉCRITURE INVISIBLE DES FEMMES

Irini Dentrinou souffre aujourd'hui d'une invisibilité certaine au sein de l'histoire de la littérature grecque moderne qui, du reste, peine encore à considérer et à étudier les œuvres des femmes auteurs au même titre que celles leurs homologues masculins, se satisfaisant encore trop souvent de la seule mention du nom de quelques-unes, présentées comme représentatives ou exemplaires, mais servant essentiellement d'« alibi ». Le phénomène d'invisibilisation de la littérature écrite par des femmes dans l'histoire littéraire[29], qui n'est pas l'apanage des lettres grecques, se trouve toutefois partiellement pondéré par l'existence de quelques références bibliographiques qui y consacrent un chapitre ou quelques pages seulement; d'autres ouvrages, plus rares, font de la littérature écrite par des femmes leur objet particulier[30].

28 Michel Foucault, *Dits et écrits I. 1954-1975*, Paris, Quarto Gallimard, 2001, p. 746.

29 Voir Éri Stavropoulou, « Η παρουσία των γυναικών συγγραφέων στις ιστορίες της νεοελληνικής λογοτεχνίας », dans *Για μια ιστορία της ελληνικής λογοτεχνίας του είκοστου αιώνα, Προτάσεις ανασυγκρότησης, θέματα και ρεύματα*, Actes du colloque à la mémoire d'Alexandros Argyriou, Réthymnon, 20-22 mai 2011, édit. Aggela Kastrinaki, Politis Alexis, Dimitris Tziovas, Héraklion, Presses Universitaires de Crète, 2012, p. 481-502.

30 Un recensement sur le sujet est présenté dans la Bibliographie. Outre quelques volumes consacrés à l'Antiquité ou qui adoptent une perspective diachronique, la majorité des références recensées concernent la littérature néo-hellénique (études et anthologies) et furent publiées au cours du XXe siècle.

Signe de « l'écart entre la présence de femmes écrivains dans la culture vécue et leur faible visibilité dans l'histoire littéraire[31] », cette bibliographie, relativement indigente avant le développement en Grèce des *gender studies*, vient justifier les propos de Dirk Christian Hesseling qui consacre en 1924 un paragraphe aux « Femmes de lettres » dans son *Histoire de la littérature grecque moderne*. Y faisant, le premier, le constat de l'« absence » des femmes, il cite par ailleurs Irini Dentrinou (dans la traduction française, son nom y apparaît sous la forme « Irène Dentrinos »), ainsi que Callirhoé Parren, Alexandra Papadopoulou, Julie Dragoumis, Pénépole Delta, et s'étonne du caractère selon lui tardif du mouvement pour l'émancipation des femmes en Grèce, ainsi que de la rareté des femmes de lettres :

> L'émancipation de la femme s'est produite en Grèce plus tard qu'en Occident. Ceci s'explique par la longue domination turque et par la proximité du monde oriental. On ne saurait donc s'étonner de trouver en Grèce si peu de femmes de lettres, comparativement surtout à nos pays septentrionaux, où l'on compte notamment tant de romancières[32].

IRINI DENTRINOU « OMBRE MUETTE[33] » ?

Pour ce qui est de l'œuvre spécifique d'Irini Dentrinou, force est de constater qu'elle n'a fait l'objet que de rares analyses assorties de quelques mentions sporadiques dans des articles et des anthologies littéraires. Outre quatre références recensées respectivement en 1924, 1936, 1966 et 1990 chez Dirk Christian Hesseling, Dimitris Lambikis, Dimitris Liatsos et Stathis Maras, Irini Dentrinou apparaît également dans une vingtaine d'autres références. En particulier, Athina Tarsouli lui consacre un chapitre dans *Ἑλληνίδες ποιήτριες (1857-1940)*, ouvrage pionnier pour la recherche sur la littérature grecque écrite par des femmes[34].

---

31 Christine Planté, « La place des femmes dans l'histoire littéraire : annexe, ou point de départ d'une relecture critique ? », *Revue d'histoire littéraire de la France*, 2003/3, vol. 103, p. 655.

32 Dirk Christian Hesseling, *Histoire de la littérature grecque moderne*, traduction par Hubert Pernot, Paris, Société d'Édition Les Belles Lettres, 1924, p. 152-153.

33 Nous empruntons cette expression à Edward Saïd qui désigne les incarnations multiples de l'« altérité », notamment les femmes. Edward Saïd : *Orientalism*, New York, Vintage, 1979 ; *L'Orientalisme. L'Orient créé par l'Occident*, traduction française par Catherine Malamoud et préface par Tzvetan Todorov, Paris, Seuil, 2005[5], p. 359. Voir sur le sujet, Sophie Coavoux, « Irini Dentrinou (Corfou, 1879-1974), "ombre muette" de la littérature et du féminisme néo-helléniques ? », *Romantisme. Revue du dix-neuvième siècle*, n° 178, 2017/4, p. 135-144.

34 Sur la réception d'Irini Dentrinou, se reporter à la Bibliographie.

L'absence d'Irini Dentrinou dans l'anthologie de Tellos Agras, *Oi νέοι. Ἐκλογὴ ἀπὸ τὸ ἔργο τῶν νέων Ἑλλήνων ποιητῶν 1910-1920* (Élefthéroudakis, Athènes, 1922), fut par ailleurs remarquée par I. M. Panayiotopoulos[35]. Outre ces quelques références, c'est avant tout à Théodossis Pylarinos que l'on doit l'examen le plus approfondi de l'œuvre d'Irini Dentrinou, ainsi que l'édition et la publication de nombre de ses textes. Ses travaux font actuellement référence en ce qui concerne l'œuvre de la Corfiote et en plus des très nombreux articles qu'il lui a consacrés ou dans lesquels il la mentionne, il convient de citer en particulier une étude exhaustive menée dans le cadre d'une thèse de doctorat non publiée : « Ειρήνη Α. Δεντρινού (1879-1974) : από τη μεγάλη ακμή έως την αναπόφευκτη πτώση της Κερκυραϊκής Σχολής ή από την πρωτοπορία της περιφέρειας στην απομόνωση του επαρχιωτισμού[36] ». De plus, Théodossis Pylarinos a publié l'*Album* d'Irini Dentrinou ainsi que soixante-cinq de ses récits, accompagnés d'une longue introduction riche de renseignements sur sa vie et son œuvre[37].

Ainsi, en dépit de l'intérêt qu'a manifesté Irini Dentrinou dans sa vie et dans son œuvre pour la question des femmes, et malgré sa présence dans l'ouvrage de référence d'Athina Tarsouli, elle n'a donc que très peu intéressé la recherche sur la littérature féminine dans le champ de la littérature néo-hellénique. Son nom mériterait pourtant d'être placé aux côtés de ses illustres homologues (Callirhoé Parren, Alexandra Papadopoulou ou Maria Michanidou), ainsi que le souligne un article intitulé « Les femmes de Corfou pour Irini Dentrinou[38] ».

Hors du champ néo-hellénique, la « disparition » d'Irini Dentrinou est presque totale, que l'on envisage la recherche européenne ou internationale. Il faut d'abord noter qu'à l'instar d'autres cultures, la culture grecque moderne est souvent absente de l'économie générale des synthèses et anthologies consacrées à l'histoire et à l'histoire des littératures européennes.

---

35 Tellos Agras, *Oi νέοι. Ἐκλογὴ ἀπὸ τὸ ἔργο τῶν νέων Ἑλλήνων ποιητῶν 1910*-1920, Athènes, Élefthéroudakis, 1922. L'article de Panayiotopoulos, publié dans la revue *Moussa* (2/26, septembre 1922, p. 35) est cité par Alexandros Argyriou, *Ιστορία της Ελληνικής λογοτεχνίας και η πρόσληψή της στα χρόνια του Μεσοπόλεμου (1918-1940)*, Athènes, Kastaniotis, 2002, p. 8.

36 Th. Pylarinos, « Ειρήνη Α. Δεντρινού (1879-1974) », *op. cit.*

37 Th. Pylarinos, *Το λεύκωμα της Ειρήνης Α. Δεντρινού*, *op. cit.* ; I. Dentrinou, *Τὰ Διηγήματα*, *op. cit.*, p. 103.

38 « Οι γυναίκες της Κέρκυρας για την Ειρήνη Δεντρινού », *Éphimérida ton Eidisséon*, 21-22 février 1959 (sans nom d'auteur).

Par ailleurs, la recherche francophone portant sur la littérature féminine grecque est assez peu développée et n'a donné lieu qu'à quelques rares publications, dans un contexte où les études portant sur le genre faisaient encore il y a peu, en France probablement plus qu'en Grèce d'ailleurs, l'objet d'une méfiance des institutions universitaires et de recherche qui leur opposaient une certaine résistance, alors que ce champ disciplinaire (ou mieux transdisciplinaire) est en plein développement depuis les années 1970 aux États-Unis. Hormis la publication de textes littéraires traduits en français, on peut néanmoins citer l'anthologie *Voix de femmes grecques, Anthologie bilingue*[39], *Masculin Féminin dans la langue, la littérature et l'art grecs modernes*[40], l'ouvrage de Marie-Cécile Navet-Grémillet sur P. Delta[41], ou encore un chapitre consacré à la représentation des femmes dans l'ouvrage d'Eftychia Amilitou sur Xénopoulos et la littérature médiatique[42].

En outre, aucune mention de la Corfiote ne figure dans les ouvrages qui optent pour une perspective comparatiste, dictionnaires, encyclopédies et anthologies consacrés à la création féminine qui englobent pourtant le monde grec, comme *An Encyclopedia of Continental Women Writers* (Katharina M. Wilson), le *Dictionnaire universel des créatrices* (sous la direction d'Antoinette Fouque, Béatrice Didier, Mireille Calle-Gruber) ou encore *Women Writers of Great Britain and Europe : An Encyclopedia* (Katharina M. Wilson, Paul et June Schlueter).

Finalement, c'est davantage dans le champ de l'histoire et en particulier dans des ouvrages parus à partir des années 1990 qui s'inscrivent peu ou prou dans la mouvance de la critique féministe, que sont essentiellement faites quelques rares mentions de la Corfiote : chez Eleni Varikas, Irini Rizaki ou Katerina Dalakoura et Sidéroula Ziogou-Karastergiou[43]. Théodossis Pylarinos

39 *Voix de femmes grecques, Anthologie bilingue*, Paris, Hellinika Chronika, t. 10, 2000.

40 *Masculin Féminin dans la langue, la littérature et l'art grecs modernes*, Actes du XXIe Colloque international des néo-hellénistes des universités francophones, 28-30 mai 2009, éd. Sophie Coavoux, Lyon, Publication de l'IETT, Université Jean Moulin Lyon 3, 2011.

41 Marie-Cécile Navet-Grémillet, *L'Alexandrie de Pénélope Delta (1874-1941), face cachée d'un écrivain grec*, Alexandrie, De Boccard, Centre d'études alexandrines, 2019.

42 Eftychia Amilitou, *L'Écrivain et le Camelot. Littérature médiatique en Grèce (1880-1945)*, Paris, Honoré Champion, 2015, Chapitre 6, p. 365 *sqq.*

43 E. Varikas, *Η εξέγερση των Κυριών*, *op. cit.* ; Irini Rizaki *Οι "γράφουσες" Ελληνίδες. Σημειώσεις για τη γυναικεία λογιοσύνη του 19^{ου} αιώνα*, Athènes, Katarti, 2007, p. 68, p. 75, p. 77. Katerina Dalakoura, Sidéroula Ziogou-Karastergiou, *Η εκπαίδευση των γυναικών. Γυναίκες στην εκπαίδευση. Κοινωνικοί, ιδεολογικοί, εκπαιδευτικοί μετασχηματισμοί και η γυναικεία παρέμβαση (18^{ος} – 20^{ος} αι.)*, Syndesmos Ellinikon Akadimaïkon Vivliothikon, Athènes, Kallipos, 2015, http://hdl.handle.net/11419/2585 (consulté le 10/05/2019). On

rappelle quant à lui fréquemment la filiation de Dentrinou au féminisme et évoque l'importance chez elle de la question des femmes, mais il ne consacre pas à cet aspect de l'œuvre un examen approfondi et systématique. Ainsi, il ressort de cette rapide revue bibliographique qu'aucune des références recensées n'a suffisamment souligné l'apport d'Irini Dentrinou du point de vue du genre et la Corfiote semble de fait partiellement exclue du *corpus* de l'histoire littéraire comme du *corpus* féminin ou féministe.

La cause probable de cet « oubli » relatif dans lequel est tombée Irini Dentrinou est, d'abord, liée vraisemblablement à sa situation d'entre-deux. En effet, dans le contexte néo-hellénique, elle est avant tout assimilée à l'histoire culturelle et intellectuelle de l'Heptanèse et de Corfou en particulier, situation qui la dessert, en raison de la rivalité entre la culture athénienne et la culture ionienne qui aboutira, au début du XXe siècle, au déclin de cette dernière[44]. De même, au détriment de son legs littéraire en propre, l'histoire de la littérature semble davantage s'intéresser, d'un point de vue biographique, à sa relation personnelle avec Constantin Théotokis, à son rôle au sein de l'École de Corfou, voire, éventuellement, à son apport en tant que critique (en particulier à travers l'ouvrage qu'elle consacre à l'École de Corfou[45]). Quant à l'absence de postérité de son œuvre du point de vue du féminisme, on peut émettre l'hypothèse que si Irini Dentrinou semble désormais reléguée aux marges du *corpus* féministe, c'est que, gardant ses distances avec toute doxa, son identification, d'un point de vue idéologique, est de fait plus malaisée. Enfin, le peu d'attention qu'a suscité son œuvre offre un exemple supplémentaire de l'oblitération dont pâtissent, dans l'histoire de la littérature, les femmes qui écrivent ou contribuent de diverses manières à la vie littéraire. Mais au-delà de ces causes premières, la disparition d'Irini Dentrinou est indirectement liée à des facteurs plus complexes qui ont trait à des rapports de pouvoir et à des hiérarchies disciplinaires internes à la recherche.

---

relève également quelques mentions de son nom dans la thèse qu'Eleni Lianopoulou a consacrée aux prosatrices grecques de l'entre-deux-guerres *Οι Ελληνίδες πεζογράφοι του Μεσοπολέμου (1921-1944)*, thèse de doctorat, Université Aristote de Thessalonique, 1994.

44 Mario Vitti parle d'antagonisme entre les deux cultures, *Histoire de la littérature grecque moderne*, Paris, Hatier, 1989, p. 207. Sur le sujet, voir Barbara Papastavrou, « L'Heptanèse (1823-1923) : apogée et déclin littéraires d'un lieu médiateur », dans Corinne Alexandre-Garner (dir.), *Frontières, marges et confins*, Nanterre, Presses universitaires de Paris Nanterre, 2008, http://books.openedition.org/pupo/2925 (consulté le 2/12/2019).

45 I. Dentrinou, *Ή Κερκυραϊκή Σχολή*, *op. cit.*

ARGUMENT : ÉPISTÉMOLOGIE ET RAPPORTS DE POUVOIR

Les études portant sur les femmes d'abord puis celles adoptant l'optique du genre se sont d'abord épanouies dans la recherche en sciences sociales et en histoire. En Grèce, les premières recherches menées sur l'histoire des femmes apparaissent à la fin des années 1980[46], avec par exemple les travaux de Koula Xiradaki, et émanent de chercheuses formées pour une grande part à l'étranger, notamment en France. C'est le cas d'Efi Avdela, d'Eleni Varikas, d'Eleni Fournaraki ou de Maria Korassidou, pionnières en ce domaine, qui ont mené leurs recherches en doctorat sous la direction de Michelle Perrot, éminente historienne et militante féministe[47]. La recherche portant sur la littérature s'est quant à elle attelée plus tardivement à sortir les femmes de l'oubli ou du silence dans lequel elles avaient pour la plupart été reléguées. L'histoire littéraire qui met en lumière la production écrite par des femmes au XIXe siècle en Grèce a investi le champ de la recherche depuis les années 1980 mais surtout après 1990, suivant en cela le mouvement amorcé pour le monde anglophone par Elaine Showalter, Ellen Moers, Sandra Gilbert ou Susan Gubar qui, en écho aux idées énoncées par Virginia Woolf dans son ouvrage fondateur pour la critique féministe *Un lieu à soi*[48] (*A Room of One's Own*, 1929), ont cherché à fonder une tradition littéraire féminine à part entière[49].

D'abord, l'ouvrage d'Irini Rizaki, *Οι "γράφουσες" Ελληνίδες. Σημειώσεις για τη γυναικεία λογιοσύνη του 19ου αιώνα*, paru en 2007,

46 Efi Avdela, *Le genre entre classe et nation. Essai d'historiographie grecque*, Paris, Syllepse, 2006, p. 16.

47 Efi Avdela, « Les études genre en Grèce : ce champ qui n'en est pas un », 1res Rencontres Européennes du RING, « À propos des études de genre dans les pays européens. Où en sommes-nous ? », sous la responsabilité de Danièle Bussy Genevois et Michèle Riot-Sarcey, 27-28 octobre 2006, Saint-Denis, http://www2.univ-paris8.fr/RING/spip.php?rubrique25 (consulté le 2/06/2019).

48 Virginia Woolf, *A Room of One's Own*, Londres, Hogarth Press, 1929 ; *Un lieu à soi*, traduction française par Marie Darrieussecq, Paris, Denoël, « Empreinte », 2016.

49 Aussi utilisons-nous dans cet ouvrage l'expression « écriture féminine » entendue dans un sens large, comme « production écrite par des femmes », et non dans le sens de la critique féministe française ou du concept d'« écriture féminine » de la gynocritique.

a mis en lumière, pour le XIXe siècle grec, la contribution des femmes au champ littéraire[50]. Quelques années plus tard, en 2014, Sophia Denissi retrace la présence des femmes dans l'histoire littéraire grecque, des Lumières jusqu'au romantisme, en publiant une étude magistrale intitulée *Ανιχνεύοντας την "αόρατη" γραφή. Γυναίκες και γραφή στα χρόνια του ελληνικού διαφωτισμού-ρομαντισμού*[51]. Suivant la même logique d'exhumation et de réhabilitation, à partir de la fin des années 1990, des textes écrits par des femmes ont été publiés, ainsi que des monographies portant sur la littérature féminine, tendance qui ne se dément pas aujourd'hui. Ainsi par exemple, Alexis Ziras et Giannis Papakostas ont publié les récits d'Alexandra Papadopoulou, *Aventures d'une institutrice. Au monastère*, en 2005.

Au sein même des études sur le genre, et particulièrement en France où la transdisciplinarité mais surtout l'approche proposée par les études culturelles, et mieux, transculturelles, n'ont encore trouvé qu'un accueil assez tiède, vient se rejouer une certaine hiérarchie disciplinaire qui tend à dénier ou à minorer toute légitimité à la littérature, du moins aux études littéraires, jugées moins pertinentes que la sociologie ou l'histoire. Pour preuve le titre provocateur mais éloquent à cet égard d'un récent ouvrage paru en 2014 sous la direction de Guyonne Leduc : *Comment faire des études-genres avec de la littérature : masquereading*. Dans la préface, Marie-Hélène Bourcier y rappelle qu'en France, les études sur le genre se trouvent « corsetées [...] par une sociologique [*sic*] traditionnelle, hégémonique et disciplinaire[52] », avant de réaffirmer la richesse de la littérature et la pertinence des études littéraires dans le champ des études portant sur le genre[53]. L'idée n'est pas nouvelle puisqu'on la trouve déjà énoncée par Kate Millet, ou encore Gayatri Chakravorty Spivak qui, ignorant pour sa part tout cloisonnement disciplinaire, souligne tant

50 I. Rizaki, *Οι "γράφουσες" Ελληνίδες*, *op. cit.*

51 S. Denissi, *Ανιχνεύοντας την "αόρατη" γραφή*, *op. cit.*

52 Marie-Hélène Bourcier, « Mini-épistémologie des études littéraires, des études genres et autres *studies* dans une perspective interculturelle », dans *Comment faire des études genre avec de la littérature. Masquereading*, ouvrage collectif sous la direction de Guyone Leduc, préface de Marie-Hélène Bourcier, Paris, L'Harmattan, coll. « Des idées et des femmes », 2014, p. 13.

53 Voir aussi Christine Planté, « Le genre en littérature : difficultés, fondements et usages d'un concept », dans GENERE (dir.), *Épistémologies du genre : Croisements des disciplines, intersections des rapports de domination*, Lyon, ENS Éditions, 2018, http://books.openedition.org.acces.bibliotheque-diderot.fr/enseditions/9197 (consulté le 10/12/2019).

la pertinence de la littérature pour éclairer les questions relatives au genre que sa signification politique[54], à l'instar notamment d'Edward Saïd. Geneviève Fraisse et Michelle Perrot ont également souligné à ce sujet qu'il fallait « prêter une attention extrême » à ces « bricolages infimes par lesquels les dominés s'approprient les mots et les choses[55] ». De même, face au constat de la relégation de la littérature au rang de discipline secondaire, Christine Planté écrit :

> Même si aujourd'hui les grands vecteurs de représentation se sont à un niveau de masse déplacés vers d'autres pratiques et d'autres supports, la littérature demeure irremplaçable comme mémoire et transmission d'une culture, mais aussi parce qu'elle fonde une communauté intangible tout en s'adressant aux lecteurs et lectrices une par une, un par un, proposant par là un mode sans équivalent d'appropriation subjective critique et de contestation utopique des normes de genre[56].

Dans ce contexte général défavorable à la littérature, les lettres néo-helléniques, ainsi que les littératures d'autres aires culturelles pensées comme périphériques, se trouvent de surcroît bien souvent oubliées, suivant une perception qui se fonde parfois sur un orientalisme sous-jacent. L'apport des études postcoloniales a permis de mettre en lumière cette forme d'altérité ontologique et en particulier les travaux d'Edward Saïd sur l'orientalisme sont très éclairants, notamment via la transposition théorique qu'ils permettent, dans le champ du genre, de la notion d'Orient « création de l'Occident, son double, son contraire, l'incarnation de ses craintes et de son sentiment de supériorité tout à la fois, la chair d'un corps dont il ne voudrait que l'esprit[57]. »

À de nombreux égards, s'intéresser à la contribution de cette femme de lettres partiellement oubliée, et l'incorporer dans le processus de

54 Voir Gayatri Chakravorty Spivak, *In Other Worlds : Essays in Cultural Politics*, Routledge, 1987 ; *En d'autres mondes, en d'autres mots. Essais de politique culturelle*, traduction par Françoise Bouillot, Paris, Payot, 2009 – Gayatri Chakravorty Spivak, *Nationalism and the Imagination*, New York, Seagull Books, 2010 ; *Nationalisme et Imagination*, traduction par Françoise Bouillot, Paris, Payot, 2011.

55 *Histoire des femmes en Occident*, Georges Duby, Geneviève Fraisse, Michelle Perrot (dir.), vol. 4, XIXe siècle, Paris, Plon, 1991, p. 120 (« La production des femmes imaginaires et réelles »).

56 Christine Planté, *La petite sœur de Balzac. Essai sur la femme auteur*, nouvelle édition révisée, Presses Universitaires de Lyon, Lyon, 2015, p. 350. Voir aussi C. Planté, « Le genre en littérature : difficultés, fondements et usages d'un concept », *op. cit.*

57 E. Saïd, *L'Orientalisme*, *op. cit.*

réécriture de l'histoire littéraire comme de l'histoire culturelle, semble constituer, en soi, une entreprise utile, permettant aussi de lever en partie le voile qui dissimule la littérature grecque écrite par des femmes pour l'extraire de l'obscurité. En cela, notre démarche accompagne l'idée selon laquelle « toute connaissance incomplète est une connaissance affaiblie, insatisfaisante, qui tend à reconstruire une image fausse de la réalité – ici, de la littérature[58] ». Et si, ce faisant, nous participons à la réécriture de l'histoire littéraire qu'il convient de décliner aussi au féminin, cela n'exclut pourtant pas que notre objectif premier est d'intégrer Irini Dentrinou dans une histoire commune et mixte, plutôt que différenciée et distincte. De cette manière, notre étude s'inscrit dans un courant de l'histoire qui, dans la lignée du retour critique inauguré par le volume *Une histoire des femmes est-elle possible ?*, publié en 1984 sous la direction de Michelle Perrot, se refuse à construire une « histoire des femmes » perçue comme entité séparée, qui ignore les rapports de pouvoir et l'histoire des hommes[59]. C'est dans cette perspective, invitation à penser une nouvelle histoire littéraire dépassant le champ des études féministes, que se place notamment Martine Reid, dans son ouvrage *Des femmes en littérature*, en affirmant que

> Après des siècles de vues universalistes (où le masculin a dominé et où cette domination est demeurée le plus généralement impensée), après des décennies d'« écriture féminine » (à partir des années 1970, les œuvres de femmes ont semblé surtout le terrain réservé des féministes), le temps est assurément venu de considérer le champ littéraire comme un tout, mais comme un tout *genré*, avec toutes les implications historiques et théoriques entendues par cette qualification[60].

L'optique du genre demeure donc utile, et elle est ici adoptée telle que Joan W. Scott l'a définie :

> Trop souvent, « genre » connote une approche programmatique ou méthodologique dans laquelle les sens donnés à « hommes » et « femmes » sont

58 Christine Planté, « La place des femmes dans l'histoire littéraire : annexe, ou point de départ d'une relecture critique ? », *Revue d'Histoire littéraire de la France*, 3, 2003, p. 659.

59 Voir Riot-Sarcey Michèle, Planté Christine, Varikas Eleni, « Introduction », *Les Cahiers du GRIF*, « Le genre de l'histoire », 37-38, 1988, p. 21-23.

60 Martine Reid, « Quelques observations à propos de *The Sentimental Education of the Novel* de Margaret Cohen », *LHT*, n° 7, avril 2010, http://www.fabula.org/lht/7/reid.html (consulté le 12/10/2019).

> vus comme immuables ; l'enjeu consiste à décrire des rôles qui diffèrent, plutôt qu'à les interroger. Je pense que le genre ne peut demeurer utile que s'il dépasse cette approche, s'il est pris comme une invitation à réfléchir sur un mode critique à la manière dont les significations de corps sexués sont produites en relations les unes avec les autres, à s'interroger sur la manière dont ces significations se déploient et se modifient[61].

Cet ouvrage sur Irini Dentrinou se veut donc hybride et se situe entre l'étude et l'essai. S'il s'agit d'abord d'une monographie, l'objectif premier n'est pas de s'en tenir aux limites strictes du genre en se cantonnant à l'examen d'une personnalité littéraire isolée mais de déployer autour d'elle une réflexion plus large sur le contexte littéraire et culturel, à savoir sur la question des femmes et son implication dans le monde des lettres au tournant du siècle. Par ailleurs, ce premier objectif, inscrit dans une tradition philologique, se verra complété sur le plan théorique. La démarche choisie se réclame en partie d'un mouvement d'autoréflexivité qui invite à adopter un regard critique face aux rapports hiérarchiques internes à la recherche, à prendre conscience des liaisons dangereuses entre savoir et pouvoir en cherchant à dépasser les écueils de la « colonisation discursive[62] ». Le mode de réflexion, le mouvement de pensée, les outils convoqués, les emprunts à la critique féministe et à la critique littéraire sont ainsi interrogés et le texte, pensé comme un *work in progress*, réfléchit à sa propre production.

Ajoutons à cela un deuxième objectif assigné à cette étude. S'adressant au premier chef à un public francophone, elle invite un lectorat non hellénophone à la rencontre entre études sur le genre et espace néo-hellénique, souvent oubliée dans les anthologies, dictionnaires et études comparatistes. Néanmoins, de la même manière qu'il serait restrictif de mener une étude littéraire de l'œuvre de Dentrinou dans une optique strictement féminine et féministe qui exclurait toute comparaison avec

61 Joan W. Scott, « Le genre : une catégorie d'analyse toujours utile ? », *Diogène*, vol. 225, no. 1, 2009, p. 5-14.

62 L'expression est de Chandra Talpade Mohanty, "Under Western Eyes revisited : Feminist Scholarship and Colonial Discourses", *Boundary* 2, vol. 12, n° 3, *On Humanism and the University I : The Discourse of Humanism*, (Spring – Autumn, 1984), p. 333-358. Sur les liens entre colonialisme et études sur le genre, voir Christine Verschuur, « Orientalisme dans les études de genre ? Les apports des théories et pratiques des "autres" femmes et organisation de femmes », dans Christine Verschuur (dir.), *Vents d'Est, vents d'Ouest. Mouvements de femmes et féminismes anticoloniaux*, Actes des colloques genre de l'IHEID, Commission nationale suisse pour l'UNESCO DDC IHEID, Genève-Berne, 2009, p. 13-21.

la production littéraire des hommes, une optique strictement « grecque » ne pourrait être satisfaisante. Aussi nous proposons-nous d'adopter dans ce volume une approche transculturelle et transdisciplinaire, qui épouse une optique volontiers comparatiste, en situant l'œuvre dans l'économie générale de l'histoire littéraire et culturelle.

Enfin, seule une approche intersectionnelle nous semble pouvoir embrasser et interroger les multiples problématiques que soulève l'œuvre de Dentrinou, autour des catégories du sexe et du genre et de leur intrication avec l'âge ou la classe sociale, ainsi qu'autour des rapports de pouvoir dialectiques entre « Orient/Occident », « centre/périphérie », « canon/minorité », « grande littérature / littérature mineure ». C'est là croyons-nous la seule possibilité d'affronter littéralement, au sein de l'œuvre de la Corfiote, incohérences, ambivalences et contradictions, et de les percevoir, à rebours, non comme des limites mais comme une source d'enrichissement pour la réflexion théorique. Ainsi, sur la posture d'Irini Dentrinou auteur[63], ne la considérerons-nous pas uniquement comme femme, mais aussi comme femme à une époque donnée, Grecque, Corfiote, issue de la bonne société. Ce regard transversal permet de mettre en lumière le rapport de réciprocité qui se noue entre le champ du « genre » et celui de la littérature (ou des textes, au sens large du terme) : le genre éclaire la littérature et la littérature éclaire le genre. D'un point de vue épistémologique, cette étude contribuera, nous l'espérons, à contourner les rapports de pouvoir logés au cœur de la constitution du savoir et à enrichir, modestement mais à différents niveaux, les études portant sur le genre, la littérature, la culture néo-hellénique[64], en considérant l'œuvre d'Irini Dentrinou, parangon de l'altérité, « ombre muette », « autre », subalterne, parce que femme, Grecque moderne, Corfiote, femme de lettres, donc reléguée, à plusieurs titres, à la périphérie plutôt qu'au centre.

63 Nous n'aborderons qu'épisodiquement la question de la réception.

64 De ce point de vue, il est primordial de rappeler la contribution d'Eleni Varikas, dont les travaux ont permis conjointement de faire coïncider études sur le genre et espace néo-hellénique et à décloisonner histoire et littérature.

LA *VALEUR* DE L'ŒUVRE D'IRINI DENTRINOU

Dernier point, particulièrement épineux : la question de la valeur de l'œuvre. Si l'on admet que l'intérêt d'une étude portant sur Irini Dentrinou puise sa légitimité dans l'entreprise de « réhabilitation » au sein d'une histoire littéraire mixte et transculturelle d'une femme auteur oubliée, marginalisée, mineure (parce que femme, Grecque, hellénophone, Corfiote), se pose en outre la question cruciale, quoique embarrassante, de la valeur de son œuvre au regard du canon littéraire. En d'autres termes, en écho à la problématique générale de la valeur d'une œuvre et de la hiérarchie traditionnellement adoptée entre les « grands noms » de la littérature et les autres, la question se pose de savoir si l'œuvre d'Irini Dentrinou est une grande œuvre littéraire ou si elle appartient à la catégorie, floue, de la littérature mineure autrement appelée, depuis les années 1970, « paralittérature[65] ».

En effet, la littérature produite par des femmes a longtemps été considérée comme mineure *de facto*, argument par ailleurs sous-tendu par un imaginaire genré relatif aux genres littéraires – l'autobiographie ou la littérature pour enfants étant tenues pour des genres féminins. Cette question de la valeur a intéressé largement la recherche portant sur le genre et les femmes. Dans le domaine des arts plastiques, Linda Nochlin s'est ainsi penchée sur la question dans un article fondateur de la réflexion sur la notion de valeur de l'art menée dans une perspective genrée, paru en 1971 sous le titre « Pourquoi n'y a-t-il pas eu de grande femme artiste[66] ? », question déclinable dans tous les champs de l'art et de la culture, donc de la littérature, comme « à l'intérieur d'une économie de la valeur littéraire sexuellement marquée[67] ».

65 Marc Angenot, « Qu'est-ce que la paralittérature ? », *Études littéraires*, 7 (1), 1974, p. 9-22.

66 Linda Nochlin, « Pourquoi n'y a-t-il pas eu de grande femme artiste ? », *Femmes, art et pouvoir et autres essais*, Éditions Jacqueline Chambon, Nîmes, 1993 (titre original "Why Have There Been No Great Women Artists ?"). Sur le sujet, voir aussi Séverine Sofio, Perin Emel Yavuz et Pascale Molinier (dir.), « Genre, féminisme et valeur de l'art », *Cahiers du genre*, n° 43, L'Harmattan, Paris, 2007.

67 Delphine Naudier, « L'écriture-femme, une innovation esthétique emblématique », *Sociétés contemporaines*, vol. 44, 4, 2001, p. 57-73.

Quelle « valeur » attribuée à l'œuvre d'Irini Dentrinou pourrait donc en justifier l'examen ? Une réponse à cette question pourrait être : « parce qu'elle est exceptionnelle ». Œuvre exceptionnelle, femme exceptionnelle, certes, en dépit des nombreux pièges et écueils théoriques sur lesquels achoppent ces qualifications[68]. De par son milieu d'origine, qui l'assimile à l'élite économique et intellectuelle corfiote, comme par le tempérament qu'on peut lui supposer, prudemment, au travers de ses écrits et des éléments de sa biographie, Irini Dentrinou est parvenue à « dépasser son genre », par ses activités littéraires, mais également parce qu'elle chemina, au fil de sa carrière, dans un milieu traditionnellement masculin, et *a fortiori* sans qu'on lui dénie jamais, contrairement à d'autres, son « identité de femme ». En cela, oui, par sa trajectoire rare, originale et pionnière en son temps, elle est exceptionnelle.

La question se complique dès lors que l'on cherche à savoir si l'œuvre est, elle aussi, exceptionnelle ou recèle pour le moins une quelconque valeur littéraire. D'abord, il est incontestable que la publication de textes écrits par des femmes, jusqu'ici inédits et oubliés, corrélée au développement de la recherche, a mené à réhabiliter des écrits jusque-là considérés comme inférieurs au regard des canons officiels, et plus, à leur conférer une valeur intrinsèque. Il faut se demander si ce mécanisme ne constitue pas un piège, par l'effet de catégorie qu'il crée, qui mènerait à considérer tout écrit émanant d'une femme auteur comme exceptionnel, sans égard pour d'autres critères. Hors de toute problématique genrée, c'est aussi la question que se pose la critique littéraire, autour de la notion de paralittérature – à l'instar de Panayiotis Moullas pour les lettres grecques[69] – qui porte en elle le germe d'une réévaluation du canon littéraire et invite à un regain d'intérêt pour un *corpus* laissé à la marge parce que considéré comme secondaire.

Sans prétendre répondre de manière exhaustive à cette vaste question de la valeur de l'œuvre, la réponse apparaît nous semble-t-il à plusieurs niveaux. Tout d'abord, l'œuvre de Dentrinou présente un intérêt intrinsèque et recèle à ce titre une valeur en ce qu'elle constitue un témoignage

68 Sur le sujet, voir Michèle Riot-Sarcey, Eleni Varikas, « Réflexions sur la notion d'exceptionnalité », *Les Cahiers du GRIF*, « Le genre de l'histoire », *op. cit.*, p. 77-89 ; Christine Planté, *ibid.*, p. 90-111.

69 Panayotis Moullas, *Ο χώρος του εφήμερου. Στοιχεία για την παραλογοτεχνία του 19ου αιώνα*, Athènes, Sokolis, 2007.

historique – unique, personnel et subjectif – encapsulant des *realia*, offrant un discours et une représentation qui s'inscrivent de plein droit dans l'histoire culturelle, et cela, indépendamment de sa valeur esthétique réelle ou supposée. Le plaisir de la lecture d'une voix personnelle, vecteur d'un regard forcément singulier, doit aussi permettre de passer outre ces considérations théoriques inépuisables, tout en se gardant de fétichiser l'œuvre sur le seul motif qu'elle est supposée exceptionnelle.

Ensuite, vouloir étudier dans une œuvre fictionnelle la combinatoire des rapports de sexes pour y saisir les liens d'adéquation ou de transgression avec des modèles normatifs donnés suppose, nous semble-t-il, de répondre à l'injonction de prendre en considération toute la production culturelle, hors hiérarchie qualitative. Il faut souligner en effet que le foisonnement du discours sur la question des femmes est particulièrement visible dans le *corpus* dit paralittéraire que constitue la littérature populaire occidentale de la Belle époque, en particulier le théâtre ou le roman bourgeois qui s'inspirent des revendications féministes et de la redéfinition des rapports entre les sexes. À cet égard, ignorer ce corpus paralittéraire au seul motif de sa qualité esthétique moindre par rapport au canon de la « grande littérature » constituerait une erreur méthodologique majeure qui viendrait tronquer notre connaissance de l'imaginaire social et culturel genré de l'époque. Or, une part importante de la production d'Irini Dentrinou s'inscrit dans la généalogie de cette paralittérature et, en particulier, ses dialogues entrent parfaitement en résonance avec les écrits de ses contemporains français, tels Henri Lavedan, Abel Hermant, et surtout Gyp, qui inventèrent une hybridation de roman de mœurs mondaines et de théâtre (sous la forme du roman dialogué[70]), genre diffusé notamment dans la collection populaire Sélect-collection de Flammarion.

Si elle ignore toute hiérarchie qualitative, la démarche interprétative se trouve en outre facilitée par l'analyse comparatiste. Il serait bien

70 Sur le développement du roman dialogué dans la littérature française, voir Georges Pélissier, « La littérature dialoguée en France », *Études de littérature contemporaine*, Paris, Perin et Cie, 1898, p. 249 *sqq.*, https://archive.org/details/tudesdelitt01pell/page/248 (consulté le 4/12/2019) ; Jacqueline Viswanathan-Delord, *Spectacles de l'esprit. Du roman dramatique au roman-théâtre*, Québec, Presses de l'Université Laval, 2000 ; Clara Sadoun-Édouard, « *La Vie parisienne* ou la mise en scène de la mondanité », *Médias 19*, dans Olivier Bara et Marie-Ève Thérenty (dir.), *Théâtralisation des écritures de presse, Presse et scène au XIXe siècle*, http://www.medias19.org/index.php?id=5052 (consulté le 4/12/2019).

dommage de se priver du parallèle saisissant entre Gyp et Dentrinou, tant au niveau de la forme que du fond (exception faite de l'antisémitisme virulent de la Française). Sous ce nom de plume, Sybille Riquetti de Mirabeau, comtesse de Martel de Janville, connut en son temps un succès phénoménal par ses textes pleins d'humour et d'esprit dans lesquels elle s'attaque aux contradictions et aux affres de la société de son temps, en particulier à l'aristocratie. Pour la composition de ses dialogues, romans et pièces de théâtre, elle puisa son inspiration dans la reconfiguration des rôles sociaux de sexe (*Elles et lui*, *Mariage civil*, *Mademoiselle Ève*, *Tototte*, *Le mariage de Chiffon*[71]) et derrière son « âme ironique », ainsi que le reconnut Anatole France, Gyp fut aussi une « grande philosophe[72] ». Irini Dentrinou avait connaissance de cette littérature populaire française, puisqu'elle cite par exemple le roman *Les demi vierges* de Marcel Prévost. En outre, le succès de Gyp eut un retentissement jusqu'en Grèce et il y a fort à parier que Dentrinou connaissait son œuvre, au moins par les références et mentions qu'en font successivement les revues *I Éphiméris ton Kyrion* et *Boukéto*[73], où Dentrinou publia elle-même des textes.

Ainsi, que l'on considère son œuvre comme intégrant de plein droit le canon littéraire ou suivant son assimilation à une littérature populaire caractéristique de son époque, l'apport de Dentrinou mérite considération et l'examen de son œuvre ne peut qu'enrichir notre connaissance du fait littéraire par la constitution d'un *corpus* élargi affranchi de considérations strictement esthétiques, normatives et subjectives.

71 La postérité a essentiellement retenu de l'œuvre son orientation politique et idéologique marquée puisque Gyp se distingua aussi par son nationalisme fervent qui n'eut d'égal que son antisémitisme notoire et ses positions antidreyfusarde et boulangiste.

72 Anatole France, « La sagesse de Gyp », *La vie littéraire*, deuxième série, Paris, Calmann-Lévy éditeurs, 1890.

73 « Ἡ Gyp », *I Éphiméris ton Kyrion*, année 10, n° 463, 3 novembre 1896, p. 1-2 (article consacré à l'écrivaine française signé sous le pseudonyme Rhapsodos). « Γυναικεῖα καπρίτσια », *Boukéto*, 2 février 1928 (traduction).

LIMITES CHRONOLOGIQUES ET ENJEUX DE L'ANALYSE

Cette étude limite l'examen de l'œuvre d'Irini Dentrinou à sa production littéraire de ses débuts jusqu'à l'entre-deux-guerres, limites chronologiques qui autorisent néanmoins, lorsque cela semble opportun, des incursions ponctuelles dans sa production ultérieure. Cette période englobe en effet la grande majorité de sa production, qu'il s'agisse ou non de fiction littéraire, et coïncide avec un âge d'or de l'histoire littéraire heptanésienne, en particulier pour la prose. Par ailleurs, c'est essentiellement durant cette période que l'on trouve chez Dentrinou les témoignages les plus intéressants au chapitre de la question des femmes, même si le sujet fait également résurgence dans des écrits plus tardifs. Par ailleurs, durant les deux dernières décennies du XIXe siècle et jusqu'à la période de l'entre-deux-guerres, les femmes accèdent au monde des lettres de manière massive et croissante. Il convient donc de souligner l'apport d'Irini Dentrinou durant cette période clé pour la littérature féminine dans le monde grec et de montrer ainsi qu'elle eut un rôle pionnier en ce domaine.

Ces limites chronologiques répondent enfin, comme l'a souligné Efi Avdela[74], aux deux moments forts de la protestation féminine et féministe, « le dernier quart du XIXe siècle, période de formulation de la première critique systématique des femmes sur le sort réservé à leur sexe ; et l'entre-deux-guerres, avec son mouvement féministe actif et pluriel[75] ». La production de Dentrinou qui constitue le *corpus* de cette étude correspond donc à une période-charnière en Grèce, marquée par

74 E. Avdela, *Le genre entre classe et nation*, *op. cit.*, p. 17.

75 Voir aussi Efi Avdela, Angelika Psarra, *Ο φεμινισμός στην Ελλάδα του Μεσοπολέμου : μια ανθολογία*, Athènes, Gnossi, 1985, p. 33 : « Η αρχή της μεσοπολεμικής περιόδου μπορεί να τοποθετηθεί στο 1920, χρόνια που ιδρύθηκε ο Συνδεσμός για τα Διαιώματα της Γυναίκας [...] Ένα χρόνο αργότερα, η σύγκληση Γυναικείου Συνεδρίου από το Λύκειο των Ελληνίδων, πρωτοβουλία που θα συγκεντρώνει τα πυρά πολλών γυναικείων οργανώσεων, έρχεται να συμβολίζει το τέλος μιας εποχής, τη μετάβαση από τη μία περίοδο στην άλλη. » (« On peut situer le début de la période de l'entre-deux-guerres en 1920, année de fondation de l'Association pour les Droits de la Femme [...] Une année plus tard le Congrès des femmes réuni par le Lycée des Grecques s'attirera les foudres de nombreuses organisations féminines et devient le symbole de la fin d'une époque, de la transition d'une période à une autre. »)

l'arrivée massive des femmes en littérature et par les évolutions notoires que connaît leur condition sur le plan social, culturel et juridique.

Irini Dentrinou a laissé une œuvre éclectique, composée de poésie, de prose (récits et nouvelles), de dialogues théâtraux, que viennent compléter des textes critiques, articles et conférences, des traductions, ainsi que quelques œuvres pour enfants. La difficulté que présente une étude de l'ensemble de sa production identifiée à ce jour, même limitée à une période circonscrite, est donc directement liée à la dispersion de ses textes[76], pour certains inédits, ou qu'il est parfois malaisé de recenser ou de localiser, en dépit de l'outil précieux que constitue la thèse de Théodossis Pylarinos, travail archéologique de reconstitution de l'œuvre[77]. Tout en gardant à l'esprit qu'il ne s'agit pas là d'un recensement exhaustif, on peut toutefois signaler que les principales publications de la Corfiote, volumes autonomes ou textes publiés, en série ou non, dans la presse, appartiennent à la prose, la poésie, la traduction, la critique, et la littérature pour enfants[78].

L'objectif de cet ouvrage est d'étudier les représentations du féminin et la combinatoire des rapports entre les sexes dans l'œuvre fictionnelle d'Irini Dentrinou et, ce faisant, de retracer son itinéraire créateur. Si la question des femmes occupe dans son œuvre une place centrale, elle ne se caractérise pas par son homogénéité. En effet, au fil de son œuvre, la Corfiote n'a pas développé de doctrine explicitement formulée et il s'agit donc pour nous de chercher à reconstituer, pour la comprendre, sa vision des femmes et des rapports entre les sexes, en la confrontant d'une part avec la réalité historique de son temps et en la comparant d'autre part avec les écrits de ses contemporains, hommes et femmes. Nous souhaitons ainsi mettre en lumière, le cas échéant, les spécificités de son œuvre, tant sur la forme que sur le fond.

Aussi ce travail vise-t-il essentiellement à répondre à plusieurs questions initiales : Irini Dentrinou peut-elle être qualifiée de féministe ? Dans

76 Pratique répandue en son temps, la plupart de la production de Dentrinou fut majoritairement publiée dans des revues et des journaux.

77 Voir Th. Pylarinos, « Ειρήνη Α. Δεντρινού », *op. cit.*, p. 267-272.

78 Une liste détaillée est présentée dans la Bibliographie. Irini Dentrinou aurait également co-traduit avec Constantin Théotokis *Madame Bovary* de Gustave Flaubert (d'après Dimitris Tziovas, "A telling absence : the novel in the Ionian Islands", *Journal of Mediterranean Studies*, 4/1, 1994, p. 77. Voir aussi Constantinos Grollios, « Το μεταφραστικό έργο του Κωνσταντίνου Θεοτόκη », *Néa Hestia*, année 47, Noël 1973, nº 1115, p. 292).

ce cas, à quelle « branche » du féminisme son œuvre s'apparente-t-elle ? Si au départ elle semble en effet s'inscrire dans la droite ligne de l'idéologie féministe dominante de son temps, incarnée par Callirhoé Parren, il n'en reste pas moins que dès le début du XXe siècle, ses écrits s'en affranchissent progressivement pour développer des idées singulières et originales. En effet, par ses écrits et ses activités, Irini Dentrinou semble parfois se rallier à la doxa de ses contemporaines féministes qui, dans leur participation active à la construction de l'État-nation, valorisent alors majoritairement la maternité, enjeu politique indissociable de la question de l'identité nationale. Mais ailleurs, d'autres textes viennent contredire cette première lecture et Irini Dentrinou semble s'affranchir de cette idéologie dominante et dépasser en audace et en liberté le dogmatisme du mouvement féministe majoritaire de l'époque. Tout en se concentrant sur la condition des femmes de la société corfiote de son temps, avec un intérêt particulier pour les classes moyennes et supérieures – comme le fit Alexandra Papadopoulou pour Constantinople –, elle propose une réévaluation du statut des femmes, repense les questions de la maternité, des rapports entre les sexes ou de la liberté individuelle. Mais dans le même temps, elle fait preuve d'une forme de conservatisme et l'on croit même déceler parfois dans ses écrits certains topiques misogynes, notamment dans la veine satirique dans laquelle s'inscrit une grande partie de ses écrits.

Par ailleurs, du fait de la dissémination et de la variété de ses textes, il apparaît que certaines ambivalences font résurgence dans son œuvre autour de la question des femmes et posent, sur le plan théorique, de nouvelles questions qui touchent à la définition même du féminisme, dans la mesure où Irini Dentrinou exprime semble-t-il en filigrane des interrogations sur les limites de l'indépendance féminine et sur la définition même de l'émancipation. En cela d'ailleurs, du point de vue de la réception de sa pensée, on peut établir un parallèle entre la Corfiote et Alexandra Papadopoulou, considérée simultanément en son temps comme féministe et comme antiféministe[79]. Car la synthèse de la modernité et de la tradition est au cœur de l'œuvre de Dentrinou :

---

79 *Cf.* notamment les propos de Callirhoé Parren, *I Éphiméris ton Kyrion*, « Ἀλεξάνδρα Παπαδοπούλου », année 10, n° 458, 29 septembre 1896, p. 3. Giannis Papakostas souligne cette réception contradictoire au sujet d'Alexandra Papadopoulou, dans *Η ζωή και το έργο της Αλεξάνδρας Παπαδοπούλου*, Athènes, ELIA, 1980, p. 118.

elle-même prise entre deux mondes, elle incarne la transition entre deux époques, et occupe à ce titre un espace d'entre-deux entre deux pôles antithétiques, entre idéologie progressiste et conservatrice.

Ces apparentes contradictions ou incohérences offrent la perspective d'une réflexion plus riche, plus dense, et le penser-double qui caractérise son œuvre, comme par ailleurs à certains égards, celle de Virginia Woolf, vient complexifier la réflexion au-delà du présupposé dualiste de la différence des sexes comme structure initiale indépassable. Si elle bouscule les stéréotypes sexués et dissèque les relations entre les hommes et les femmes, l'œuvre de Dentrinou se joue de toute forme de binarisme et interdit la définition d'une identité stable, qu'elle soit « féminine » ou « masculine », en lui préférant des figures métastables du genre[80]. Et c'est précisément cette vision plurielle, parfois paradoxale, qui fait la richesse de l'œuvre. D'abord, elle illustre parfaitement la pluralité du féminin. Dentrinou présente non pas *la* femme (comme une entité ou un tout homogène que définirait sa seule identité de genre, par opposition à l'homme) mais de « drôles de dames », insaisissables, qui échappent, dans la mosaïque de l'œuvre, à tout effet de catégorie. Cette pluralité s'exprime par l'intersection de plusieurs facteurs, notamment à l'interface du genre et de la classe sociale, qui l'autorise à dépasser également le mythe d'une hypothétique solidarité féminine, dont le fondement reposerait sur un argument essentialiste.

À travers ses écrits, Dentrinou aborde nombre de questions majeures de son temps, comme les inégalités sociales, les rapports entre les sexes, la transformation des mœurs et de la culture, l'émergence et la montée d'une nouvelle bourgeoisie et la place croissante et funeste de l'argent. Elle dénonce, avec une ironie mordante et plus rarement avec tendresse, les méfaits d'une société profondément injuste qui enferme femmes et hommes dans un système inégalitaire et hypocrite, et restitue la réalité en tirant son inspiration du quotidien avec beaucoup de spontanéité, accordant un rôle moteur au dialogue. Ce faisant, elle ne renonce jamais à de hautes aspirations pour l'humanité, au premier chef à son idéal de vérité. Si son œuvre relève majoritairement de la fiction, elle n'en constitue pas moins un témoignage précieux, bien que subjectif, et l'opposition traditionnelle entre réel et fiction, champ social et littéraire, histoire collective et individuelle, ne doit pas nous faire oublier que la

80 Voir Chapitre « Des femmes et des hommes ».

littérature constitue un matériau historique à part entière, comme l'a souligné Raymond Williams dans *Marxism and literature*[81]. Et si dans son œuvre, Dentrinou offre un miroir, même subjectif, de la réalité, soulignons qu'elle a aussi contribué à forger l'image de ses contemporains, hommes et femmes, son apport étant incontestable sur le plan des représentations genrées.

La présente étude suit une logique plus thématique que chronologique et s'articule en quatre chapitres. Quoique dépassant les limites strictes de notre sujet, le rappel du contexte élargi du XIXe siècle jusqu'aux débuts du XXe siècle semblait s'imposer en préambule, afin d'offrir un rapide synopsis de l'histoire des femmes dans la société grecque, des rapports entre femmes et lettres et enfin un éclairage spécifique du contexte heptanésien. Suivent ensuite trois chapitres, « Romantisme, patriotisme et messianisme », « La question des femmes et la question sociale », « Des femmes et des hommes », qui visent chacun à éclairer diverses facettes que revêt la question des femmes dans l'œuvre d'Irini Dentrinou, sans en occulter les ambivalences. Enfin, ses écrits fictionnels sont sous-tendus par un substrat théorique, une conception idéologique qu'il convient de mettre au jour. Cette étude vise donc à déterminer si la Corfiote parvient ou non à « inventer » une écriture porteuse d'une voix nouvelle et, en dernière analyse, à situer ses écrits et sa posture, dans le contexte de revendication d'égalité entre les sexes et de changement de paradigme qui caractérisent son époque.

Ma gratitude va au Professeur Théodossis Pylarinos, spécialiste d'Irini Dentrinou, à qui je dois la découverte de son œuvre. Je tiens à lui adresser ici ma profonde reconnaissance.

81 Raymond Williams, *Marxism and literature*, Londres et New York, Oxford University Press, Marxist Introductions Series, 1977.

LES FEMMES EN GRÈCE DE L'INDÉPENDANCE À L'ENTRE-DEUX-GUERRES

Ce chapitre ne saurait retracer de manière exhaustive l'histoire des femmes dans la Grèce du XIXe siècle et du début du XXe siècle, ni décrire par le menu l'émergence et le développement du mouvement de l'émancipation des femmes grecques à cette époque. Sur le sujet, une bibliographie abondante existe déjà. Il s'agit simplement de poser au préalable quelques éléments historiques de cadrage afin de pouvoir aborder ensuite plus aisément la lecture d'Irini Dentrinou. Ces éléments de contexte sont indispensables à l'évaluation du discours, notamment pour mesurer la correspondance ou l'écart entre *realia* et subjectivité de la représentation littéraire. C'est pourquoi seront successivement abordés quelques éclairages succincts du contexte historique sur la place de la femme dans la société grecque des dernières décennies du XVIIIe siècle à l'entre-deux-guerres, les relations multiples et complexes entre femmes et littérature (les femmes comme sujet littéraire, les femmes auteurs, les lectrices, la critique et la réception misogyne ou philogyne). Un examen de la situation spécifique de l'Heptanèse viendra enfin clore ce chapitre, puisqu'Irini Dentrinou est originaire de Corfou où elle vécut toute sa vie.

LES FEMMES DANS LA SOCIÉTÉ GRECQUE

L'époque à laquelle Irini Dentrinou commence sa carrière littéraire est une période cruciale de transformation culturelle et sociale de l'espace grec, marquée entre autres par la construction de l'identité nationale, l'influence de la modernité occidentale, une urbanisation massive et l'émergence de la bourgeoisie. Conséquence de ces multiples bouleversements, le monde grec connaît une profonde crise d'identité[1] dont les implications sont décisives, notamment sur la nouvelle organisation des rapports sociaux de sexe. Ce changement de paradigme s'est amorcé en Grèce dès la fin du XVIIIe siècle. Le mouvement de libération nationale est en Grèce tout entier traversé par l'esprit universaliste des Lumières et les idéaux de la Révolution française constituent un terreau propice au développement de la revendication de l'égalité entre les sexes. Dans l'espace grec, les premières réflexions sur la place de la femme dans la société voient le jour, sous l'influence européenne, dès le XVIIIe siècle, et l'on situe généralement l'émergence des revendications d'émancipation féminine à la période qui suit la guerre d'indépendance. Malgré tout, au lendemain de la guerre, dans le système traditionnel patriarcal qui régissait la société grecque et en particulier les rapports sociaux entre les hommes et les femmes, ces dernières ne jouissaient d'aucune autonomie politique, économique ou intellectuelle et se trouvaient par ailleurs dans une situation de mort civile. Ce système reposait en effet sur une politique d'exclusion des femmes des droits politiques[2] et de la citoyenneté (via le suffrage universel restreint), sur la dichotomie entre l'espace public, réservé aux hommes, et l'espace privé, où elles étaient confinées, sur l'institution du mariage, support de la structure économique de la société et instrument de sa hiérarchisation sexuée, et sur le présupposé de leur infériorité physique, morale et intellectuelle. Eleni Varikas a bien montré les paradoxes de l'évolution de la question des femmes, et plus largement du genre, telle qu'elle se pose durant le XIXe siècle en Grèce, parallèlement à la question nationale[3]. Selon elle, l'identité nationale s'est construite au gré d'un système complexe et souvent contradictoire de différenciations et d'antithèses d'une importance cruciale pour les identités sexuelles et genrées. Ces antithèses ont largement contribué à former une image négative des femmes en leur assignant une position de subordination au sein de la nouvelle société grecque, mais dans le

1 Eleni Varikas, « Question nationale et égalité des sexes », *Peuples méditerranéens*, n° 48-49, juil.-déc. 1989, p. 229-239.

2 Efi Avdela, "Between Duties and Rights : Gender and Citizenship in Greece, 1864-1952", dans Faruk Birtek – Thalia Dragonas (ed.), *Citizenship and the Nation State : Greece and Turkey*, London and New York, Routledge, 2005, p. 117-143.

3 Eleni Varikas, "Gender and national identity in fin-de-siècle Greece", *Gender and History*, vol. 5, n° 2, 1993, p. 269-283.

même temps – et paradoxalement – elles ont ouvert aux femmes issues des classes moyennes et supérieures le champ de l'éducation et du travail et leur ont ainsi permis d'accéder à la sphère publique. Mais c'est essentiellement le dernier quart du XIXe siècle qui voit se produire les évolutions les plus importantes, avec les revendications politiques des femmes, premier temps fort de la protestation féminine[4], voire proto-féministe[5], préambule au mouvement pour l'émancipation féminine qui culminera pendant l'entre-deux-guerres. Le cas grec s'inscrit à cet égard dans un mouvement plus large puisqu'à partir des années 1860, dans le contexte de l'internationalisation de la question des femmes, le féminisme européen connaît une période d'essor sans précédent, directement lié au libéralisme et à la démocratisation des états. À titre d'exemple, l'ouvrage *The Subjection of Women*, publié en 1869 par Stuart Mill qui y défend la cause de l'émancipation féminine et pose les premiers jalons d'une critique libérale des rapports sociaux de sexe, devient alors une référence pour l'Europe tout entière.

Dans le domaine hellénique, les premières idées sur la nécessité de l'égalité entre les sexes émergent dès le XVIIIe siècle chez des hommes et des femmes issus des milieux éclairés baignés de l'esprit des Lumières[6], essentiellement dans la diaspora. Une dynamique égalitaire, qui vient déstabiliser la hiérarchie traditionnelle entre les sexes, se met alors en marche, portée par des lettrés comme Righas Vélestinlis[7], Adamantios Coray, Constantinos Koumas ou Ioannis Karatzas. Dans le sillage des idées révolutionnaires françaises et en écho aux idées proto-féministes qui se développent en Europe à la fin du XVIIIe siècle, Righas Vélestinlis plaide ainsi pour l'éducation de tous, filles comme garçons, et pour la révision de la condition féminine dans la reconstruction de la société grecque. Il affirme que les femmes font partie intégrante de la nation : « Il est du devoir de chacun de s'instruire. La Patrie doit ouvrir des écoles dans tous les villages, pour les garçons comme pour les filles[8]. »

---

4 E. Avdela, *Le genre entre classe et nation*, *op. cit.*, p. 17.

5 Voir Michèle Riot Sarcey, Eleni Varikas, "Feminist Consciousness in the Nineteenth Century : A Pariah Consciousness ?", *Praxis International* (PRAXIS International), n° 4, 1985, p. 443-465.

6 Nous ne nous attarderons pas ici sur les limites et incohérences qui traversent la philosophie des Lumières sur la question de l'égalité entre les sexes.

7 Voir Rhigas Vélestinlis, *Βασική βιβλιοθήκη*, Athènes, L. Vranoussis, n° 10, 1953.

8 *Les droits de l'homme* (*Τὰ Δίκαια τοῦ Ἀνθρώπου*, article 22), *ibid.*, p. 374 et *Constitution* (*Σύνταγμα*), p. 386. 1953. Son ouvrage *L'École des amants délicats* (1790) est par ailleurs

De même, pour Adamantios Coray, le père des Lumières grecques, dont les idées contribuèrent aussi largement au développement d'une conscience pré-révolutionnaire, l'émancipation nationale doit passer par l'émancipation des femmes dont l'éducation s'impose comme une nécessité. S'il faut attendre la deuxième moitié du XIXe siècle pour voir se développer plus largement l'idée de l'égalité des sexes, qui accompagne la prise de conscience de la position subalterne des femmes dans la société, les réflexions en ce domaine sont donc plus anciennes. Panayiotis Sofianopoulos est ainsi parfois considéré comme le premier féministe grec et il plaide dès les années 1830 non seulement pour l'éducation des femmes mais aussi pour l'égalité des sexes en droit. En outre, des intellectuels de l'Heptanèse comme Georgios Tertsétis, marqués par l'influence de la pensée occidentale, soutiennent l'idée de l'importance du rôle social des femmes[9]. De même, dans les *Mystères de Céphalonie*, ouvrage publié en 1856, Andréas Lascaratos dénonce leur aliénation directement liée, selon lui, à l'institution de la dot et du mariage.

Par ailleurs, un nombre croissant de femmes s'expriment sur la place qui leur est réservée dans la société et contestent leur réclusion et la ségrégation dont elles font l'objet. Selon Eleni Varikas, après les femmes issues des classes supérieures qui initient le mouvement, d'autres, issues des « couches moyennes », développent également peu à peu une véritable « conscience de genre », renouvelant ainsi la perception qu'elles ont d'elles-mêmes, suivant un processus qui débute dans les premières décennies après la guerre d'indépendance et qui aboutira dans le dernier quart du XIXe siècle[10]. En effet, dès le début du XIXe siècle, fortes d'une sensibilité égalitaire et universaliste aiguë, des femmes contribuèrent à véhiculer et à nourrir la réflexion sur leur place dans la société. Forces vives de l'*intelligentsia* occidentalisée, elles sont issues des couches sociales

dédié aux jeunes gens des deux sexes (« ὅλες τὲς αἰσθαντικὲς νέες καὶ νέους » « toutes les jeunes filles et tous les jeunes hommes sensibles »), *ibid.*, p. 133.

9 E. Varikas, *Η εξέγερση των Κυριών*, *op. cit.*, p. 66.

10 Eleni Varikas, « Subjectivité et identité de genre. L'univers de l'éducation féminine dans la Grèce du XIXe siècle », *Genèses*, vol. 6, numéro 1, 1991, p. 29-51. Eleni Varikas y définit l'expression « conscience de genre » en ces termes (p. 29) : « J'emploie les termes d'identité et de conscience de genre pour désigner un ensemble significatif de traits qui marquent cette nouvelle perception des femmes : le sentiment d'appartenir à une catégorie aussi bien biologique que sociale et de partager avec le reste des femmes des destins et des intérêts communs ; le sentiment de malaise ou d'injustice face à la condition féminine ; l'aspiration à l'amélioration de cette condition. »

aisées et éclairées des communautés diasporiques, notamment de Trieste, Livourne, Florence, Vienne ou Odessa[11], et de l'aristocratie phanariote. Jouissant d'un accès à l'instruction – elles sont d'ailleurs les seules à bénéficier de ce privilège[12] – elles prennent part à la vie intellectuelle et au mouvement pour l'émancipation nationale. Au centre de la vie intellectuelle, ces Grecques de la diaspora sont des salonnières de renom, elles traduisent des œuvres étrangères et produisent également des œuvres originales. D'après Sophia Denissi, parmi ces femmes lettrées, celles qui sont d'origine phanariote ne sont pas mues exclusivement par l'influence de la pensée occidentale mais doivent être considérées comme les continuatrices de la tradition aristocratique de Byzance où les femmes jouissaient de certains privilèges dans la sphère privée comme sur le plan de l'éducation[13]. Il faut souligner qu'au début du XIXe siècle, certains salons parmi les plus célèbres sont animés par des femmes originaires des îles Ioniennes telles que les Corfiotes Isavella Théotoki-Albriggi, Margarita Alvana-Miniatou, Maria-Anastasia Petretini ou Eleni Montsenigou[14].

Hors des frontières de la vie intellectuelle où se développe une sociabilité mondaine féminine, l'action des femmes s'étend également au champ du politique et, bien qu'elles en aient été exclues au départ, certaines finissent par participer aux activités de la Société des Amis[15], société secrète fondée à Odessa en 1814 qui joua un rôle fondamental dans la préparation et le déroulement de la guerre d'indépendance grecque. Mais la participation massive des femmes à celle-ci (largement oubliée) a davantage marqué l'iconographie révolutionnaire et nourri l'imaginaire romantique que véritablement contribué à leur émancipation.

11 Eleni Varikas « L'action des femmes dans la Révolution grecque, 1800-1827 », *Nouvelle encyclopédie politique et historique des femmes*, Christine Fauré (dir.), Paris, Les Belles Lettres, 2010, p. 355-377.

12 Paschalis M. Kitromilides, « The Enlightenment and womanhood : Cultural exchange and the politics of exclusion », *Journal of Modern Greek Studies*, 1, 1983, p. 39-61.

13 Sophia Denissi, *Ανιχνεύοντας την "αόρατη" γραφή, Γυναίκες και γραφή στα χρόνια του ελληνικού διαφωτισμού-ρομαντισμού*, Athènes, Néféli, 2014, p. 44.

14 A. Tarsouli, *Ἑλληνίδες ποιήτριες*, *op. cit.*, p. 4 ; Dimitris Giakos, « Οἱ Ἑλληνίδες τῆς λογοτεχνίας », *Néa Hestia*, année 56, Noël 1982, n° 1331, p. 180 *sqq.* S. Denissi, *Ανιχνεύοντας την "αόρατη" γραφή*, *op. cit.*, p. 45. E. Varikas, « L'action des femmes dans la Révolution grecque, 1800-1827 », *op. cit.*, p. 355-377.

15 Sur le sujet, voir Koula Xiradaki, *Γυναίκες στη Φιλική Εταιρία. Φαναριώτισσες. Αφιέρωμα στα 150 χρόνια από την Ελληνική Επανάσταση*, Athènes, s. n., 1971 ; Koula Xiradaki, *Γυναίκες του 1821*, Athènes, Dodoni, 1995.

Par ailleurs, si Laskarina Bouboulina ou Mando Mavrogénous ont pris part au combat pour l'indépendance nationale dont elles sont devenues de véritables icônes, il ne faut pas oublier que leur action n'aurait pas été possible sans leur statut social spécifique ou leurs conditions de ressources avantageuses[16] qui leur permirent d'accéder à de hauts postes de commandement. Aussi, au lendemain de la guerre, les femmes grecques sont-elles toujours prisonnières de leur statut pré-révolutionnaire et exclues de la sphère publique (exclusion du travail, de l'éducation, de la politique).

C'est dans le sillage du naturalisme différentialiste de la philosophie des Lumières[17] que se pose, après la guerre d'indépendance, la question décisive de l'éducation des femmes[18]. On assiste alors à ce que Michelle Perrot qualifie de « sexualisation du genre[19] » ou de « biologisation de la différence des sexes » qui marque notamment les débats concernant le droit à l'instruction des femmes en Grèce. En dépit d'un décret de 1834 qui instaure l'obligation de l'instruction primaire pour les deux sexes, un grand nombre de filles ne fréquentent pas l'école grecque durant tout le XIXe siècle[20], et le retard que connaît l'éducation des femmes se traduit notamment par le taux d'analphabétisme, nettement différencié selon le sexe, qui caractérise encore la population féminine à la fin du siècle. Selon Constantin Tsoukalas, le recensement de 1879 révèle en effet que 93 % des femmes sont analphabètes contre 69 % des hommes[21]. Par

---

16 Margaret Poulos, *Arms and the woman : just warriors and Greek feminist identity*, New York, Gutenberg-e, Columbia University Press, 2008, http://www.gutenberg-e.org/poulos/ (consulté le 2/09/2019).

17 Sur la différence des sexes, voir Thomas Laqueur, *Making Sex. Body and Gender from the Greeks to Freud*, Cambridge, Mass., and London, Harvard University Press, 1990.

18 Voir K. Dalakoura, S. Ziogou-Karastergiou, *Η εκπαίδευση των γυναικών*, *op. cit.*

19 Michelle Perrot, « Public, privé et rapports de sexes », dans Jacques Chevallier (dir.), *Public/privé*, Paris, PUF, 1995, p. 69.

20 Sur la question de l'éducation féminine, voir Eleni Fournaraki, *Εκπαίδευση και αγωγή των κοριτσιών. Ελληνικοί προβληματισμοί (1830-1910). Ένα ανθολόγιο*, Athènes, éd. IAEN, 1987 ; Alexandra Bakalaki, Eleni Elegmitou, *Η εκπαίδευση « εις τα του οίκου » και τα γυναικεία καθήκοντα. Από την ίδρυση του ελληνικού κράτους έως την εκπαιδευτική μεταρρύθμιση του 1929*, Athènes, éd. IAEN, 1987 ; Sidéroula Ziogou-Karastergiou, *Η μέση εκπαίδευση των κοριτσιών στην Ελλάδα (1830-1893)*, Athènes, éd. IAEN, 1986 ; K. Dalakoura, S. Ziogou-Karastergiou, *Η εκπαίδευση των γυναικών*, *op. cit.* ; Maria Repoussi, « Mixité et enseignement en Grèce aux XIXe et XXe siècles », *Clio. Histoire, femmes et sociétés*, 18, 2003, p. 155-166.

21 Constantin Tsoukalas, *Εξάρτηση και αναπαραγωγή. Ο κοινωνικός ρόλος των εκπαιδευτικών μηχανισμών στην Ελλάδα (1830-1922)*, Athènes, Thémélio, 1977, p. 393.

ailleurs, pour les filles issues de la bourgeoisie et des classes moyennes qui accèdent à l'instruction, les écoles n'étant pas mixtes et l'enseignement restant différencié selon le sexe, l'éducation revêt surtout une fonction ornementale, support de l'éthique bourgeoise de la femme désormais perçue comme l'« ange du foyer ». Pour ce qui est de l'enseignement secondaire, la législation s'en remet à l'initiative privée, qui propose trois types d'établissements : le pensionnat, le « *didaskalio*[22] » (destiné à former les institutrices) et l'école technique[23]. Enfin, l'enseignement supérieur ne sera accessible aux femmes qu'à la toute fin du XIXe siècle, Ioanna Stéphanopoli étant la première femme à pouvoir s'inscrire à la Faculté des lettres de l'Université d'Athènes en 1890. La question de l'éducation des femmes occupe une place centrale dans le débat public durant tout le XIXe siècle et oppose des points de vue multiples, plus ou moins nuancés mais souvent inconciliables entre les partisans d'un modèle différencié qui considèrent que l'éducation doit répondre aux exigences de la vocation féminine et aux spécificités naturelles des femmes (par exemple Sévasti Kallispéri) et ceux qui aspirent à dépasser ce modèle (Sapho Léontias ou Dimitris Glinos avec son modèle d'« humanisme féminin[24] »).

Par ailleurs, l'exclusion des femmes du champ du savoir va de pair avec une exclusion du travail salarié. Compte tenu de la non-reconnaissance du travail domestique, exclu du salariat, les femmes grecques des classes moyennes et supérieures sont au XIXe siècle perçues comme oisives. L'opposition entre production et reproduction, cumulée à la monétarisation de la dot, contribue à bâtir une vision passive et parasitique de la gent féminine[25]. L'accès des femmes au travail salarié n'est d'abord possible que dans un champ restreint de professions (ouvrières[26], domestiques ou institutrices) qui rompra progressivement leur isolement et leur permettra un accès effectif à la sphère publique. Dans ce contexte d'accès restreint au travail salarié et d'urbanisation progressive, la prostitution

22 « διδασκαλείο ».

23 M. Repoussi, « Mixité et enseignement en Grèce aux XIXe et XXe siècles », *op. cit.*

24 Dimitris Glinos, « Γυναικεῖος Ἀνθρωπισμός », Athènes, 1921 (texte en partie reproduit dans K. Dalakoura, S. Ziogou-Karastergiou, *Η εκπαίδευση των γυναικών*, *op. cit.*, p. 162-164).

25 E. Varikas, « Subjectivité et identité de genre », *op. cit.*

26 Sur les femmes ouvrières, voir Zizi Salimba, *Γυναίκες εργάτριες στην ελληνική βιομηχανία και στη βιοτεχνία (1870-1922)*, Athènes, éd. IAEN, 2002. Sur le travail des femmes, voir également Efi Avdela, *Δημόσιοι υπάλληλοι γένους θηλυκού*, Athènes, Fondation pour la recherche et l'éducation de la Banque de Commerce de Grèce (Ίδρυμα Έρευνας και Παιδείας της Εμπορικής Τράπεζας της Ελλάδος), 1990.

constitue parfois la seule source possible de revenus pour des femmes de condition modeste[27].

À partir des années 1860, si la question de l'éducation des femmes reste centrale, elle s'accompagne également d'un débat autour de leur rôle social. L'idée de l'égalité entre les sexes, toujours fondée sur une perception différentialiste, gagne du terrain et vient servir une vision utilitaire de la femme. En vertu de sa nature même, la femme est investie simultanément d'une mission familiale, nationale et civilisatrice. Définie uniquement à travers le prisme de son statut de mère ou d'épouse (réelle ou potentielle), elle doit incarner l'exemplarité par sa connaissance de la langue et de l'histoire de la patrie comme par son aptitude à les transmettre à ses enfants, qui sont quant à eux définis en tant que futurs citoyens. Les différents rôles assignés à la femme correspondent donc tous à une vision utilitaire et toujours relative à l'homme. Ainsi, c'est au gré de la rencontre entre citoyenneté et maternité que la cause des femmes va progresser en Grèce. Portée au départ par Grigorios Papadopoulos, l'idée de l'égalité des sexes est sous-tendue par une philosophie différentialiste, et donc essentialiste, que reprendra ensuite à son compte le premier féminisme grec. Grigorios Papadopoulos publie notamment en 1866 dans la revue *Pandora* un article intitulé « Au sujet de la femme et de la femme grecque[28] » où il écrit : « la femme n'est pas inférieure à l'homme, simplement différente de lui[29] ». L'idée de l'égalité des sexes trouve également un partisan et un fervent défenseur chez Vlassis Gavriilidis[30]. Des femmes s'expriment aussi sur le sujet et il est intéressant de noter que certaines d'entre elles partagent avec leurs homologues masculins les mêmes réticences face aux revendications égalitaires proto-féministes, faisant ainsi souvent acte d'antiféminisme.

Dans ce contexte idéologique global et sous l'impulsion des mouvements féministes européens, le premier temps fort du mouvement

---

27 Voir notamment Thomas Drikos, *Η πορνεία στην Ερμούπολη το 19ο αιώνα. 1820-1900*, Athènes, Hellinika Grammata, 2002. Angelika Psarra, Ida Florentin, « Πορνεία : συστήματα ρύθμισης και καταστολής », *Scoupa*, juillet 1980, 4, p. 17-27.

28 « Περί γυναικός καὶ Ἑλληνίδος ».

29 « ἡ γυνὴ δὲν εἶναι ὄν κατώτερον, ἀλλὰ διάφορον μόνον τοῦ ἀνδρός ». Selon S. Ziogou-Karastergiou (*Η μέση εκπαίδευση*, *op. cit.*, p. 37), l'article fut d'abord publié dans *Athinaion* puis dans *Pandora*.

30 Le journalisteVlassis Gavriilidis (1848-1920), pionnier de la presse écrite grecque, s'illustra notamment comme éditeur du journal *Akropolis* et par ses positions en faveur du démoticisme.

des femmes se situe dans le dernier quart du XIXe siècle[31]. C'est à cette période en effet que s'opère la première critique systématique, émanant de femmes et d'hommes, sur la place des femmes dans la société grecque. Pour le monde grec, le symbole le plus connu de cette impulsion est la création du *Journal des dames* (*I Éphiméris ton Kyrion*), fondé par Callirhoé Parren, premier journal totalement féminin pour l'émancipation des femmes et premier véritable organe de contestation dont la publication, d'abord comme hebdomadaire, commence à partir de 1887. Avant cela, d'autres organes de presse favorables à l'émancipation féminine avaient vu le jour, au premier chef l'hebdomadaire *Kypséli* d'Euphrossyni Samartsidou, et à cet égard *I Éphiméris ton Kyrion* s'inscrit dans une tradition médiatique commencée au milieu du XIXe siècle. La première vague du féminisme grec, incarnée par Callirhoé Parren, est dominée par les acceptions idéologiques essentialistes de « l'égalité dans la différence » et reproduit une rhétorique maternaliste qui, s'appuyant sur une idéalisation de la fonction maternelle, confère à « la » femme un rôle messianique. Les critiques adressées par ce premier féminisme portent essentiellement sur la position subordonnée assignée aux femmes et les revendications se concentrent sur les thèmes de l'éducation féminine, de la place des femmes dans la famille et de la question du travail. Mais Callirhoé Parren et ses collaboratrices ne sont pas des suffragettes : dans *I Éphiméris ton Kyrion*, la question des droits politiques des femmes et en particulier celle du droit de vote n'est pas la priorité absolue. Ce n'est qu'en s'appropriant le discours nationaliste dominant de l'époque que Parren est parvenue à légitimer son propre discours à coloration féministe[32]. La naissance d'une conscience de genre chez les femmes est donc concomitante en Grèce à la construction d'une conscience nationale. En particulier, la guerre de 1897 constitue un moment clé dans l'histoire des femmes puisqu'elle favorise leur sortie de la sphère privée. À travers leur action dans les hôpitaux et les réseaux d'entraide, et dans la lignée de leurs activités philanthropiques qui se développent très largement dès les années 1870, les femmes sortent de l'espace privé. Plus précisément, comme l'ont montré Efi Avdela

31 E. Avdela, *Le genre entre classe et nation*, *op. cit.*, p. 17.

32 Voir Efi Avdela, Angelika Psarra, "Engendering 'Greekness' : Women's Emancipation and Irredentist Politics in Nineteenth-Century Greece", *Mediterranean Historical Review*, vol. 20, n° 1, juin 2005, p. 67-79. E. Varikas, "Gender and national identity in fin-de-siècle Greece", *op. cit.*

et Angelika Psarra[33], la guerre gréco-turque de 1897 a donné aux femmes éduquées des classes moyennes et supérieures l'opportunité de revendiquer leur intégration dans la nation. Et c'est dans ce contexte que Callirhoé Parren formule un discours messianique qui définit les femmes comme citoyennes actives de la nation grecque. Cependant, les idées qui sous-tendent ce premier féminisme grec se caractérisent par un conservatisme fort et la revendication de l'émancipation des femmes ne remet nullement en question la vision essentialiste de la différence des sexes mais s'accommode de la configuration sexuée, genrée et hiérarchisée traditionnelle de la société grecque.

Ainsi, à partir des années 1880, le mouvement pour l'émancipation des femmes s'organise progressivement en Grèce, en grande partie grâce aux revues, mais aussi via le rôle des institutrices (qui va de pair avec le développement de l'éducation des femmes et leur accès au champ du savoir) et enfin par les activités philanthropiques qui contribuent à la création d'une nouvelle forme de sociabilité féminine. La revendication de droits individuels et sociaux des femmes se systématise. Des organismes et associations qui œuvrent pour l'émancipation féminine voient le jour dès des années 1870, au rang desquels on peut citer les suivants : Association des femmes pour l'éducation féminine (*Syllogos Kyrion yper tis Gynaikeias Paidevséos*, 1872), Union des Grecques (*Énossis ton Ellinidon*, 1896), Comité national des Grecques (*Ethnico Symvoulio Ellinidon*, 1908), Lycée des Grecques (*Lykeion ton Ellinidon*, 1911), Ligue patriotique des femmes (*Patriotikos Syndesmos Ellinidon*, 1915), Ligue des Grecques pour les Droits de la femme (*Syndesmos Ellinidon yper ton Dikaiomaton tis Gynaikos*, 1920). Le premier congrès national des femmes se tient à Athènes en 1921 (*Proto Ethnikon Gynaikeion Synédrion*), organisé par le Lycée des Grecques et Callirhoé Parren. Les féministes grecques participent en outre à des congrès féministes internationaux : Congrès français et international des Droits de la femme (juin 1888), Congrès international des œuvres et institutions féminines (juillet 1889, Paris), International Women's Congress (mai 1893, Chicago), Congrès féministe international (avril 1896, Paris), Congrès de la condition et du droit des femmes (juin 1900, Paris)[34].

33 E. Avdela, A. Psarra, "Engendering 'Greekness'", *op. cit.*, p. 67-79. Voir aussi Demetra Tzanaki, *Women and Nationalism in the Making of Modern Greece. The Founding of the Kingdom to the Greco-Turkish War*, Oxford, Palgrave Macmillan in association with St Anthony's College, 2009.

34 E. Varikas, *Η εξέγερση των Κυριών*, *op. cit.*, p. 273 *sqq.*

De surcroît, la naissance et la diffusion des idées socialistes[35] viennent nourrir le débat autour de la question des femmes. La deuxième moitié du XIXe est en effet marquée par le développement du socialisme révolutionnaire qui, sous l'influence de Marx et Engels, dénonce la propriété privée des moyens de production comme le fondement même du capitalisme et prône la révolution prolétarienne. Pour eux, comme pour Auguste Bebel, l'émancipation des femmes n'est que la conséquence de l'émancipation du prolétariat. Ce rapprochement entre cause des femmes et cause du prolétariat avait déjà été énoncé plus tôt, avant le socialisme d'Engels, notamment par Flora Tristan qui considérait la femme comme le prolétaire de l'homme. L'espace grec, touché par le socialisme et par des idéologues utopistes français comme Saint-Simon, Fourier ou Proudhon, est également sensibilisé à cette corrélation des deux causes prolétarienne et féminine (*La femme et le socialisme* d'August Bebel est traduit en grec en 1892 sous le titre *'Η γυνὴ καὶ ὁ κοινωνισμός*). Les idées de Saint-Simon influencent dans les années 1820 des intellectuels grecs, au premier chef Frangiskos Pylarinos[36] qui publie en 1833 deux articles consacrés au philosophe français. Mais c'est bien plus tard, essentiellement durant la première décennie du XXe siècle, que se répand l'idéologie socialiste, notamment autour de la figure de Giorgos Skliros, qui publie en 1907 *Notre question sociale* (*Τὸ Κοινωνικὸ μας Ζήτημα*). La littérature se fera l'écho des idées socialistes. Dès la première moitié du XIXe siècle, les frères Soutsos sont sensibles au saint-simonisme, ce qui est particulièrement visible dans *Léandre* (1834) de Panagiotis Soutsos[37]. Cette perméabilité de la littérature aux idées socialistes devient plus évidente au début du XXe siècle, en particulier chez Constantin Chatzopoulos, Constantin Théotokis, Irini Dentrinou,

35 Sur les liens entre féminisme et socialisme, voir Françoise Thébaud, *Socialisme, femmes et féminisme*, s. l., Essais, Fondation Jean Jaurès, 2010.

36 Christos Baloglou, « Προσπάθειες διαδόσεως των ιδεών του Saint-Simon και πρακτικής των εφαρμογής στον ελλαδικό χώρο 1825-1837 », *Σπουδαί*, t. 53, 3, 2003, Université du Pirée, p. 77-108.

37 Roderick Beaton, David Ricks, *The Making of Modern Greece : Nationalism, Romanticism, and the Uses of the Past (1797-1896)*, Routledge, London and New York, 2009 (rééd. 2016), p. 214 : Dimitris Tziovas, "The novel and the crown : O Leandros and the politics of romanticism". Sur *Léandre*, voir également Steven van Renterghem, « *Ο Λέανδρος* (1834) και η ιδεολογία του Ελληνισμού », Actes du 4e Congrès Européen de la Société Européenne d'Études Néo-helléniques, « Identités dans le monde hellénique, de 1204 à nos jours », Grenade, 9-12 septembre 2010, http://www.eens.org/EENS_congresses/2010/VanRenterghem_Steven.pdf (consulté le 2/06/2019).

Evgénia Zographou, Athina Giannou-Gaïtanou, ou encore, plus tard, Galatée Kazantzaki. Mais la présence des femmes au sein des groupes socialistes, relativement tardive, reste, en Grèce, cantonnée à quelques rares exceptions, comme Eleni Apostolidou et Louisa Spartali[38]. La rencontre entre socialisme et féminisme se fera plus nette pendant la période de l'entre-deux-guerres, avec notamment la fondation en 1919, de la *Société des Femmes Socialistes* (*Sossialistikos Omilos Gynaikon*).

Avec l'organisation et la structuration du mouvement pour l'émancipation féminine, on assiste à une évolution et à une reconfiguration progressive des revendications d'égalité entre les sexes. Si les premières expressions du féminisme grec incarné par Callirhoé Parren sont marquées par une forme de conservatisme reproduisant, sans la contester, la conception essentialiste qui enferme les femmes dans l'argument naturel de la différence en s'accommodant de l'idéologie nationaliste, la situation évolue essentiellement à partir des années 1920. La dichotomie sociale qui identifiait les femmes à l'espace privé et à la famille et les hommes à l'espace public et à la politique se voit bousculée. Les revendications concernant l'émancipation féminine englobent désormais les droits politiques des femmes, question qui acquiert une importance centrale dans la période de l'entre-deux guerres : revendication du droit de vote puis du droit d'éligibilité, revendication de réformes législatives pour assurer les droits civiques et sociaux des femmes, revendications sur la protection du travail des femmes. La Ligue des Grecques pour les Droits de la femme (*Syndesmos Ellinidon yper ton Dikaiomaton tis Gynaikos*), créée en 1920, est l'organisation la plus active de la période en ce domaine, en lien avec des organisations internationales similaires. Dans les années 1910-1920, au moment où la question ouvrière revêt en Grèce une importance de tout premier plan avec l'arrivée au pouvoir d'Élefthérios Vénizélos, on adopte une législation sur la protection du travail, et sont votées des lois spécifiques sur le travail des femmes[39]. En 1930, le droit de vote leur est accordé, mais dans un cadre très restrictif qui n'englobe pas l'ensemble de la population féminine et ne concerne pas toutes les formes de scrutin[40],

38 Voir Panayiotis Noutsos, *Η σοσιαλιστική σκέψη στην Ελλάδα, από τό 1875 ώς τό 1974*, t. I : *Οι σοσιαλιστές διανοούμενοι και η πολιτική λειτουργία της πρώιμης κοινωνικής κριτικής (1875-1907)*, Athènes, Gnossi, 1990, p. 104.

39 E. Avdela, *Le genre entre classe et nation*, *op. cit.*, p. 61-95.

40 Le droit de vote est alors accordé, pour les élections municipales, aux Grecques instruites de plus de trente ans.

et ce n'est qu'en 1933 qu'elles obtiennent le droit d'éligibilité, là encore dans un cadre restrictif.

Au XIXe siècle en Grèce, dès l'indépendance du pays, la « question des femmes » a occupé une place très importante dans les débats publics. Des femmes comme des hommes ont pris part à la lutte pour l'égalité entre les sexes et dans le camp des défenseurs de la cause féminine, de nombreuses tendances ont coexisté, parfois contradictoires, le premier féminisme grec ne s'étant pas distingué par son progressisme, encore moins par son unité, mais davantage par son caractère pluriel[41]. Étroitement lié au discours irrédentiste nationaliste à partir de 1897, le féminisme de Callirhoé Parren, bourgeois et élitiste, n'échappe pas au piège auquel il voulait initialement se soustraire. En vue de briser la vision parasitique des femmes, ce premier féminisme renforce la conception différentialiste binaire des sexes et contribue à imposer le nouveau dogme de la maternité patriotique. Les tensions et contradictions inhérentes au mouvement pour l'émancipation féminine se sont poursuivies, sur fond parfois de confusion théorique, durant l'entre-deux-guerres, dans une oscillation entre la tradition libérale vénizéliste et l'influence des mouvements socialiste et communiste[42]. Le suffrage universel ne sera ouvert aux femmes qu'en 1952, et l'égalité des sexes ne sera inscrite dans la Constitution grecque qu'en 1975.

FEMMES ET LETTRES

Dans son ouvrage *Un lieu à soi* (*A Room of One's Own*, 1929), Virginia Woolf fait une remarque transposable à l'histoire grecque en ce qu'elle met en lumière l'importance de l'accès des femmes à l'écriture :

> [...] vers la fin du XVIIIe siècle, se produisit un changement auquel, si je devais réécrire l'histoire, j'accorderais plus de place et d'importance qu'aux Croisades ou à la guerre des Roses. La femme de la classe moyenne se mit à écrire[43].

41 Sur le développement du féminisme en Grèce, voir Koula Xiradaki, *Το Φεμινιστικό Κίνημα στην Ελλάδα. Πρωτοπόρες Ελληνίδες 1830-1936*, Athènes, Glaros, 1988.

42 Sur le féminisme de l'entre-deux-guerres, voir Avdela, Psarra, *Ο φεμινισμός στην Ελλάδα του Μεσοπολέμου*, *op. cit.*

43 V. Woolf, *Un lieu à soi*, *op. cit.*

De fait, dans le monde grec, alors que commence à se structurer le mouvement pour l'émancipation des femmes, la naissance d'une conscience de genre survient au moment de leur entrée sur la scène littéraire, qui correspond aussi à leur entrée dans le débat public[44]. Espace d'expression et de contestation, l'écriture permet alors à des femmes non seulement de faire entendre leur voix, mais en outre de formuler progressivement des doléances relatives à leur condition et à leur place dans la société, en portant un regard critique sur l'ordre social profondément patriarcal. Pratiques transgressives pour les femmes[45], écrire et publier sont autant d'activités qui permettent l'expression et la conscientisation de leur individualité, bien que nombre d'entre elles, désireuses de publier des textes, aient d'abord eu recours à l'anonymat ou à des pseudonymes. Si elle existe auparavant, à travers quelques exemples, la littérature féminine apparaît essentiellement sous l'impulsion des Lumières, après 1790. Mais son véritable développement ne surviendra que dans le dernier tiers du XIXe siècle. Autre fait décisif et concomitant : comme ailleurs en Europe, un public féminin, « et tout ce que cela implique quant à la structure sociale, commence à se former[46]. » Les progrès en matière d'éducation féminine accompagnent une augmentation massive du phénomène après 1850. La figure de la femme lectrice, par ailleurs cristallisée comme *topos* littéraire et artistique qui envahit tout le XIXe siècle, dont les choix portent essentiellement sur le roman (en particulier français), donne lieu à des commentaires très vifs, de la part d'hommes comme de femmes. Souvent assimilée à une manie, la lecture est considérée par beaucoup comme une pratique corruptrice particulièrement inappropriée aux femmes qu'elle exposerait au danger du « bovarysme ». Quoi qu'il en soit, la lecture opère aussi comme un outil d'émancipation : elle permet aux femmes d'accéder au champ du savoir et, au travers de l'imagination, elle leur ouvre un champ des possibles, le processus d'identification inhérent à la lecture contribuant à la découverte de soi. Enfin, les revues féminines, et plus généralement, les revues familiales[47], qui se développent massivement à partir

44 Avant cette époque, des femmes s'étaient déjà illustrées par leurs activités littéraires, voir l'historique, depuis l'Antiquité, de D. Giakos, « Οἱ Ἑλληνίδες τῆς λογοτεχνίας », *op. cit.*

45 Eleni Varikas, « Μια δημοσιογραφία στην υπηρεσία της γυναικείας φυλής », *Diavazo*, n 198, 1988, p. 6.

46 Constantin Th. Dimaras, *La Grèce au temps des Lumières*, Genève, Droz, 1969, p. 45.

47 I. Rizaki, *Οι "γράφουσες" Ελληνίδες*, *op. cit.*, p. 27, p. 55.

de 1850, ont également joué un rôle crucial dans l'accès des femmes au monde des lettres. Depuis leur entrée massive dans les lettres grecques jusqu'à la généralisation du phénomène, pendant l'entre-deux-guerres, les choix des femmes auteurs (notamment en matière de genre littéraire) connaîtront une évolution importante et représenteront une grande variété de postures.

Dès la fin du XVIIIe siècle, des femmes hellènes se distinguent par leurs activités littéraires et leur participation à la vie intellectuelle : ce sont des Phanariotes ou des intellectuelles des cercles éclairés de la diaspora. En cela, elles constituent des exceptions, puisque l'accès des femmes au savoir, et en particulier, aux lettres, ne correspond alors pas à la norme et seules les femmes issues des élites sont d'abord concernées. Elles forment leurs propres opinions, commencent à s'exprimer et à exercer ainsi leur influence sur la culture. Dans son ouvrage consacré à l'écriture féminine depuis les Lumières jusqu'à l'époque romantique[48], Sophia Denissi signale l'écriture de deux textes, appartenant à la veine satirique, qui ouvrent selon elle une nouvelle ère pour les lettres féminines : un poème écrit par Doudou Ypsilandi en 1778, et un autre, non daté, mais composé à la même période sous la plume d'une certaine Domna Katinko. Cette nouvelle période s'inscrit en rupture, de fond et de forme, avec la production antérieure. En effet, selon Sophia Denissi, si à l'époque byzantine et pendant l'essentiel de la période d'occupation ottomane, les femmes se limitaient à des textes religieux[49], à partir de 1780 les genres littéraires auxquels elles s'exercent se diversifient : poésie, théâtre, récits, romans, autobiographies, littérature pour enfants. Cette extension générique outrepasse la seule sphère littéraire et englobe des écrits relevant d'autres domaines, comme l'histoire[50] ou la philosophie, « dont on aurait pu croire qu'ils étaient réservés à des hommes[51]. » Aux quelques noms emblématiques de Phanariotes telles que Aikatérini et Rallou Soutsou, Mariora Mavrogénous, Euphrossyni Négri, il faut ajouter également celui de femmes n'appartenant pas à l'aristocratie phanariote,

48 S. Denissi, *Ανιχνεύοντας την "αόρατη" γραφή*, *op. cit.*, p. 26.

49 *Ibid.*, p. 26-27.

50 À ce sujet, voir Sophie Coavoux, « Écriture de l'histoire et littérature féminine grecque au XIXe siècle », *Clio. Femmes, Genre, Histoire*, Belin, n° 49 « Travail de care », 2019, p. 221-238.

51 Henri Tonnet, « D'Élisabeth Martinengou à Melpo Axioti : l'émergence d'une "littérature féminine" en Grèce », dans *Masculin Féminin dans la langue, la littérature et l'art grecs modernes*, *op. cit.*, p. 198.

mais, issues de milieux aisés et instruits, parfois filles, sœurs ou épouses d'intellectuels (dans l'ombre desquels elles ont longtemps été oubliées), comme Mitio Sakellariou ou Anthia Oikonomou[52].

Les traductions représentent au départ une part importante des activités littéraires féminines. Publiées après 1810, leur nombre reste anecdotique[53] jusque dans les années 1830 et ne connaît de véritable augmentation qu'à partir des années 1850[54]. La traduction en 1819 par la princesse Rallou Soutsou de l'ouvrage d'Anne-Thérèse Lambert *Avis d'une Mère à sa Fille* est représentative des préoccupations et des choix littéraires des femmes marqués à cette époque par un ton éminemment moraliste et une orientation pédagogique et édifiante. Si les vertus féminines y sont exaltées, il n'est nulle part question de remettre en cause ni la conception naturaliste de la différence des sexes ni l'ordre social patriarcal.

Les traductions faites par des femmes se multiplient pour décroître après 1870 au profit d'une production d'œuvres originales. À l'instar de Constantin Dimaras, la critique considère généralement qu'Évanthia Kaïri, sœur du philosophe Théophilos Kaïris et « élève » d'Adamantios Coray avec lequel elle entretint une correspondance, est la première femme dont l'œuvre a véritablement marqué l'histoire des lettres grecques[55]. De fait, on peut considérer que c'est elle qui incarne la littérature féminine dans les années 1820, la guerre d'indépendance offrant par ailleurs une source d'inspiration à plusieurs femmes. Si Évanthia Kaïri compose en 1826 le drame *Nicératos*, première œuvre théâtrale originale écrite par une femme[56], de même, la poétesse crétoise Antonoussa Kambouraki (Kambouropoulou) publie en 1840 ses *Poèmes tragiques*[57], premier recueil

---

52 S. Denissi, *Ανιχνεύοντας την "αόρατη" γραφή*, *op. cit.*, p. 46. Voir également E. Varikas, « L'action des femmes dans la Révolution grecque, 1800-1827 », *op. cit.* Koula Xiradaki, *Φαναριώτισσες, η συμβολή τους στα γράμματα, στις τέχνες και την κοινωνική πρόνοια*, Athènes, Philippoti, 1999.

53 P. M. Kitromilides, « The Enlightenment and Womanhood », *op. cit.*, p. 47.

54 Sur les traductions faites par des femmes et dont le nombre augmente essentiellement à partir de 1850, voir I. Rizaki, *Οι "γράφουσες" Ελληνίδες*, *op. cit.*, p. 84. La plupart des textes traduits sont au départ des romans, surtout français.

55 C. Th. Dimaras, *Ιστορία της Νεοελληνικής λογοτεχνίας*, Athènes, Ikaros, 1977, p. 210.

56 *Le Dictionnaire universel des créatrices*, Antoinette Fouque, Béatrice Didier, Mireille Calle-Gruber (dir.), Paris, éd. Des Femmes, 2013, t. 2, « Évanthia Kaïri ».

57 Voir Constantinos Fournarakis, « Η διαμόρφωση μιας ανεξάρτητης γυναικείας ταυτότητας στο πρώτο μισό του 19ου αιώνα· η περίπτωση της ποιήτριας Αντωνούσας Καμπουράκη », dans *Identities in the Greek world (from 1204 to the present day)*, Actes du 4e Congrès des

poétique grec publié par une femme sans le recours à l'anonymat. Dans les préfaces de la plupart de ces ouvrages originaux écrits par ces pionnières, ces dernières présentent leur activité d'écriture comme une participation à la renaissance nationale, justification qui vient légitimer leur « intrusion » dans le monde des lettres, domaine réservé des hommes.

Mais la première véritable critique de la condition des femmes, et plus, des rapports sociaux de sexe, se trouve dans l'autobiographie d'Élisabeth Moutsan-Martinengou (1801-1832). Ce texte constitue un témoignage sur la condition féminine dans les îles Ioniennes, à Zante, dans la première moitié du XIXe siècle. Élisabeth Moutsan-Martinengou y décrit l'univers familial comme une prison et compare le statut social des femmes à une forme d'esclavage :

> [...] ἀλλὰ ἐκύτταξα τοὺς τοίχους τοῦ σπητιοῦ ὁποῦ μὲ ἐκρατοῦσαν κλεισμένην, ἐκύτταξα τὰ μακρὰ φορέματα τῆς γυναικείας σκλαβίας και ἐνθυμήθηκα πῶς εἶμαι γυναῖκα, καὶ περιπλέον γυναῖκα Ζακυνθία καὶ ἀναστέναξα[58] [...]

> [...] mais je regardai les murs de la maison où on me tenait enfermée, je regardai les robes longues de l'esclavage des femmes et je me suis souvenue que j'étais une femme et, qui plus est, une femme de Zante et je soupirai [...]

Surtout, on trouve dans l'œuvre d'Élisabeth Moutsan-Martinengou une véritable conscience de genre qui accompagne une critique proto-féministe de la société grecque : dénonciation de la réclusion physique, morale et intellectuelle des femmes, revendication de l'égalité entre les sexes, du droit de circuler librement, d'écrire « comme un homme », d'avoir accès à l'éducation, de refuser le mariage. Mais, en dépit de ses vœux, ce texte ne fut pas publié de son vivant.

Si les années 1840 constituent une période de transition qui voit augmenter la production littéraire féminine, c'est qu'aux femmes auteurs issues de l'élite viennent progressivement s'ajouter des femmes issues des classes moyennes, autodidactes, ou qui ont bénéficié des avancées du système éducatif, et en particulier des institutrices[59]. De même, après le journal *Socrate. Journal des femmes et du peuple* (*O Socratis. Éphiméris ton*

études néo-helléniques, Grenade, 2010, Constantin A. Dimadis (éd.), Athènes, Société Européenne des Études Néo-helléniques, 2011, p. 287-303.

58 Élisabeth Moutsan-Martinengou, *Αυτοβιογραφία*, introduction V. Athanassopoulos, Athènes, Okéanida, 1999, p. 124.

59 S. Denissi, *Ανιχνεύοντας την "αόρατη" γραφή*, *op. cit.*, p. 155.

gynaikon kai tou laou), publié par Sofianopoulos dès 1839, les journaux *Efterpi*, *Pandora*[60] *et Chryssalis*, créés dans les années 1850-1860, publient des femmes et annoncent la naissance d'une presse féminine, avec la fondation en 1845 à Constantinople du journal *Kypséli* par Euphrossyni Samartsidou, elle-même femme de lettres, puis de *Thaleia*, journal féminin créé à Athènes en 1867 par Pénélope Lazaridou[61]. Cette presse contribue à renforcer la présence et la visibilité des femmes dans le monde littéraire, comme auteurs et comme lectrices, phénomène qui se poursuit jusque dans les années 1870. Les femmes publient donc dans la presse et composent aussi des œuvres personnelles, poésie, ouvrages pédagogiques, récits, traductions de romans, abordant ainsi des genres diversifiés. En outre, essentiellement à partir de 1850, certains textes féminins abordent de front la question de l'éducation des femmes, participant ainsi au débat public. On en trouve des exemples sous la plume de Sapho Léontias, Aikatérini Laskaridou ou Calliopi Kéhagia[62].

Toutes ces avancées aboutissent, dans les années 1870, à une véritable explosion du discours féminin qui coïncide, par ailleurs, avec un temps fort de la réflexion sur l'éducation des femmes. À cette période, la littérature féminine s'enrichit en nombre, en genres littéraires et gagne en visibilité. Pour la poésie, Photini Oikonomidou, et dans une moindre mesure Marietta Betsou, est souvent considérée comme la poétesse la plus importante de la période, ce qui ne doit pas faire oublier la contribution d'autres poétesses, notamment Euphrossyni Samartsidou, Sapho Léontias ou Aganiki Mazaraki. Pour ce qui est de la prose, en 1875 est publié à Athènes le premier roman composé par une Grecque, Maria Michanidou, *Les Fantômes d'Égypte* (*Τὰ Φὰσματα τῆς Αἰγύπτου*[63]). Du reste, le « *diigima* » (récit/nouvelle), genre littéraire en développement à la fin du XIXe qui semble convenir aux femmes[64], offre à ces

60 Apostolos Sachinis, *Συμβολή στην ιστορία της Πανδώρας και των παλιών περιοδικών*, s. n., Athènes, 1964.

61 Pour une présentation détaillée des différentes revues suivant leur orientation idéologique, en Grèce et dans la diaspora, voir K. Dalakoura, S. Ziogou-Karastergiou, *Η εκπαίδευση των γυναικών*, *op. cit.*, chapitre 6.

62 I. Rizaki, *Οι "γράφουσες" Ελληνίδες*, *op. cit.*, p. 89.

63 On trouve une anthologie et une présentation de l'œuvre de Maria Michanidou par Alexis Ziras dans *Η παλαιότερη πεζογραφία μας από τις αρχές ως τον πρώτο παγκόσμιο πόλεμο*, t. E, 1830-1880, Athènes, 1996, p. 240-277.

64 Irini Rizaki, « Domaine grec : la production littéraire des femmes au XIXe siècle », *Romantisme*, 85, 1994, p. 3-95.

dernières un espace de contestation de l'ordre du genre qu'elles investissent en abordant diverses manifestations de leur assujettissement, qu'il s'agisse de la question du mariage et de la dot ou du travail. C'est le cas par exemple d'Alexandra Papadopoulou qui s'intéresse tout particulièrement à la condition des femmes des classes favorisées de Constantinople et adopte par ailleurs une attitude progressiste sur la question de la langue, en faisant usage de la démotique. D'autres auteurs, moins connues, abordent elles aussi la question des femmes, comme Evgénia Zographou, dont les écrits, prose et théâtre, rendent en outre compte de sa sensibilité socialiste qui la pousse à dénoncer l'injustice sociale[65]. La littérature pour enfants occupe également une place importante dans la littérature féminine (on pense à Ioulia Dragoumis ou à la représentante la plus connue du genre, Pénélope Delta), puisqu'on considère alors que la femme, mère ou mère en puissance, est plus à même que l'homme de composer pour les enfants et que ce genre littéraire convient par ailleurs davantage à ses capacités littéraires « restreintes ». Le théâtre n'est pas en reste : des femmes traduisent surtout des œuvres dramatiques étrangères et produisent également des pièces ou dialogues originaux, dès la première moitié du XIXe siècle, notamment Antonoussa Kambouraki. Cependant le genre théâtral se caractérise par un développement probablement plus tardif, qu'on situe à partir de 1900, avec la production de Callirhoé Parren (*Ἡ Νέα Γυναῖκα*, *La Nouvelle Femme*, 1907) ou celle de Lili Iakovidou, plus tardive, à partir de la fin des années 1930[66]. Une autre évolution caractéristique mérite d'être soulignée : vraisemblablement grâce aux progrès de l'éducation féminine, les femmes sont progressivement plus nombreuses à publier des études spécialisées dans des domaines variés, notamment en histoire, comme Roza Imvriotis qui publie par exemple en 1923 un ouvrage sur la femme à Byzance (*Ἡ γυναίκα στὸ Βυζάντιο*).

---

65 Marietta Ioannidou, « Μια λησμονημένη μορφή των γραμμάτων μας : Ευγενία Ζωγράφου (1878-1963) », dans *Θέματα Νεοελληνικής Φιλολογίας. Γραμματολογικά, εκδοτικά, κριτικά, Πρακτικά Η΄ επιστημονικής συνάντησης*, Hermis, Athènes, 2001, p. 216-223. Voir aussi Marietta Ioannidou, *Γράφουσες Ελληνίδες του 19ο-αρχές του 20ου αιώνα, Η περίπτωση της Ευγενίας Ζωγράφου (1878-1963) : Μια συμβολή στην ιστορία της λογοτεχνίας*, Groningue, Rijksuniversiteit, 2001.

66 Kyriaki Pétrakou, « Η εμφάνιση του φεμινισμού στο νεοελληνικό θέατρο », dans *Ο ελληνικός κόσμος ανάμεσα στην εποχή του Διαφωτισμού και στον εικοστό αιώνα*, Actes du 3e Congrès Européen de la Société Européenne d'Études Néo-helléniques, « Identités dans le monde hellénique, de 1204 à nos jours », Bucarest, 2-4 juin 2006.

Le phénomène s'accentue durant l'entre-deux-guerres avec les publications toujours plus nombreuses de femmes diplômées d'université.

Une évolution décisive se produit dans les années 1880, avec la parution du *Journal des Dames* (*I Éphiméris ton Kyrion*, 1887-1907), dirigé par Callirhoé Parren, qui donnera naissance à un féminisme militant et à une production littéraire féminine programmée. Le mouvement émerge donc sous l'impulsion de femmes issues de la petite bourgeoisie urbaine et des classes moyennes, en particulier d'institutrices. L'équipe du journal est exclusivement constituée de femmes et les thématiques abordées y sont identifiées comme féminines et visent un lectorat féminin. Si dans ses colonnes, *I Éphiméris ton Kyrion* s'attache à la défense de l'émancipation féminine et cristallise la première contestation féminine, voire protoféministe, le journal n'en reste pas moins marqué par une orientation très traditionaliste et rigide. L'éthique victorienne, la bienséance, l'usage de la langue puriste forment un socle commun qui caractérise la ligne éditoriale du journal. Par ailleurs, le choix des sujets, notamment la place accordée à l'économie domestique, identifiée comme tâche proprement féminine, révèle une posture traditionnelle naturaliste[67]. Mais c'est surtout sur le plan idéologique, par la reprise et l'exploitation de la rhétorique maternaliste (avec l'idée de « maternité patriotique ») assorties au concept d'égalité dans la différence qui sous-tend sa ligne éditoriale, que le journal s'ancre dans une perspective conservatrice comparable à celle de certaines féministes européennes et américaines de l'époque. La femme, valorisée dans son rôle messianique et providentiel pour la nation et l'humanité, y est considérée dans une optique différentialiste qui met en lumière des vertus considérées comme naturellement féminines, conception renforcée lors de la guerre gréco-turque de 1897. Entre autres thèmes y est abordée une critique du mariage, comme échange commercial, sans qu'aucune alternative n'y soit proposée (union libre), ni aucune place accordée à la question des sentiments, et encore moins à la sexualité féminine.

Sur le plan littéraire, *I Éphiméris ton Kyrion* a joué un rôle important dans les relations entre femmes et lettres. Parren considère en effet l'écriture comme un moyen de libération des femmes et de leur individualité mais aussi comme une mission didactique. La parution même du journal, qui incite les femmes à l'écriture et à la lecture et rend ces pratiques accessibles à un public féminin élargi, constitue en elle-même

---

67 E. Varikas, *Η εξέγερση των Κυριών*, *op. cit.*, p. 20.

un outil de propagande, systématique et collective, pour la cause des femmes. Fait significatif : Callirhoé Parren lance en 1887 un concours de nouvelles pour encourager et promouvoir la production littéraire féminine. D'une manière générale, le journal accorde une place importante à la littérature : poésie, roman et nouvelle. La parution du journal *I Éphiméris ton Kyrion* et les actions de Callirhoé Parren ont donc modifié en profondeur la place des femmes dans le paysage grec, en permettant l'émergence d'une conscience féminine collective et en créant pour elles un espace d'expression dans l'espace public. La production littéraire de Parren reflète ces nouvelles orientations, notamment la trilogie *Les livres de l'aube*[68] qui promeut le modèle de la « nouvelle femme ». Après la « révolte des dames », initiée par la parution de *I Éphiméris ton Kyrion*, l'entrée des femmes dans le domaine des lettres n'est plus un phénomène anecdotique mais bien visible. Encore assez faible jusqu'en 1870, la production féminine s'accroît considérablement à partir de 1880.

Mais l'émergence et l'essor de voix littéraires féminines n'est pas sans provoquer de vives réactions. L'épisode le plus notable des mouvements de résistance à l'accès des femmes à la littérature est la « querelle de Roïdis et des écrivantes ». En 1896, l'écrivain et critique Emmanuel Roïdis publie un article intitulé « Les Grecques écrivantes » (« Αἱ γράφουσες Ἑλληνίδες[69] ») où il raille la figure de la femme auteur et dénie aux femmes jusqu'au nom d'écrivain – ce que révèle dès l'abord l'emploi du terme péjoratif dans le titre, qui cristallise le malaise provoqué par les femmes qui écrivent chez leurs détracteurs, aux yeux desquels leur dénomination même est problématique, voire impossible. Ce type de résistance n'est évidemment pas limité à la Grèce et on retrouve ici le dénigrement des femmes de lettres cristallisé dans le caractère dépréciatif et péjoratif des expressions françaises « bas-bleus » ou « femmes savantes[70] ». Suite à la parution de l'article polémique de Roïdis s'engage d'abord entre ce dernier et Callirhoé Parren une vive querelle, par articles interposés, qui fera des émules dans la presse entre les partisans d'une critique misogyne ou philogyne. Les opposants à la figure de la femme écrivain et/ou lectrice considèrent comme incompatibles la création et

68 *Τα βιβλία της Αυγής*. Sur le sujet, voir Maria Anastasopoulou, "Feminist Discourse and Literary Representation in Turn-of-the-Century Greece : Kallirrhoe Siganou-Parren, *The Book of Dawn*", *Journal of Modern Greek Studies*, 15, 1997, p. 1-28.

69 Emmanuel Roïdis, « Αἱ γράφουσες Ἑλληνίδες », *Akropolis*, 28 avril 1896.

70 C. Planté, *La Petite Sœur de Balzac*, *op. cit.*

la procréation, certains allant jusqu'à dénier à la femme les capacités et qualités requises à toute activité intellectuelle. Ces deux tendances, philogyne et misogyne, impriment également leur marque dans la littérature. Avant leur entrée dans le champ littéraire comme auteurs, les femmes constituaient essentiellement un « objet » littéraire. Les représentations littéraires de la femme renvoient d'abord, au XIXe siècle, à une image abstraite, immatérielle et idéalisée si l'on considère l'école de l'Heptanèse (notamment chez Solomos, avec *La mort de l'orpheline*, *Evrikomi*, *L'inconnue*, *Xanthoula*), ou négative pour le romantisme qui dépeint une femme tantôt absente, tantôt cruelle, avatars de la femme fatale[71]. Derrière ces représentations dominantes, stéréotypées, on peut lire en filigrane l'écho de l'idée de l'inutilité sociale de la femme, considérée comme passive ou désincarnée. Cet état de fait évolue notamment sous l'influence des intellectuels de la génération de 1880 qui, lassés des exagérations de leurs prédécesseurs, se tournent vers un style plus simple, avec l'emploi d'abord timide de la langue démotique, des sujets plus ordinaires, plus quotidiens, une place croissante accordée à l'individu et le développement de genres littéraires nouveaux qui permettent la mise en œuvre de ces nouvelles orientations. C'est dans ce contexte que se développe une littérature philogyne qui s'intéresse à la femme sous un jour nouveau et va de pair avec une critique des rapports sociaux asymétriques entre les sexes[72]. Dans la lignée de Lascaratos et de Tertsétis, des intellectuels et hommes de lettres progressistes s'inscrivent à leur tour dans cette mouvance philogyne, qui appartiennent au mouvement démoticiste, comme Jean Psichari, Andréas Karkavitsas (*Lygéri*, 1890), Grigorios Xénopoulos (*La femme aux trois visages*, *Amour crucifié*), Costis Palamas, Constantin Théotokis[73] (*L'honneur et l'argent*, *Vie et mort de*

71 Mario Praz, *La chair, la mort et le diable dans la littérature du XIXe siècle. Le romantisme noir*, Paris, Gallimard, coll. « Tel », 1998². Pour la littérature néo-hellénique, voir E. Varikas, *Η εξέγερση των Κυριών*, *op. cit.*, p. 67 *sqq.* : « Άγγελος ή παράσιτο ; ιδεολογικές παραστάσεις του θηλυκού » ; Renée-Paule Debaisieux, « Femmes et fantasmes dans l'œuvre d'Épiskopopoulos. Les voies du décadentisme », dans *Revue des études néo-helléniques*, Paris-Athènes, Daedalus, I/1, 1992, p. 77-92 et Renée-Paule Debaisieux, *Le soupçon et l'amertume dans le roman grec moderne*, Paris, L'Harmattan, coll. « Études grecques », 1992 ; Renée-Paule Debaisieux, *Le décadentisme grec dans les œuvres en prose (1894-1912)*, Paris, L'Harmattan, coll. « Études grecques », 1995, Renée-Paule Debaisieux, *Le décadentisme grec, une esthétique de la déformation*, Paris, L'Harmattan, coll. « Études grecques », 1997.

72 La littérature misogyne intègre quant à elle le discours normatif des moralistes.

73 Voir Costas Balaskas, *Κωνσταντίνος Θεοτόκης. Ο τραγικός του έρωτα και της ουτοπίας*, Athènes, Eirmos, 1993.

Karavelas), Constantin Chatzopoulos (*Le château d'Akropotamos*). Bien plus tard, Michalis Karagatsis adoptera lui aussi une posture philogyne dans plusieurs de ses romans comme *La Grande Chimère* et *Junckerman*, de même que Cosmas Politis (*Trois femmes, Hécate*) ou Stratis Myrivilis (*L'Institutrice aux yeux d'or*). Si, dans cette littérature écrite par des hommes, la femme n'est plus un « objet » littéraire[74], mais un véritable « sujet », il n'en reste pas moins que les représentations de la femme, bien qu'elles visent à dénoncer la condition féminine, demeurent le plus souvent négatives puisqu'elles l'assimilent à une victime. Pour Eleni Varikas, les idées philogynes de cette littérature masculine ne font même parfois que confirmer le système androcentrique et patriarcal[75].

Pour clore ce panorama de la place des femmes dans le champ littéraire, on peut avancer que c'est globalement la génération née après 1870 et 1880 qui comptera un nombre significatif de femmes de lettres à bénéficier d'une large diffusion de leurs œuvres et, en certains cas, de la reconnaissance de leurs contemporains, voire à entrer dans la postérité. Appartenant à des époques différentes, les figures les plus emblématiques – et les plus souvent citées – sont Myrtiotissa (Théoni Dracopoulou), Aimilia Daphni (Kourtéli), Galatée Kazantzaki, Mélissanthi (Ivi Kouhia), Alkis Thrylos (Eleni Ourani), Lilika Nakou, Melpo Axioti, Athina Tarsouli ou Maria Polydouri (née plus tard mais qui publie avant 1930). Irini Dentrinou fait partie de cette génération de femmes de lettres. Au gré de cette présence féminine croissante dans la littérature, le choix des genres littéraires évolue et les femmes sont progressivement plus nombreuses à se tourner vers la prose, notamment le roman, entre 1900 et 1910. Cette tendance se confirme chez la génération suivante de femmes de lettres comme Maria Polydouri, Katina Papa ou Lilika Nakou. Les sujets d'inspiration évoluent également et on note à cette époque un intérêt croissant pour le réalisme, la thématique urbaine, et la production féminine se fait également l'écho de la question des femmes, développant des thèmes en lien avec la famille et la société, comme chez Galatée Kazantzaki. À partir de 1910

74 Car avant le développement de la littérature féminine, les femmes sont d'abord des représentations puisqu'au départ elles n'écrivent pas elles-mêmes mais sont vues et parlées par les hommes qui évoquent de l'extérieur « la » femme, voir Michelle Perrot, *Les femmes ou les silences de l'histoire*, Paris, Flammarion, 1998 ; « Portrait », *Circé. Histoires, Cultures & Sociétés*, numéro 6, 2015, http://www.revue-circe.uvsq.fr/numero-6-portrait (consulté le 10 juin 2020).

75 E. Varikas, *Η εξέγερση των Κυριών*, *op. cit.*, chapitre II.

et 1920 et surtout après la Première Guerre mondiale, les thématiques abordées par les femmes auteurs s'élargiront à des sujets plus audacieux, abordant pour la première fois les questions de la sexualité et du désir[76]. Ce phénomène s'inscrit dans la lignée de l'intrusion plus ancienne de ces thématiques dans la littérature néo-hellénique qui, suivant en cela une évolution des lettres européennes amorcée dès le milieu du XIXe siècle, est traversée dès 1890 par une tendance à l'érotisme, plaçant le corps et le plaisir au premier plan d'une partie de son inspiration. Cette tendance reste d'abord très circonscrite avant de se transformer en mouvement puissant durant les premières décennies du XXe siècle. On peut même à ce titre parler de véritable mouvement dans le cas d'Alexandrie qui est en quelque sorte le bastion de cette littérature qu'on a qualifiée alors d'« hédoniste » et de « sarcolatrique[77] » (c'est-à-dire « adepte du culte de la chair »), notamment en référence au poète Constantin Cavafy[78]. Des femmes participent à ce mouvement, comme la poétesse Myrtiotissa qui publie notamment dans la revue *Grammata* des pièces d'inspiration saphique. Dans cette même revue alexandrine, Irini Dentrinou publia en 1916 un sonnet intitulé *À un satyre* (*Σ' ἕνα σάτυρο*) qui s'inscrit dans cette veine audacieuse.

Τῆς ἀγάπης ὁ πόθος σὲ πλανεύει
Κι ἀποζητᾶς τῆς σάρκας τὸ μεθύσι·
Σύγκορμον ἡ λαχτάρα σὲ κυριεύει
– Τῆς ἡδονῆς ἀστείρευτη εἶναι ἡ βρύση ! –
Τοῦ Ἔρωτα τὸ μυστήριο ποῦ μαγεύει,
Φλόγα τρελλὴ ζητάει νὰ καταλύσει,
Σαν τὸ θεριὸ ποῦ ἀνήκουστα ἀγριεύει
Ποθῶντας τὸ ζαρκάδι νὰ ξεσκίσει.
Πάρε τὴ σάρκα, τὴν ἀχόρταγη ὕλη,
Τῆς ἡδονῆς ν' ἀδειάσεις τὸ ποτήρι·
Ρούφα την μὲ τὰ μάτια, μὲ τὰ χείλη !
Μὰ σὰ σωθεῖ τὸ λάγνο πανηγύρι
Συντρίμμια μὲς τὴν ἔκταση τοῦ ἀπείρου
Θα κοίτεται ὁ παλμὸς ὁ αγνός τοῦ ὀνείρου.

---

76 Maria Nikolopoulou, « Γυναικεία σεξουαλικότητα και γραφή στα περιοδικά λόγου και τέχνης (1900-1920) », Actes du 4e Congrès des études néo-helléniques (Grenade, 2010), Constantin A. Dimadis (éd.), Athènes, Société Européenne des Études Néo-helléniques, 2011.

77 « σαρκολατρική λογοτεχνία ».

78 Sophie Coavoux, *Le développement de l'érotisme dans la poésie de Constantin Cavafy*, Montpellier, PULM, 2013.

« Le désir de l'Amour t'égare
Et tu cherches l'ivresse de la chair
La passion te possède tout entier
– Inépuisable est la source de la volupté ! –
Le mystère ensorceleur de l'Amour
Cherche à étouffer une flamme folle,
Telle la bête sauvage aux grognements inouïs
Dans sa rage de mettre en pièces le chevreuil.
Prends la chair, la matière insatiable,
Afin de vider la coupe de la volupté
Absorbe-la avec tes yeux, avec tes lèvres !
Mais quand la fête lascive aura pris fin,
La chaste pulsation du rêve reposera, gisante, en lambeaux
Dans l'espace infini. »

Par ailleurs, à partir des années 1920, des militantes communistes comme Galatée Kazantzaki s'illustreront par leurs idées et leurs écrits pour l'émancipation des femmes. Ces quelques exemples, qui n'ont d'autre vocation que de donner une vue d'ensemble des débuts de l'écriture des femmes en Grèce, ne rendent cependant pas compte de la diversité de la production, qu'il s'agisse des genres littéraires ou des orientations idéologiques.

LE CAS DE L'HEPTANÈSE

Depuis l'aube du XIXe siècle, nombre de partisans de l'égalité des sexes et de défenseurs de la question des femmes sont originaires de l'Heptanèse. Femmes et hommes, intellectuels, littérateurs : Isavella Théotoki-Albriggi, Margarita Alvana-Miniatou, Maria-Anastasia Petretini, Eleni Montsenigou, puis Élisabeth Moutsan-Martinengou, Géorgios Tertsétis, Andréas Lascaratos, ou plus tard le socialiste corfiote Platon Drakoulis[79]. Sans prétendre à l'exhaustivité, citons aussi, moins connues, Ellas Reggini Balsamaki et Aimilia Th. Belianitou,

79 Au sujet de la contribution des femmes dans l'Heptanèse, voir Dora Menti, « Η γυναικεία λογοτεχνική παρουσία στα Επτάνησα τον 19ο αιώνα », *Θέματα Λογοτεχνίας*, 13, novembre 1999 – février 2000, p. 82-99.

toutes deux romancières respectivement originaires de Céphalonie et de Paxos ou encore deux traductrices, Aspasia Zervou Iakovatou et Georgia Katsikogeni, mentionnées par Sophia Denissi[80]. Pour ce qui est du XXe siècle, la contribution de Marietta Giannopoulou-Minotou (1900-1962) est remarquable, intellectuelle et féministe originaire de Zante qui, outre sa production littéraire, a publié la revue féministe *Éva Nikitria* (1921-1923). Enfin, plusieurs proches d'Irini Dentrinou défendent la cause des femmes : Constantin Théotokis et sa sœur, Eleni Théotoki Paraskevopoulou, Iakovos Polylas, Nikolaos Konéménos (auteur influencé par les idées de Proudhon qui plaide pour l'émancipation féminine dans deux textes publiés en 1880, *La femme* et *La famille*), et, plus tard, Katina Papa et Aglaïa, sa sœur peintre, collaboratrices de Dentrinou dans la deuxième période de *Kerkyraïki Anthologia*. Enfin, la famille Zavitsianos, dont Irini Dentrinou est issue du côté de son père, est également un parangon du progressisme heptanésien, notamment sur la question des femmes – dont Constantin Zavitsianos, partisan de l'éducation des filles, se fit le héraut. Irini Dentrinou a d'ailleurs conservé une conscience aiguë de cette histoire familiale et elle évoque dans un article le projet de son aïeul, rappelant qu'en 1854, il fut le fondateur à Corfou d'une école destinée aux filles des bonnes familles corfiotes[81], et que l'établissement ferma ses portes en 1868, soit deux ans avant l'ouverture de l'école Arsakeio de Corfou[82]. Par ailleurs, du côté de son père, Irini Dentrinou s'inscrit dans une généalogie de femmes lettrées qui connurent une trajectoire intellectuelle d'exception (Aggeliki Zavitsianou Capello, Nina Capello, Ourania Zavitsianou[83]).

Est-ce à dire que l'Heptanèse peut être considéré comme un particularisme et constitue un bastion, sinon féministe, du moins progressiste ? C'est probable, au premier abord et, à ce propos, Callirhoé Parren clôt son ouvrage sur l'histoire des femmes (*Ἡ Ἱστορία τῆς γυναικός*), paru en 1889, par un chapitre consacré aux femmes de Corfou, soulignant la particularité historique et culturelle de l'Heptanèse (elle y évoque Isavella

80 Toutes ces femmes sont signalées par Sophia Denissi, « Οι λόγιες Ελληνίδες στα χρόνια του Ελληνικού ρομαντισμού (1830-1880). Μια πρώτη προσέγγιση », *Diavazo*, 335-347, 1994, p. 15 *sqq*.

81 « παρθεναγωγείο ».

82 *Lettres corfiotes*, *Noumas*, année 4, n° 204, 25 juin 1906, p. 2.

83 Sur les figures féminines marquantes de la famille d'Irini Dentrinou, voir Th. Pylarinos, « Ειρήνη Α. Δεντρινού », *op. cit.*, p. 11-12 et notes 31, 32 p. 163.

Théotoki Albriggi, Maria-Anastasia Petretini, Aikatérini Kartanou, Kali Kartanou). On est en tout cas en droit d'affirmer que le contact privilégié des îles Ioniennes avec l'Occident, et le fait qu'elles n'aient jamais fait partie de l'empire ottoman, ont conféré à cet ensemble insulaire des caractéristiques qui le différencient de la Grèce centrale. L'archipel a donc connu un développement culturel autonome. Mais cette réponse ne doit pas occulter la pratique locale de la réclusion des femmes de la noblesse, dont témoigne Élisabeth Moutsan-Martinengou dans son autobiographie. Cette coutume héritée semble-t-il de l'ancien usage vénitien, selon lequel, après l'âge de huit ans, les filles de la noblesse devaient vivre littéralement enfermées, est par ailleurs rapportée par Dora D'Istria ou par des voyageurs étrangers jusqu'après 1850.

Si l'on excepte la courte période de 1800 à 1807 où la République de l'Heptanèse, créée par les Russes, est placée sous la suzeraineté ottomane, pendant toute la turcocratie, en tant que région non occupée qui échappe à la règle de la Sublime Porte, l'Heptanèse se caractérise par son effervescence intellectuelle et constitue pour la culture grecque un vecteur de transmission et de diffusion des idées progressistes occidentales. La domination vénitienne[84] s'établit progressivement de la fin du XIVe siècle au XVIIIe siècle. Venise sert de modèle social et culturel aux classes supérieures et, à son contact, se développe une culture heptanésienne riche et bilingue. En 1797, avec le traité de Campoformio, l'archipel sous souveraineté vénitienne passe sous souveraineté française : les armées de Bonaparte proclament l'abolition des privilèges, brûlent le Libro d'Oro de la noblesse ionienne, établissent l'égalité des droits en introduisant du même coup simultanément les idées de la Révolution française et de la libération nationale. L'Heptanèse est sur ce point à l'avant-garde du mouvement indépendantiste. Mais après la victoire russo-turque, les privilèges de la noblesse demeurent intacts dans la République des sept îles. Après une seconde domination française (1807-1814), les îles Ioniennes passent en 1814 sous le contrôle des Anglais et resteront un protectorat britannique jusqu'en 1864. La domination britannique vient déstabiliser les structures économiques et sociales de l'Heptanèse, ébranlement source de troubles qui mèneront à la revendication de l'union avec la Grèce. Finalement,

84 Sur l'histoire de l'archipel, voir *Ιόνιοι Νησοί, Ιστορία και πολιτισμός, Ιστορικά τεκμήρια*, Athènes, Région des îles Ioniennes, 2007.

les îles Ioniennes seront rattachées au Royaume de Grèce en 1864, avec le traité de Londres.

Sur le plan culturel, et en particulier, dans le domaine littéraire, l'Heptanèse s'est distingué par une production originale, bénéficiant d'abord de l'apport des intellectuels crétois après 1669[85], puis des influences européennes. La présence française marque durablement l'histoire de l'archipel, en introduisant des préceptes démocratiques et par le développement de l'éducation, la création d'une imprimerie et d'une bibliothèque à Corfou. De par sa proximité géographique, l'Italie infléchira bien sûr en profondeur la culture heptanésienne. Ces différentes influences aboutissent notamment, sur le plan littéraire, à une poésie romantique d'inspiration nationale d'un niveau très élevé. Dionysios Solomos et Andréas Calvos, tous deux Zantiotes de formation italienne, en sont les protagonistes. Zante est aussi la patrie d'Ugo Foscolo, Corfou celle de Mavilis et Leucade de Valaoritis[86]. Par ailleurs, c'est à Corfou, capitale de l'archipel, qu'est fondée en 1824 l'Académie Ionienne, la première université grecque. Ce qu'il est convenu d'appeler l'École de l'Heptanèse, entendu ici dans son acception la plus large, apporte donc un changement radical dans la culture grecque et se caractérise par une liberté intellectuelle et linguistique tout à fait originale et par une vitalité qui lui vaudront un déclin programmé, une fois Athènes, rivale culturelle, devenue le centre de l'hellénisme moderne.

Sur le plan social, le prestige de la tradition intellectuelle et littéraire de l'Heptanèse ne doit pas occulter le clivage entre les différents groupes sociaux, très net au XIXe siècle. Seules les élites des villes sont en effet concernées, alors que l'archipel compte, dans les classes rurales plus modestes, un taux d'illettrisme élevé[87]. Par ailleurs, il convient de bien garder à l'esprit que sur le plan social et en particulier en ce qui concerne la condition féminine, l'Heptanèse ne se distingue pas du reste de la Grèce, en dépit de quatre siècles de présence vénitienne, puis française, russe et anglaise. Dans les faits, la condition des femmes de l'Heptanèse ne fait donc pas exception à l'ordre social sexué du reste

---

85 Date de la prise de Candie par les Ottomans.

86 Voir sur les particularités de chaque île, Théodossis Pylarinos, *Επτανησιακή Σχολή*, Athènes, Savvalas, 2003.

87 D. Tziovas, "A telling absence : the novel in the Ionian Islands", *op. cit.*, p. 76. Sur l'éducation des filles à Corfou, voir S. Ziogou-Karastergiou, *Η μέση εκπαίδευση*, *op. cit.*, p. 196 *sqq.*

de l'espace grec[88]. C'est là aussi uniquement sur le plan des idées, de l'histoire littéraire, culturelle et linguistique, et non dans la réalité sociale dans son ensemble, que l'archipel constitue au XIXe siècle une sorte de laboratoire d'avant-garde en contact avec l'Occident et qu'à ce titre la question des femmes trouve dans des personnalités originaires de l'Heptanèse de fervents défenseurs, au rang desquels on compte Irini Dentrinou.

Dès ses débuts, Irini Dentrinou s'inscrit donc tout à la fois dans une tradition littéraire et féministe attachée à l'idée de l'égalité des sexes, participant activement au mouvement de contestation féministe et à la critique systématique de la condition féminine qui marquent le monde grec de la fin du XIXe siècle jusqu'à l'entre-deux-guerres. Elle adhère et contribue par ailleurs à une tradition philogyne, spécifique à son milieu, familial d'abord, mais également propre à l'*intelligentsia* ionienne qu'elle fréquente. Pour l'Heptanèse en particulier, l'époque d'Irini Dentrinou est une période de mutation profonde. Le rattachement à la Grèce correspond en effet au déclin et à l'appauvrissement de l'aristocratie locale, à l'avènement de nouvelles classes montantes et à l'émergence d'un nouvel ordre social et moral, au sein duquel les rapports sociaux de sexe seront bouleversés, ainsi que leurs représentations. En contact dès ses premières publications avec Callirhoé Parren, qui publiera ses textes dans *I Éphiméris ton Kyrion*, Irini Dentrinou nouera des relations avec d'autres femmes de lettres, et renforcera sa tendance philogyne aux côtés des lettrés heptanésiens, surtout auprès de Constantin Théotokis dont elle fut très proche. C'est généralement ce dernier que la critique crédite de l'initiation de Dentrinou à la sensibilité socialiste – qui reste cependant un socialisme de posture et n'autorise pas de comparaison à cet égard avec Evgénia Zographou par exemple. Cette caractéristique de son inspiration apparaît toutefois dans des compositions antérieures à la date de sa rencontre avec Théotokis. Enfin, il semble que la Corfiote soit l'une des premières femmes à avoir utilisé la langue démotique pour sa production littéraire, à une époque où le féminisme officiel de Callirhoé

88 Sur la condition des femmes à Corfou, voir les articles de la première section intitulée « Γυναίκες και γάμος στην Κέρκυρα (17ος-19ος αιώνας) », dans *Περί Ιστορίας*, 6, Corfou, Ionios Étaireia Istorikon Méléton, Université des îles Ioniennes, Département d'histoire, 2013 ; Spyridon Ploumidis, *Γυναίκες και γάμος στην Κέρκυρα (1600-1864). Έμφυλες σχέσεις και οικονομικές δραστηριότητες*, Corfou, Université des îles Ioniennes, 2008.

Parren manifestait son conservatisme par l'emploi exclusif de la langue puriste. Cette particularité, qu'elle partage par exemple avec Alexandra Papadopoulou, est due sans conteste à la puissance que connut le mouvement démoticiste dans l'Heptanèse. Ces différentes caractéristiques campent dès le début de sa carrière sa singularité, non seulement dans le contexte ionien mais surtout dans le paysage grec élargi.

ROMANTISME, PATRIOTISME ET FÉMINISME MESSIANIQUE

Irini Dentrinou fait son entrée dans le monde des lettres par des publications dans des revues et journaux grecs, essentiellement athéniens et heptanésiens. Encore élève à l'école Arsakeio de Corfou, elle commence par collaborer avec *I Éphiméris ton Kyrion*, premier hebdomadaire féministe grec dont elle sera l'une des collaboratrices régulières. Si elle publie ses premières compositions dans la presse locale ou dans la presse littéraire et familiale (en développement, pour cette dernière, à partir de 1850), nombre de titres avec lesquels elle collabore alors se caractérisent par leur ouverture à la question des femmes ou à la littérature féminine, quand il ne s'agit pas de presse proprement féministe. C'est le cas de *Pleias*, revue athénienne de l'Association des femmes Ergani d'Athènes (*Syllogos Kyrion Ergani Athina*) qui met en avant la production des « écrivantes » et souhaite développer une collaboration intellectuelle féminine, tout en prônant les valeurs du patriotisme et de la philanthropie. Il en va de même pour *Imérologio tis Éphiméridas ton Kyrion*, la revue familiale *Oikogéneia* dirigée par Anna Sérouiou et à laquelle collaborent également des hommes, ou *Oikogéneiako Imérologio.* Jusqu'à la fin de sa carrière littéraire, Irini Dentrinou continuera de publier tant au niveau local que national, dans des revues comme *Noumas*, *Pinakothiki, Grammata* d'Alexandrie, favorables, selon des sensibilités différentes, à la question des femmes, ou dans des organes de presse féministes : *Hellinis*, *I Féministiki*, *O Agonas tis gynaikas.*

Il serait hasardeux de vouloir absolument éclairer l'itinéraire créateur d'Irini Dentrinou par une partition chronologique de l'œuvre. En effet, même si l'on distingue plusieurs grandes étapes dans sa manière, comme l'a fait Théodossis Pylarinos[1], qu'il s'agisse d'examiner la forme ou les grands axes thématiques abordés, une lecture panoramique à travers le

1 I. Dentrinou, *Τὰ Διηγήματα*, *op. cit.*, voir l'introduction de Th. Pylarinos.

prisme du genre vient parfois contredire une lecture évolutive linéaire de l'œuvre et met davantage en lumière son éclectisme. Cela dit, en considérant les textes de la Corfiote qui précèdent sa collaboration, à partir de 1905, à la revue *Noumas*, et surtout avant la publication du recueil *Le monde des salons* (*Ἀπὸ τὸν κόσμο τοῦ σαλονιοῦ*) en 1907, il apparaît que tous présentent une triple caractéristique commune, tant pour le fond que pour la forme. Qu'il s'agisse de prose ou de poésie, la plupart de ces compositions de jeunesse sont en effet marquées par l'omniprésence de l'élément patriotique, par l'influence manifeste du romantisme, et par l'idéologie du premier féminisme grec incarné par Callirhoé Parren, figure de proue du mouvement pour l'émancipation des femmes en Grèce.

Cependant, ces caractéristiques ne se restreignent pas à cette seule période mais font résurgence dans des compositions plus tardives. En particulier, l'élément patriotique et la vision genrée qui en découle sont présents jusque dans des textes publiés dans les années 1930 et même bien ultérieurs. De la même manière, dès ses premières compositions, on voit poindre des thèmes, des conceptions et des traitements très progressistes et originaux : figures de femme active, maîtresse de son destin, femme vengeresse, amour interdit, voix d'hommes malheureux en amour ou dont les projets de mariage sont empêchés par leur manque d'argent, premières représentations du monde des salons, usage de l'ironie. La coexistence de ces deux tendances, l'une inscrite dans la droite ligne du féminisme de Parren, et l'autre, plus personnelle et plus subversive, annonciatrice d'écrits postérieurs, révèle la posture paradoxale d'Irini Dentrinou relativement à la question des femmes et montre les pôles parfois contraires et les conflits qui traversent son discours. Par ailleurs, cela met en évidence dès l'abord que l'ensemble de l'œuvre, et *a fortiori* si l'on en fait une lecture genrée, ne peut être lu dans une perspective strictement chronologique, linéaire et évolutive, mais se place davantage sous le signe de la discontinuité.

LA FEMME, L'AMOUR, ET LES STÉRÉOTYPES ROMANTIQUES

Si, à quelques exceptions près, la première période d'Irini Dentrinou ne recèle pas de compositions présentant un intérêt particulier, c'est précisément leur manque d'originalité qui retient l'attention. En reprenant en effet à son compte une forme de canon littéraire et idéologique qui prévaut à cette époque, cette première production se fait témoignage. Comme de nombreuses femmes, Irini Dentrinou commença par composer de la poésie, seul genre représenté, à notre connaissance, dans sa production entre 1896 et 1897, dates qui marquent le début de son activité éditoriale. Elle ne s'essaye à la prose qu'à partir de 1898. L'influence du romantisme y est évidente, avec notamment l'importance notoire accordée au thème amoureux et l'adoption de représentations genrées stéréotypées des hommes et des femmes.

L'AMOUR DANS LA LITTÉRATURE GRECQUE DU XIXe SIÈCLE

Le thème amoureux est présent durant tout le XIXe siècle dans la poésie grecque, suivant des expressions variées, que l'on considère la poésie phanariote, la poésie dite arcadienne, l'école de l'Heptanèse, les représentants du romantisme ou encore de la génération de 1880. En rupture avec les modèles précédents, les poètes des îles Ioniennes proposent un traitement nouveau de l'amour en développant une poésie fondée sur l'idéalisme, où se conjuguent idéalisation de l'amour et Idéal féminin. Dans ses premiers essais poétiques, qui s'inscrivent dans la tradition de la poésie italienne arcadienne et portent également l'influence d'Athanassios Christopoulos et de Jean Vilaras, Dionysios Solomos exploite la veine amoureuse en composant une poésie de cabinet, avec des poèmes tels que *La mort de l'orpheline*, *Evrikomi*, *L'inconnue*, *Xanthoula* ou encore *Le rêve*, dans lesquels il chante l'amour platonique, développe les thèmes de la séparation amoureuse et de la mort, et fait l'éloge de la beauté et de la pureté féminines idéalisées à travers des images stéréotypées. Dans la lignée du poète national, l'école des îles Ioniennes continue d'explorer les voies d'une poésie à contenu patriotique et développe parallèlement le thème amoureux. Dans les deux cas, cette école se caractérise par son goût de l'abstraction, et la représentation de la femme – si l'on excepte les poésies légères, anacréontiques, en langue populaire d'Andonios Matessis – y est toujours idéalisée, comme chez Ioulios Typaldos. Pour le romantisme, contemporain de l'école ionienne, le thème amoureux et les représentations de la femme répondent à des conceptions quelque peu différentes. Héritier de la tradition phanariote, le romantisme exploite à son tour le thème de l'amour, décliné sous la forme de la tristesse amoureuse, et se complaît dans des épanchements lyriques, développant une représentation de la femme placée sous le signe de la négativité. La figure stéréotypée oscille dès lors entre deux paradigmes antithétiques. D'une part, la figure évanescente, immatérielle, de la femme angélique qui est, de préférence, vierge, malade, moribonde ou morte, et se trouve parée de toutes les caractéristiques de la faiblesse. De l'autre, sous l'influence du romantisme noir[2] et du décadentisme, la femme devient un être démoniaque à travers les nombreux avatars de la femme fatale[3]. Qu'elle soit ange ou démon, la femme cristallise un champ imaginaire toujours dysphorique. Les excès du romantisme auront pour effet de faire naître un désir de renouveau chez de jeunes poètes résolument antiromantiques. Ainsi, autour de Costis Palamas, la Génération de 1880 renouvelle le thème amoureux par le recours à un lyrisme plus sincère, à l'usage du réalisme et de la langue démotique.

À ses débuts, Irini Dentrinou exploite le thème de l'amour dans la veine romantique mais suivant un traitement protéiforme. Avec l'élément patriotique, l'amour constitue en effet pour elle un véritable sujet de prédilection : amour malheureux, empêché, synonyme de tristesse ou allié à l'image de la mort (*La chanson du batelier* / *Τὸ τραγούδι τοῦ βαρκάρη*, *À une hirondelle* / *Σ' ἕνα χελιδόνι*, 1896), amour maternel (*L'Espoir* / *Ἡ Ἐλπίδα*, 1898), amour sacrifié (*Un vœu* / *Μιὰ εὐχή*, 1898). Ses premières compositions peuvent être considérées comme des exercices d'école, imitation de modèles romantiques, plutôt que comme d'authentiques créations originales et Irini Dentrinou elle-même les

2 M. Praz, *La chair, la mort et le diable dans la littérature du XIXe siècle*, *op. cit.*

3 R.-P. Debaisieux, « Femmes et fantasmes dans l'œuvre d'Épiskopopoulos », *op. cit.* ; R.-P. Debaisieux, *Le soupçon et l'amertume*, *op. cit.* ; R.-P. Debaisieux, *Le décadentisme grec dans les œuvres en prose (1894-1912)*, *op. cit.* ; R.-P. Debaisieux, *Le décadentisme grec, une esthétique de la déformation*, *op. cit.*

qualifia de « péchés de jeunesse[4] ». Cette influence romantique est par ailleurs confirmée par ses traductions de Byron ou des poèmes d'Ossian qu'elle publie à la même époque. Aux côtés des poèmes et des récits, elle compose aussi une petite idylle pastorale en prose, badinage amoureux (*Méchante bergère ! / Κακή βοσκοπούλα !!!* [*sic*], 1898), un conte populaire qui exalte la force de l'amour (*Le serpent pétrifié / Τὸ λιθωμένο φίδι*, 1899), ou encore de nombreux textes, pour certains d'inspiration abstraite (comme *Qu'est-ce que le bonheur / Τὶ εἶναι εὐτυχία*), qui, empreints d'un pessimisme un peu factice, développent à l'envi les thèmes romantiques de la tristesse et de l'amour. Quoi qu'il en soit, l'amour constituera pour elle une source intarissable d'inspiration durant tout son itinéraire créateur.

STÉRÉOTYPES ROMANTIQUES

Malgré tout, dans ces reprises de thèmes romantiques éculés sur la force de l'amour ou le drame de la passion empêchée, il est intéressant d'observer les rôles sexués et genrés attribués aux protagonistes. Car nombre d'entre eux sont des hommes, qui se trouvent plus souvent que les femmes malheureux ou victimes de l'amour, du moins dans les textes publiés avant 1907. Irini Dentrinou semble ainsi avoir adopté et intégré les stéréotypes romantiques masculins et masculinistes véhiculés par les références littéraires qui lui servent alors de modèle, à l'instar d'autres poétesses de son époque. Dans les textes présentant des hommes malheureux et/ou victimes comme protagonistes, le Je est attribué à une voix masculine : c'est par exemple le cas dans la lamentation du marin délaissé de *La chanson du batelier* (*Τὸ τραγούδι τοῦ βαρκάρη*) ou du mari jaloux de *Lettre ouverte* (*Ἀνοιχτὸ γράμμα*). Ces protagonistes masculins affligés de tristesse sont tous victimes d'un amour impossible (*Les deux œillets / Τὰ δυὸ γαρούφαλλα*), ou rendus malheureux par l'abandon ou l'indifférence de la femme aimée (*La chanson du batelier / Τὸ τραγούδι τοῦ βαρκάρη*, *Grandeur de l'Amour / Μεγαλείο Ἀγάπης*), ingrate et volage, en un mot infidèle, qui se rend coupable d'abandon « pour voler dans un autre nid » (*À une hirondelle / Σ' ἕνα χελιδόνι*). Même dans le cas où c'est la jalousie du protagoniste qui détruit l'amour, la faute en revient toujours à la femme, tandis

4 D'après Th. Pylarinos, « Ειρήνη Α. Δεντρινού », *op. cit.*, p. 18.

que le protagoniste homme est quant à lui victimisé (*Lettre ouverte* / *Ἀνοιχτό γράμμα*). Quand la femme n'est pas incriminée comme cause du malheur masculin, c'est à la société qu'incombe la faute. *Le jour maudit* (*Ἡ καταραμένη μέρα*), publié en 1898 dans *I Éphiméris ton Kyrion*, fait ainsi le récit des déboires de Monsieur Giannis, instituteur patriote éperdument épris de la belle Hélène, mais dont les projets de mariage seront empêchés par le manque d'argent. Ce texte, où l'on ne trouve par ailleurs nulle trace d'inspiration romantique, marque les prémices de la critique sociale qui caractérisera les écrits ultérieurs de Dentrinou, surtout à partir de 1907.

Derrière les portraits types de ces hommes malheureux se dessinent en creux des représentations de femmes qui concordent avec des stéréotypes romantiques ou mythiques. On trouve d'abord quelques occurrences de la figure idéalisée de la jeune fille (*Les deux œillets* / *Τὰ δυὸ γαρούφαλλα*), femme salutaire, figure maternelle de substitution (*L'Espoir* / *Ἡ Ἐλπίδα*), ou qui se double parfois malgré elle d'une créature néfaste à la beauté délétère, avatar discret de femme fatale (« La jeune fille passe, un jour à l'aube… / Avec un regard… un regard à mourir » dans *La jeune fille passe* / *Περνᾶ ἡ κόρη*). À titre d'exemple, dans *L'Espoir* (*Ἡ Ἐλπίδα*), un marin trouve le réconfort lors de l'apparition d'une figure féminine, allégorie de l'espoir, qui combine les caractéristiques de la vierge éthérée et la figure protectrice de la mère qui n'est pas sans évoquer la Vierge :

> […]
> Σηκώνει τὸ κεφάλι του μὲ μάτια θαμπωμένα
> Βλέπει μπροστά του ὄμορφη σἄν ἄγγελο παρθένα,
> Μὲ τὰ μαλλιὰ τᾶ ξέπλεγα, ποῦχαν τοῦ ἠλιοῦ τὸ χρῶμα,
> Μὲ οὐρανικὸ χαμόγελο στὸ τρυφερὸ τὸ στόμα
> Καὶ μὲ γλυκάδα καὶ χαρὰ στὰ μάτια της τὰ μαῦρα,
> Τὰ φλογισμένα σπλάγχνα του ἐδρόσισεν ἡ αὖρα.
> Ὅταν τὸν κύτταζε γλυκὰ καὶ τοῦ χαμογελοῦσε
> Καὶ ἐσπόγγιζε τὸ δάκρυ του, ποῦ σιγανὰ κυλοῦσε,
> Μὲ τὸ γλυκὸ χαμόγελο, τὴν ὡμορφιὰ τὴ θεία,
> Τὰ δάκρυά του στεγνώσανε, ξεχνᾷ τὴν τρικυμία
> […]
> Στὴν ἀγκαλιά μου ἀκούμπησε, παιδί μου, τὸ κεφάλι,
> Γιὰ νὰ μπορῇς νἀγωνιστῇς μὲς τῆς ζωῆς τὴν πάλη.
> […]
> Γῦρε λοιπόν, ἀκούμπησε σιγὰ στὴν ἀγκαλιά μου,

Κοιμήσου καὶ γιὰ σκέπασμα θὲ νἄχης τὰ μαλλιά μου.
Μὲ τὸ γλυκὸ τραγούδι μου, σὰν σοῦ ἀγροικάω τὸν θρῆνο,
Γαλήνη καὶ παρηγοριὰ στὸν πόνο σου θὰ χύνω[5].
[…]

« […]
Il relève la tête, les yeux embués de larmes,
Il voit devant lui une jeune fille belle comme un ange,
Les cheveux dénoués, couleur de soleil,
Un sourire céleste sur sa tendre bouche,
Des yeux noirs pleins de douceur et de joie.
La brise a rafraîchi son cœur en feu.
Comme il essuyait ses larmes, qui coulaient doucement,
Le doux sourire, la beauté divine
Ont séché ses larmes, il a oublié la tempête.
[…]
Mon enfant, viens dans mes bras,
Que tu puisses affronter les luttes de la vie.
[…]
Viens donc, viens dans mes bras,
Endors-toi, ma chevelure te couvrira,
Si je t'entends pleurer, mon doux chant
Viendra te consoler et apaiser ta peine.
[…] »

Mais la figure féminine romantique stéréotypée la plus présente est probablement celle de la femme malade. Plus qu'un simple motif littéraire, ce cliché devient l'objet d'une véritable mode chez les aristocrates européens dès le début du XIXe siècle, le champ symbolique se superposant au champ du réel. Prose ou poésie, la littérature romantique européenne (et grecque) est traversée de figures féminines à la pâleur cadavérique, souffrant de vapeurs et autres maux indéfinissables, ou confrontées à la mort. Quand la maladie n'est pas désignée, elle devient en soi une caractérisation de la femme, comme signifiant de sa faiblesse, de sa « petite nature », qui met en exergue, dans un jeu d'opposition binaire, la force, la santé et la virilité masculines, dans une optique paternaliste souvent assimilée et intériorisée par les femmes. Au-delà d'un simple effet de mode, l'image de la femme malade est également le reflet de la réalité historique, en particulier lorsqu'il s'agit de phtisie,

5 Irini Dentrinou, *L'Espoir* (*Ἡ Ἐλπίδα*), *Éphiméris ton Kyrion*, année 12, n° 534, 31 mai 1898, p. 6-7.

mal particulièrement répandu à la fin du siècle. Par la suite, l'image de la « pulmonaire » nourrit une littérature romantique nécrophile, véhiculant une image malsaine de la femme et construisant une véritable esthétique du corps féminin malade. On pense à cet égard à Achille Paraschos qui présente dans le poème *Éros* un idéal féminin indissociable de la souffrance et de la pâleur maladive :

> Δὲν θέλω κάλλος αὔθαδες παρθένου ἀλαζόνος,
> Θρασείας ἐκ τῆς καλλονῆς, ψυχρᾶς ἐκ θωπευμάτων·
> Βλέμμα δὲν ἔρριψα ποτὲ εἰς πτέρυγας παῶνος,
> Οὐδ'εἰς φιάλην στίλβουσαν πλὴν στεῖραν ἀρωμάτων.
> Δὲν θέλω ὄψιν φλογεράν, δὲν θέλω ῥόδου στόμα·
> Εἶναι διέγερσις σαρκὸς τὸ πορφυρῶδες χρῶμα.
>
> Τὴν θέλω ἀσθενῆ ἐγὼ τὴν φίλην μου, ταχεῖαν·
> Ὠχρὰν τὴν θέλω καὶ λευκὴν ὡς νεκρικὴν σινδόνην·
> Μὲ εἴκοσι φθινόπωρα, μὲ ἄνοιξιν κἀμμίαν,
> Μ'ὀλίγον σῶμα – ἄνεμον σχεδὸν – ὀλίγην κόνιν.
> Τὴν θέλω ἐπιθάνατον μ' ἀθανασίας μύρον,
> Κόρην καὶ φάσμα, σάβανον ἀντὶ ἐσθῆτος σῦρον.
>
> Τὴν δυστυχῆ ! λιπόθυμον τὴν θέλω, πάντη μόνην·
> Ἄνευ μητρὸς ἢ ἀδελφοῦ· αὐτὴ καὶ ὁ Θεός της.
> Εἰς πεδιάδα, ἔρημον τὴν θέλω ἀνεμώνην,
> Κ'ἐγὼ νὰ ἦμαι μήτηρ της, ἐγὼ καὶ ἀδελφός της.
> Ἀργὰ νὰ τὴν χειραγωγῶ τὴν κόρην εἰς πᾶν βῆμα,
> Καὶ νὰ προσκρούσωμεν ὁμοῦ εἰς τὸ πλησίον μνῆμα[6].

> « Je ne veux pas de la beauté insolente d'une vierge orgueilleuse
> Impertinente par sa beauté, froide par excès de caresses
> Je n'ai jamais jeté un seul regard sur le plumage du paon,
> Ni sur un flacon étincelant mais sans parfum.
> Je ne veux pas d'un visage flamboyant, ni d'une bouche de rose
> La couleur pourpre n'est qu'excitation de la chair.
>
> Je la veux souffrante mon amie, et languissante ;
> Je la veux pâle et blanche comme un linceul
> Avec vingt automnes et aucun printemps,
> Avec un corps frêle – comme une brise – soupçon de poussière.
> Au seuil de la mort avec un parfum d'immortalité,
> Fille et fantôme traînant un linceul en guise de robe.

6 Achille Paraschos, *Ποιήματα*, t. 3, Athènes, Constantinople, éd. Andréas Koromilas, 1881, p. 18-22.

La malheureuse ! Je la veux défaillante, toujours seule
Sans mère ou frère : elle seule et son Dieu.
Je la veux anémone perdue dans une plaine,
Et je serais sa mère, et je serais son frère.
Je veux guider lentement chacun de ses pas,
Et nous trébucherons ensemble sur le tombeau tout proche. [...] »

Et de fait, la première occurrence de femme malade chez Irini Dentrinou se fait en référence à la phtisie[7]. *Un souvenir* (*Μιὰ ἐνθύμηση*) fait le récit du dépérissement et de la mort progressive d'une jeune femme pulmonaire, érigée parallèlement en héroïne tragique et en victime d'un sort inéluctable. Le motif de la mort de la jeune fille réapparaît également dans *Une larme pour ma chère Fani* (*Ἐν δάκρυ γιὰ τὴ Φανή μου*), dans *Ma chanson* (*Τὸ τραγούδι μου*), ainsi que dans *Lamentation* (*Τραγούδι Μοιρολόι*) ou *Le mariage de Galini* (*Ὁ γάμος τῆς Γαληνῆς*), où il est associé au thème de l'amour malheureux. La caractérisation du féminin par la maladie fera également résurgence dans des textes plus tardifs, notamment avec la reprise du motif de la phtisie (*Bons sentiments des aristocrates* / *Ἀριστοκρατική εὐαισθησία*, 1915 ; *Deux choses vues* / *Δυὸ εἰκονοῦλες*, 1906 ; *Les deux morts* / *Οἱ δυὸ θάνατοι*, 1907 ; *Le vieux violoniste* / *Ὁ γέρο-βιολιστής*, 1917 ; *La petite aux yeux bleus* / *Ἡ παιδούλα μὲ τὰ γαλάζια μάτια*, 1930 ; *Sacrifice sanglant* / *Αἱματοστάλαχτη θυσία*, 1930). Mais dans ces dernières occurrences, la maladie et la mort sont évoquées dans des contextes bien différents. Il s'agit de femmes consumées par un chagrin d'amour, au point parfois qu'elles sont poussées au suicide : le féminin morbide s'inscrit alors soit dans une fresque sociale nimbée de misérabilisme, soit dans la continuité de l'idée romantique que l'amour vrai est voué à la mort (*Le chant de l'Amour* / *Τὸ τραγούδι τῆς Ἀγάπης*), et cette fois-ci sans distinction de sexe, puisque des hommes également succombent à la passion amoureuse (par exemple dans *Fou ?* / *Τρελός;* ou dans *La chanson inchantée* / *Τὸ ἀνείπωτο τραγούδι*).

L'inspiration romantique de cette première période perdurera dans des écrits ultérieurs et marquera profondément l'itinéraire créateur d'Irini Dentrinou. L'amour restera toujours un sujet de prédilection de

7 On observe le même phénomène chez Alexandra Papadopoulou, voir Nikos Mavrélos, « Η απουσία του ανδρικού λόγου/ρόλου ως εξουσιαστικού σε διήγημα της Α. Παπαδοπούλου », *Λόγος γυναικών, πρακτικά Διεθνούς συνεδρίου, Κομοτηνή, 26-28 Μαΐου 2006*, Vassiliki Kontogianni (dir.), Université Démocrite de Thrace, Athènes, ELIA, 2008, p. 160.

la Corfiote mais fera l'objet de traitements et de conceptions extrêmement diversifiés. L'image de la femme romantique, femme fantasmée, mise à distance, immatérielle, abstraite et déshumanisée, fruit de la récupération d'une féminité européanisée androcentrique, reste quant à elle bien ancrée, par exemple dans *Les deux œillets* (*Τὰ δυὸ γαρούφαλλα*) :

> [...] δὲν ἤσουν ἄνθρωπος· ἤσουν πλάσμα τῆς φαντασίας, ἄϋλο, μία ὄμορφη τεχνίτου ζωγραφιά, ἕνας στίχος, μιά ιδέα, ἕνας ἦχος, ἕνα ἀνάγλυφο[8].
>
> « [...] tu n'étais pas un être humain ; tu étais une créature imaginaire, immatérielle, l'œuvre splendide d'un peintre, un poème, une idée, une musique, une sculpture. »

Cette vision de Dentrinou évoque d'ailleurs très précisément celle de Dimitrios Paparigopoulos dans le poème *À une jeune fille* :

> Δὲν εἶν' ἡ κόρη ἄνθρωπος, εἶν' ὄνειρον ὡραῖον
> πλανώμενον ἐν τῇ νυκτὶ τοῦ ἀνθρωπίνου βίου·
> εἶνε ἀστὴρ τρισάγιος τὴν χάριν διαχέων,
> εἶν' ὡς ἡ ὄψις ἱερὰ τοῦ ῥέοντος δακρύου[9].
>
> « La jeune fille n'est pas un être humain, mais un beau rêve
> errant dans la nuit de la vie des hommes ;
> c'est un astre béni qui répand la grâce,
> vision sacrée de la larme versée. »

Mais même détachées de la vision paternaliste des premiers modèles littéraires de Dentrinou, incarnation des valeurs rigides d'une époque marquée par une vision genrée différentialiste quasi ontologique, les représentations du féminin demeureront chez elle ambivalentes, comme le révéleront les compositions ultérieures à cette première manière.

8 *Les deux œillets* (*Τὰ δυὸ γαρούφαλλα*), I. Dentrinou, *Τὰ Διηγήματα*, *op. cit.*, p. 89.
9 Dimitrios Paparigopoulos, *Εἰς Κόρην*. Cité dans *Βασική βιβλιοθήκη*, t. 13 : *Dimitrios Paparigopoulos, Spyridon Vassiliadis*, éd. Giannis Hatzinis, Athènes, 1959, p. 49.

LES FEMMES ET LA NATION

MÈRE ET PATRIE

La figure de la mère traverse l'œuvre d'Irini Dentrinou et occupe une place centrale dès ses premières compositions, directement convoquée ou présente *in absentia* à travers l'évocation d'une jeune fille, figure maternelle de substitution et source de réconfort (*L'Espoir* / *Ἡ Ἐλπίδα*). Mais si la figure maternelle domine, il faut inscrire cette présence dans un contexte national marqué par une ferveur patriotique que vient renforcer l'amère défaite de la guerre gréco-turque en 1897, la question nationale rencontrant ainsi celle des femmes. Cet élan patriotique est porté par la Grande Idée, idéologie nationaliste née au milieu des années 1840[10], qui coïncide avec une ambition expansionniste visant à construire la « Grèce des cinq mers et des trois continents » et à reconstituer ainsi les frontières de l'ancien Empire byzantin tout en assurant la cohésion nationale. La génération de 1880 vit dans l'euphorie de cet idéal politique qui trouve de nombreux soutiens dans l'Heptanèse et à Corfou – au nombre desquels on compte le père d'Irini Dentrinou. En particulier, la guerre de 1897 correspond à une étape clé dans l'histoire des femmes en Grèce. En effet, elle permet aux Grecques des classes moyennes et supérieures de revendiquer leur intégration dans la nation, et l'idéologie irrédentiste qui domine avant même la déclaration de la guerre s'accompagne d'une redéfinition du rôle des femmes[11]. D'une part, la première sortie des femmes sur la scène publique se réalise pendant la guerre de 1897 via leur participation en réseau à de nombreuses activités de charité, de soin et d'aide, comme la collecte de fonds, l'assistance aux blessés ou aux réfugiés crétois[12]. D'autre part, cette concordance entre question nationale et question des femmes fut exploitée, sur un plan symbolique, par Callirhoé Parren, et véhiculée par le journal *I Éphiméris ton Kyrion.*

---

10 Pour la datation, Marie-Lise Mitsou indique quant à elle que cette idéologie est née une dizaine d'années auparavant, « Le Philhellénisme bavarois et la "Grande Idée" », *Revue germanique internationale*, 1-2 | 2005, http://rgi.revues.org/70 (consulté le 22 juin 2020).

11 E. Avdela, A. Psarra, "Engendering 'Greekness'", *op. cit.*, p. 67-79.

12 E. Varikas, *Η εξέγερση των Κυριών*, *op. cit.*, p. 280 ; Koula Xiradaki, *Οι γυναίκες στον ατυχή πόλεμο του 1897*, Athènes, Philipotti, 1994, p. 132 ; E. Avdela, A. Psarra, "Engendering 'Greekness'", *op. cit.*

Mise en exergue du rôle de la femme dans le contexte national, cette vision messianique patriotique chère au premier féminisme grec avait déjà été développée plus tôt, notamment par Constantin Zavitsianos (1810-1880) qui la formule en ces termes : est dévolue aux femmes la mission de transmettre à leurs enfants éducation chrétienne, respect de la patrie et de l'hellénisme. De cette mission civilisatrice, qui ne peut être garantie que par le développement de l'éducation féminine, dépend la renaissance nationale.

> Ἡ γυνή εἶναι ἐντελεστάτη προσωποποίησις, τὸ σύμβολον τὸ ἐπιλεκτώτερον τῆς οἰκογένειας, τὸ ἁγιαστήριον τῶν ἐσωτερικῶν ἡδονῶν καὶ ὀδυνῶν τῆς ἀνθρωπότητος· οὖσα ἐνάρετος καὶ προσκολλημένη εἰς τὴν θρησκείαν, μεταδίδει αὐτὴν εἰς τὰ τέκνα της, φροντίζει διὰ τὴν ὠφέλειαν αὐτῶν καὶ τοῦ συζύγου, τὸν ὁποίον σέβεται καὶ ἀγαπᾷ, δὲν φοβεῖται τοὺς κόπους καὶ τὰ βάσανα, ἵνα κατασταθῇ ἐντίμως ὠφέλιμος εἰς τὴν οἰκογένειάν της, εἰς τὴν πατρίδα της. Ἐμπνέει τὰς αρχὰς τῆς τιμῆς καὶ τῆς ἠθικῆς εἰς τὰ τέκνα της καὶ τὰ διδάσκει νὰ προτιμῶσι τὸν ἔντιμον θάνατον ἀντὶ τῆς ἀτίμου ζωῆς. [...] Μόνη ἡ γυνὴ δύναται χωρίς μεγάλους κόπους νὰ ἐπιτύχῃ τὴν εὐδαιμονίαν του ἀνθρωπίνου γένους[13].
>
> « La femme est la personnification la plus achevée, le symbole par excellence de la famille, le sanctuaire des plaisirs et des peines secrets de l'humanité ; vertueuse et attachée à la religion, elle la transmet à ses enfants, elle veille sur eux et sur son époux, qu'elle respecte et qu'elle aime, elle ne craint pas la peine et les épreuves, afin de servir dignement sa famille et sa patrie. Elle inspire à ses enfants les principes de l'honneur et de la morale et leur apprend à préférer la mort honorable à la vie sans honneur. [...] Seule la femme peut sans grands efforts faire le bonheur de l'humanité. »

> Ἡ νοητικὴ καὶ σωματικὴ ἀνάπτυξις τοῦ γυναικείου φύλου πρέπει νὰ θεωρῆται παρὰ πάντων ὡς βάσις ἀναγεννητικὴ ἁπάσης τῆς κοινωνίας. Οὐδεμιά ἀμφιβολία ὑπάρχει ὅτι τὸ ἠθικόν, ἡ ὑγεία τῶν μητέρων ἀντανακλᾶται εἰς τὰ τέκνα αὐτῶν πολὺ περισσότερον ἢ τῶν πατέρων· καὶ ὅσῳ μᾶλλον εὔρωστοι εἶναι αἱ γυναῖκες, ὅσω μᾶλλον δυναταὶ καὶ ἐνεργητικαί, τόσῳ μᾶλλον βιώσιμα, εὔρωστα, δυνατά, καὶ ἐνεργητικὰ εἶναι τὰ ἐξ αὐτῶν τεχθησόμενα καὶ ἀνατραφησόμενα βρέφη[14].
>
> « Le développement mental et physique des femmes doit être considéré par tous comme la base de la régénérescence de la société tout entière. Il n'y a aucun

13 Constantin Zavitsianos, « Λόγος ἐκφωνηθεὶς ὑπὸ τοῦ Διευθυντοῦ Κωνσταντίνου Ζαβιτσιάνου ὑπὸ τὴν 18 Σεπτεμβρίου μηνός 1858, κατὰ τὴ διανομὴν τῶν βραβείων μετὰ τὰς δημοσίας ἐξετάσεις τοῦ πέμπτου ἔτους τοῦ παρθεναγωγείου », Κέρκυρα, ἐν τῷ Τυπογραφείῳ τῆς Κυβερνήσεως, 1858, p. 11.

14 Constantin Zavitsianos, « Ἀγγελία περί συστάσεως παρθεναγωγείου », Corfou, Hermis, 1852, dans E. Fournaraki, *Εκπαίδευση και αγωγή των κοριτσιών*, *op. cit.*, p. 134-136.

doute que la santé du corps et de l'esprit des mères se reflète sur leurs enfants bien plus que celle des pères ; et plus les femmes sont solides, plus elles sont fortes et énergiques, plus les enfants qu'elles mettront au monde et qu'elles élèveront auront de chance de vivre et d'être forts, robustes et énergiques. »

Irini Dentrinou loue d'ailleurs la contribution majeure de Constantin Zavitsianos pour l'éducation des filles à Corfou[15], et il y a fort à parier que ce dernier eut une influence sur sa vision du monde. Dans ce système de pensée qui domine à la fin des années 1890, toute femme est considérée et socialement valorisée dans sa fonction maternelle, en tant que mère ou mère en puissance, le corps maternel étant désormais assimilé au corps de la nation. La femme se voit ainsi confier le rôle de gardienne de la tradition, notamment sur le plan linguistique, et de vecteur de l'intégrité et de la régénération de la nation. En se référant au statut de la mère, ce discours exploite l'argumentaire naturaliste différentialiste et réclame l'égalité des sexes, ainsi que l'inclusion politique des femmes. La littérature se fait l'écho de cette conception nouvelle et nombre d'auteurs et de poètes construisent et véhiculent le paradigme de la mère grecque ou de la mère Grèce, notamment Andréas Calvos (« Grèce mère des héros », dans l'Ode x de *La Lyre* intitulée *L'Océan*), Dionysios Solomos (*Mère grecque*), Costis Palamas, Aristotélis Valaoritis (*Baiser. À la mère Grèce*), ou encore Lorentzos Mavilis (*Grèce ma mère*).

LE THÈME DE LA GUERRE

L'œuvre d'Irini Dentrinou porte elle aussi indéniablement les traces de ce patriotisme fervent, et elle intègre par ailleurs la vision messianique des femmes, épousant du même coup la ligne du féminisme de Parren, comme les idées énoncées au milieu du siècle par son aïeul Constantin Zavitsianos. Cela est manifeste dès 1886, dans un texte intitulé *À la Crète* (*Στὴν Κρήτη*), inspiré par la question crétoise, dans lequel la Grèce, personnifiée, est présentée comme figure maternelle. Mais c'est surtout avec les événements de 1897 que s'opère chez Dentrinou la rencontre entre patriotisme et féminisme messianique. Sous l'impulsion des sociétés secrètes, le peuple crétois se soulève une fois de plus contre l'autorité de la Sublime Porte, cette insurrection s'inscrivant dans un mouvement plus large de désir d'indépendance et de rattachement à la Grèce. À l'issue

15 I. Dentrinou, *Ἡ Κερκυραϊκὴ Σχολή*, *op. cit.*, p. 114.

de la guerre, la défaite est aussi celle de la politique de la Grande Idée, qui se double d'un véritable traumatisme. Irini Dentrinou compose en 1897 deux poèmes où elle exprime sa ferveur patriotique, *Aux âmes des ceux qui sont tombés au combat pour l'idée sacrée de la Grèce* (*Σταῖς ψυχαῖς ἐκείνων ποὺ ἐσκοτόθηκαν πολεμόντας γιὰ τὴν ἱερὴν ἰδέαν τῆς Ἑλλάδος* [*sic*]) et *Pour la cérémonie du souvenir des Corfiotes tombés au combat* (*Γιὰ τὸ μνημόσυνον τῶν σκοτωμένων Κερκυραίων*), mais surtout, elle exploite l'association mère et patrie dans plusieurs compositions : *Mère grecque* (*Μάνα Ἑλληνίδα*, publié dans *I Éphiméris ton Idisséon*) et *Premier de l'an* (*Πρωτοχρονιά*, publié dans *Oikogéneia*). Elle reprend ensuite le motif dès 1898 dans plusieurs compositions directement inspirées par la guerre de 1897 qui montrent les conséquences de la guerre sur la vie des femmes, et exaltent en particulier la figure maternelle sous des formes stéréotypées : mère sacrificielle, *mater dolorosa*, figure de la veuve, ainsi qu'une occurrence de jeune femme dont le fiancé meurt au combat, dans les récits *Séparation* (*Χωρισμός*), *Un vœu* (*Μιὰ εὐχή*), *Rêve* (*Ὄνειρο*). Dans ce dernier texte en particulier, publié dans *Attiki Iris* en mars 1898, alors qu'elle se rend sur la tombe de son enfant, une mère endeuillée voit apparaître, lors d'un rêve éveillé, une autre mère dont le fils est tombé au combat contre les Turcs :

> Κ' ἐγονάτισεν ἡ δυστυχισμένη μάνα στὸ χῶμα, ποὺ τῆς ἔκρυβε τὸ ἀγαπημένο τοῦ παιδιοῦ της σῶμα, κ' ἐφίλησε κλαίοντας τὸ σταυρό.
>
> Ἀκούμπησε κατόπιν τὸ μέτωπό της στὴν ψυχρὴ πλάκα κ' ἔμεινε ἀκίνητη γιὰ πολλὴν ὥρα στὴν ἴδια θέση. [...]
>
> Ξάφνου ἀκούει βήματα· γυρίζει πίσω της καὶ βλέπει μιὰ γυναίκα σὰν ἐκείνην μαυροντυμένη, ὠχρήν, μὲ μάτια κατακόκκινα ἀπὸ τὸ κλάϋμα, ποὺ πάει κοντά της καὶ κοιτάζοντάς την μὲ γλυκάδα στὰ μάτια τῆς λέει μὲ σιγανὴ φωνή :
>
> « Γιατί κλαῖς; [...] γιατί κλαῖς τὸ μικρὸ ἀγγελοῦδι, ποῦ πέταξε στὸν οὐρανό; Δὲν ἤσουν σὺ ἐκείνη, ποὺ στὴν ἀρρώστια του τὸ περιποιήθηκες, ποὺ τὸ χάϊδεψες, ποὺ ἀγρύπνησες στὸ πλευρό του[16];

> « Et la malheureuse mère s'agenouilla sur la terre qui cachait le corps bien-aimé de son enfant et, en pleurant, embrassa la croix.
>
> Puis elle posa son front sur la pierre glaciale et demeura longtemps là, immobile.
>
> Soudain, elle entend des pas, elle se retourne et voit une femme, comme elle vêtue de noir, livide, les yeux rougis par les larmes, qui s'approche d'elle et, tout en la regardant avec douceur, lui dit d'une voix paisible :

16 *Rêve* (*Ὄνειρο*), *Attiki Iris*, n° 4, 15 mars 1898. I. Dentrinou, *Τὰ Διηγήματα*, *op. cit.*, p. 57.

"Pourquoi pleures-tu ? [...] pourquoi pleures-tu le petit ange qui est monté au ciel ? N'est-ce pas toi qui, lorsqu'il était souffrant, as pris soin de lui, l'as câliné, as veillé près de lui ? »

Le *pathos* de la scène culmine avec la plainte de cette mère privée de la dépouille de son fils et le rappel des circonstances de la mort de ce dernier, dont la vie a été arrachée par les Turcs :

> [...] Κοίταξε καὶ μένα. Κ' ἐγὼ εἶμαι σὰν ἐσένα, μαυροντυμένη, κ' ἐγὼ ἔχασα τὸ μονάκριβο παιδί μου. Μά, ὄχι, ἐγὼ δὲν ἤμουνα κοντά του τὶς ὕστερες στιγμές του, νὰ τοῦ κλείσω τὰ μάτια, νὰ ἑνωθεῖ τὸ χεῖλι μου μὲ τὴν ὕστερη πνοή του! Δὲν ἔχω τὴν παρηγοριὰ νὰ τοῦ φέρνω δροσερὰ λουλούδια στὸ μνῆμα του, δὲ ξέρω ποῦ ἀναπαύεται τὸ σῶμα του... οὔτε ἂν εἶναι θαμμένο!... Ὄχι, τὸ βόλι τοῦ Τούρκου μοῦ τ' ἅρπαξε στὰ σύνορα[17]...
>
> « Regarde-moi, je suis comme toi, vêtue de noir, moi aussi j'ai perdu mon seul enfant, mon bien-aimé. Mais, contrairement à toi, je n'étais pas à ses côtés pour ses derniers instants, pour lui fermer les yeux, pour que mes lèvres accompagnent son dernier souffle ! Je n'ai pas même la consolation de porter des fleurs sur sa tombe, j'ignore où repose son corps... Je ne ne sais même pas s'il a une sépulture ! ... Non, c'est une balle turque qui me l'a enlevé à la frontière..." »

On trouve également un exemple analogue, plus tardif, dans *La Mère des neuf braves* (*Ἡ Μάνα τῶν ἐννιὰ παλληκαριῶν*), traduction d'un chant populaire serbe publiée en 1916, où sont développées des images similaires du féminin mais dans un contexte différent puisqu'il n'y est pas question des événements de 1897, mais de la bataille du Kosovo de 1389.

Cette association n'est pas uniquement l'objet d'un traitement littéraire mais ressurgit dans des articles à contenu politique, comme par exemple dans *Lettres corfiotes* (*Κορφιάτικα γράμματα*), texte daté du 11 juin 1906 et publié la même année dans *Noumas*, dans lequel, pour démontrer que l'Heptanèse, et Corfou en particulier, n'est pas une Isola Italiana mais un fief de la langue grecque, Dentrinou arrime son propos à l'image de la mère patrie (« leur véritable mère est la Grèce »).

Malgré tout, on doit signaler quelques compositions où la ferveur patriotique cède à l'idée du pacifisme. C'est le cas par exemple du poème *Guerre* (*Πόλεμος*, intégré aux *Sonnets*/*Σονέττα*, publiés en 1916[18]). Dans

17 *Ibid.*

18 Irini Dentrinou, *Σονέττα*, Alexandrie, Grammata, 1916, p. 11.

Revanche future (*Ὁ αὐριανός*), autre poème de teneur antimilitariste plus tardif publié dans la revue *Néa Épithéorissi* en 1930, la figure de la mère associée au contexte de la guerre ne correspond plus à la figure de la mère patriote sacrificielle mais devient figure de la victime des exactions commises par des soldats, à travers le regard révolté de son fils, témoin des violences faites à sa mère :

> [...] ὢ πόσο μοῦ θυμίζει
> κάποιους στρατιῶτες μισομεθυσμένους,
> ποὺ στὸ σπίτι μας μπαίνουν τὶς νυχτιές...
> Πότε γελοῦν μὲ γέλοιο, ποὺ ξεσκίζει
> τὰ σπλάχνα· πότε σκνίπα, κοιμισμένους,
> σὰν κουφάκια νεκρὰ τοὺς βρίσκει ἡ αὐγούλα.
> Μὰ εἶναι καὶ κάποιες ἄγριες στιγμές,
> ποὺ δέρνουν, ὢ πῶς δέρνουν, τὴ μανούλα[19] !
>
> « [...] oh, combien cela me rappelle
> des soldats à moitié ivres
> qui entrent chez nous chaque nuit...
> tantôt ils rient d'un rire qui déchire
> le cœur, tantôt l'aube les trouve
> ivres morts endormis pareils à des cadavres.
> Mais il est aussi des moments féroces
> où ils battent, si sauvagement, ma petite maman ! – [...] »

Le patriotisme d'Irini Dentrinou associé au thème de la guerre[20] est particulièrement prégnant dans *L'étranger et ses jeunes amis (histoires de l'époque des guerres balkaniques)* / *Ὁ ξένος καὶ οἱ μικροὶ του φίλοι (ἱστορίες ἀπὸ τὸν καιρὸ τῶν ἐθνικῶν πολέμων)*, ouvrage pour enfants qu'elle publia dans la collection « Paidiki Vivliothiki » d'Élefthéroudakis en 1933 mais qu'elle écrivit très probablement bien plus tôt[21]. Elle s'était d'ailleurs déjà essayée à la littérature pour enfants en écrivant en 1919 *La grand-mère aux sept petits-enfants* (*Ἡ γιαγιὰ μὲ τὰ ἑπτὰ ἐγγονάκια*), texte à visée didactique resté inédit mais conservé dans les archives de Dentrinou.

19 I. Dentrinou, *Ἡ Κερκυραϊκὴ Σχολή*, *op. cit.*, p. 134-135.

20 Seule exception à cette caractéristique, le poème *Guerre* (*Πόλεμος*), d'abord publié en 1914, déroge à cette veine patriotique puisqu'il introduit un sentiment pacifiste en dénonçant la vanité de la gloire qui mène l'humanité à sa perte.

21 Voir Théodossis Pylarinos, « Από το Γεροστάθη του Λέοντα Μελά και τον ξένο της Ειρήνης Δεντρινού ως τους μειλίχιους παππούδες της Λιλίκας Νάκου. Οι σεβάσμιοι γέροντες ως ήρωες-πρότυπα στα κείμενα λογοτεχνίας για παιδιά », *Périplous*, n° 49, 2000, p. 93.

Il s'agit d'une histoire édifiante qui associe la description de scènes de la vie quotidienne dans une campagne corfiote idéalisée à une dimension didactique omniprésente. L'action se déroule au moment des guerres balkaniques dans un village corfiote dont la communauté accueille un vieil homme, réfugié épirote. Le récit se construit autour de la relation amicale et pédagogique que cet « étranger » noue en particulier avec les garçons de l'école. Y sont exaltées les vertus de la famille, du courage et du travail, ainsi que l'idéal de la liberté porté par un patriotisme sous-tendu, une fois encore, par l'idéologie de la Grande Idée, illustré par le schéma récurrent opposant « Grecs esclaves » et « Turcs tyrans ». L'argumentaire nationaliste fondé sur l'idéal du sacrifice pour la patrie y est toujours associé à la religion et renvoie à une vision romantique irrédentiste de l'histoire grecque, avec des références à la guerre d'indépendance, à celle de 1897 et aux guerres balkaniques. La volonté de transmission de l'histoire grecque et de la tradition populaire aux enfants se trouve complétée par de nombreuses références littéraires, empruntées pour partie à la poésie, qui exaltent les mêmes valeurs : sont insérés dans le texte des extraits de Solomos, Typaldos, Pallis, Valaoritis, Éphtaliotis, Mavilis, références littéraires exclusivement masculines, alors que Dentrinou cite des poèmes de Galatée Kazantzaki dans *La grand-mère aux sept petits-enfants* (*Ἡ γιαγιὰ μὲ τὰ ἑπτὰ ἐγγονάκια*[22]).

Une lecture du texte à travers le prisme du genre met en évidence la posture très conservatrice d'Irini Dentrinou quant à la définition des rôles sexués différenciés qui repose à l'évidence sur une vision androcentrique stéréotypée : les garçons lisent et s'instruisent tandis que les filles se consacrent à des travaux d'aiguille. Les protagonistes y sont des personnages masculins, Monsieur Thomas, réfugié d'Épire, et ses « petits amis », uniquement des garçons. Ainsi, les personnages féminins sont-ils relégués à un rang secondaire, relatif aux hommes, figés dans des fonctions familiales déterminées et passives : la mère, la sœur, l'épouse ou la promise, toutes occupées à leur destin unique de « femmes au foyer ». Seuls les garçons sont scolarisés et la mission de progrès et de renaissance nationale dévolue à l'école n'englobe pas les filles à qui reviennent uniquement des occupations indissociables du foyer (travaux domestiques, fonction nourricière) et du mariage (préparation du trousseau). Si les garçons sont définis par le courage, l'action,

22 Th. Pylarinos, « Ειρήνη Α. Δεντρινού », *op. cit.*, note 82, p. 254.

l'héroïsme et le patriotisme – traits distinctifs qui répondent, certes, à des clichés (*pater familias*, héros patriotes) –, ils font cependant l'objet de portraits personnalisés et détaillés. *A contrario*, les filles sont quant à elles enfermées dans des caractéristiques stéréotypées, strictement passives, relatives notamment à leur apparence physique ou à leur émotivité naturelle, et aucun portrait psychologique féminin n'est dressé. La seule valeur féminine repérable se situe sur un plan abstrait et symbolique, avec la reprise du *topos* de la mère patrie. Car si la fonction didactique du livre vise de prime abord à instruire les jeunes Grecs et à leur inculquer un sentiment patriotique en convoquant l'histoire et la littérature grecques, il apparaît en outre que le texte fonctionne également comme un mémento des rôles de genre.

Au regard de son itinéraire créateur qui l'éloigne apparemment assez vite du féminisme messianique de Parren, il semble donc curieux qu'Irini Dentrinou ait fait le choix de publier, si tardivement, en 1933, ce texte au conservatisme rigide et totalement dénué de l'esprit critique et de l'humour qui émanent de la majeure partie de sa production. Ce décalage de contenu et de forme vient remettre en question la posture féministe prêtée à Irini Dentrinou ou contribue du moins à éclairer les ambivalences idéologiques de son discours sur la question des femmes. Mais il est aussi probablement imputable à une stratégie scripturaire visant une réception favorable du texte, dimension que soumet à l'analyse l'approche sociopoétique historique de la littérature féminine[23]. Suivant cette hypothèse, on peut avancer que Dentrinou se conforme donc dans ce texte, en l'intériorisant, à la double identité assignée de femme éducatrice et de femme auteur pour enfants et transmet des représentations conformes à l'idéologie dominante.

LA DÉDICACE DU *MONDE DES SALONS*

Dans le même ordre d'idée, le texte le plus éloquent et le plus éclairant sur le caractère ambivalent du discours de Dentrinou est incontestablement la dédicace qui précède *Le monde des salons* (*Ἀπὸ τὸν κόσμο*

23 Chantal Savoie, « Pour une sociopoétique historique des pratiques littéraires des femmes », dans Anthony Glinoer (dir.), *Carrefours de la sociocritique*, dans *Texte, revue de critique et de théorie littéraire*, Toronto, Trintexte, n° 45/46, octobre 2009, http://ressources-socius.info/index.php/reeditions/24-reeditions-de-livres/carrefours-de-la-sociocritique/131-pour-une-sociopoetique-historique-des-pratiques-litteraires-des-femmes (consulté le 2/06/2020).

τοῦ σαλονιοῦ), recueil de récits publiés en série par *Noumas* dès 1905 avant de paraître en volume autonome en 1907. La dédicace révèle de manière explicite la fonction didactique qu'assigne Irini Dentrinou à la littérature, visible comme on vient de le voir dans *L'étranger et ses jeunes amis (histoires de l'époque des guerres balkaniques)* / *Ὁ ξένος καὶ οἱ μικροὶ του φίλοι (ἱστορίες ἀπὸ τὸν καιρὸ τῶν ἐθνικῶν πολέμων)*. À travers la description du monde des salons où se croisent les représentants de la bonne société corfiote, membres des classes supérieures, bourgeois et autres nouveaux riches, il s'agit pour elle d'éduquer les femmes – destinataires et protagonistes des récits – à devenir des citoyennes et des mères exemplaires. L'examen des récits révèle une posture édifiante qui repose sur un jeu entre personnages positifs et négatifs, parangons illustrant l'exemplarité de la nouvelle femme et contre-modèles repoussoirs. Si les récits en eux-mêmes se caractérisent par un style critique, ironique et sarcastique[24], curieusement la dédicace est quant à elle un condensé de la doxa féministe grecque qui se développe à partir de la fin des années 1890. Il apparaît donc une rupture, de fond et de forme, entre les récits et la dédicace, dont on aurait plus volontiers prêté l'écriture à Callirhoé Parren. Dans la version de 1907, une citation en exergue précède la dédicace : « *Le monde des salons* et *Les deux morts*. Récits. Pour les filles de Grèce qui fréquentent les salons[25] ». Suit la dédicace, à proprement parler :

> Ἀφοῦ κομμάτι ἀπὸ τὴν ψυχή σας πῆρα, γιὰ νὰ τὰ γράψω, σὲ σᾶς, Ρωμιοποῦλες μου, τ'ἀφιερώνω τὰ φτωχὰ καὶ ταπεινὰ διηγήματά μου, ποὺ γιὰ σᾶς μονάχα γραφτήκανε.
>
> Γιὰ σᾶς, ναί, τὶς αὐριανὲς μητέρες, ποὺ στὰ χέρια σας κρατᾶτε τὴν τύχη τοῦ Ἔθνους μας, ἀφοῦ ἡ ψυχή σας μιὰ μέρα θὰ γίνει καὶ ψυχὴ τῶν παιδιῶν σας.
>
> Ἔζησα τὴ ζωή σας, γνώρισα τοὺς ἴδιους μὲ σᾶς πόθους, ἀνατράφηκα ὅπως καὶ σεῖς ἀνατραφήκατε, καὶ γιὰ τοῦτο μὲ πόνο μου τὸ λέω, πῶς ἀντὶς μὲ τὴ σημερινὴ ἀνατροφὴ νὰ μᾶς ἀνοίγουν τὰ μάτια στὴν ἀλήθεια, μᾶς κόλλησε ἀπάνω μας σὰν ἀβδέλλα τὸ ψέμα καὶ μᾶς ρουφάει κᾶθε δύναμη ζωτική, μᾶς κλεῖ τὰ μάτια στὸ φῶς, μᾶς κάνει νευρόσπαστα ἀτροφικῆς Πρόληψης καὶ μᾶς μεθᾶ μὲ τὸ κρασὶ τῆς Πλάνης[26].

24 Les récits feront l'objet d'une analyse ultérieure, voir Chapitre « La question des femmes et la question sociale ».

25 « *Ἀπὸ τὸν κόσμο τοῦ σαλονιοῦ καὶ οἱ δυὸ θάνατοι*. Διηγήματα. Ἀφιερώνονται στὶς Ρωμιοποῦλες ποὺ συχνάζουν στὰ σαλόνια », I. Dentrinou, *Τὰ Διηγήματα*, *op. cit.*, p. 103.

26 *Ibid.*, p. 104.

« Puisque j'ai pris une partie de votre âme pour les écrire, chères filles de Grèce, c'est à vous que je dédie mes modestes et humbles récits, qui n'ont été composés que pour vous.

Pour vous, oui, les mères de demain, qui tenez entre vos mains le sort de la Nation, puisque votre âme deviendra un jour aussi celle de vos enfants.

J'ai vécu votre vie, j'ai connu les mêmes désirs, j'ai été élevée comme vous l'avez été, voilà pourquoi, non sans douleur, j'affirme qu'avec l'éducation actuelle, au lieu de nous ouvrir les yeux à la vérité, c'est le mensonge qui nous colle à la peau telle une sangsue, absorbe en nous toute force vitale, nous ferme les yeux à la lumière, nous transforme en marionnettes d'une Superstition atrophiante et nous enivre du vin de l'Imposture. »

Après avoir introduit habilement la dédicace par une *captatio benevolentiae*, qui consiste à s'identifier à ses lectrices, filles des salons issues du même milieu social qu'elle, Dentrinou constuit un argumentaire où s'opposent deux figures antithétiques : la Grecque d'aujourd'hui, figure superficielle repoussoir, et la Grecque de demain ou Grecque nouvelle, figure maternelle messianique et modèle à suivre.

Κι ὅμως – δὲ σᾶς τὸ κρούβω – πῶς ἐπόθησα, ὀνειρεύτηκα, ἔλπισα μιὰ καινούργια, ὄχι ψεύτικη μ' ἀληθινή, ὄχι κούκλα μ' ἄνθρωπο, Ἑλληνοπούλα.

Δὲν τὴ ζητάω μακριὰ ἀπὸ τά σαλόνια – ἴσα ἴσα, ἀφοῦ σὲ κεῖνα συχνάζει ὁ καλὸς κόσμος, μποροῦν νὰ γίνουν κέντρα μορφωτικὰ καὶ γιὰ τοῦτο πολύτιμα, μὰ τὴ θέλω παλληκάρι στὴν ψυχή, ποὺ νά' χει τὴ δύναμη νὰ τινάξει ἀπὸ πάνου της τὴ σκόνη τῆς ψευτιᾶς, ποὺ τυφλώνει τὴ σημερινὴ Ἑλληνοπούλα καὶ ν' ἀνοίξει καινούργιους ὁρίζοντες, πατώντας κάθε ἀνόητη κοινωνικὴ συνθήκη καὶ τὴ θέλω, ὤ ναί, τὴ θέλω περσότερο Μάνα καὶ λιγώτερο γυναίκα σαλονιοῦ[27].

« Et cependant – je ne vous le cache pas – combien j'ai désiré, combien j'ai imaginé et espéré une Grecque nouvelle, non pas factice mais bien réelle, pas une poupée mais un être humain.

Je ne la cherche pas loin des salons – tout au contraire puisque le beau monde s'y retrouve, ils peuvent même devenir des foyers d'éducation et par conséquent précieux, mais je la veux brave comme un homme, brave dans son âme, qu'elle ait la force de chasser la poussière du mensonge qui aveugle la Grecque d'aujourd'hui et d'ouvrir de nouveaux horizons, en écrasant toute convention sociale stupide, et je la veux, oui, je la veux davantage Mère et moins femme de salon. »

Elle introduit ensuite plusieurs références à ses récits qui composent le recueil, dont elle cite les titres, afin d'expliquer qu'ils illustrent tous,

---

27 *Ibid.*

sous des déclinaisons variées, l'un et l'autre de ces deux modèles antithétiques, soulignant ainsi la portée didactique du *Monde des salons* (*Ἀπὸ τὸν κόσμο τοῦ σαλονιοῦ*) :

> Κ' ἐλπίζω ἀπὸ τὴν κόρη τοῦ ὀνείρου μου, ποὺ δὲ θὰ τὴν εὕρετε στὸ « Συνηθισμένο τύπο » ἢ στὸ « Φλὲρτ » ἢ στὸ « Τρελό », στὸ « Φόρεμα τοῦ χοροῦ », στὴν « Ἐνάρετη », στὸ « Πρακτικὸ μυαλό », στὶς « Δυὸ εἰκονοῦλες » πότε φιλάρεσκη, πότε ψεύτρα, πότε τρελοθήλυκο, πότε δειλὴ μπρὸς στὰ γλυκὰ λόγια τοῦ προικοθήρα, ἢ ἀσυνείδητη σὰ στὰ « Γοβάκια τοῦ χοροῦ » καὶ περγελάστρα σὰ στὸ « Μὲ τὸ ἴδιο νόμισμα », μά ποὺ θὰ τὴν ξανοίξετε στὸν « Ἀσυνήθιστο τύπο », στὸν « Πρῶτο της χορὸ » καὶ στὴ μικροκαμωμένη ξανθὴ κυρὰ τῆς « Ἰγγλέζικης ἀνατροφῆς[28] ».
>
> « Et j'espère que la fille de mon rêve – que vous ne trouverez ni dans *Figure ordinaire* ni dans *Flirt* ni dans *Fou*, pas plus que dans *La robe de bal*, *La vertueuse*, *Esprit pratique*, ou *Deux choses vues*, tantôt coquette, tantôt menteuse, tantôt écervelée, tantôt timide face aux douces paroles du chasseur de dot, ou inconsciente dans *Les escarpins du bal* et moqueuse comme dans *La monnaie de sa pièce*, mais que vous verrez dans *Figure atypique*, dans *Son premier bal* et dans la jeune femme menue et blonde d'*Éducation à l'anglaise* – »

Toute femme est une mère ou une mère en puissance, patriote sacrificielle, à laquelle incombe une mission impérieuse dont dépend la « Renaissance nationale » :

> νὰ βγεῖ ὁ αὔριανὸς στρατιώτης, ποὺ θὰ πέσει πληγωμένος στὰ στήθια γιὰ τὸ σκλάβο, γιὰ τὴν πατρίδα, νὰ βγεῖ ὁ αὔριανὸς πολίτης, ποὺ θὰ λησμονᾶ τὸ ἀτομικό του συμφέρο μπροστὰ στὸ γενικό, ποὺ θά' χει πεποίθηση στὴν ἀτομική του δύναμη γιὰ τὸ μέλλον του καὶ κεῖνο τῶν παιδιῶν του, ποὺ θὰ στηρίζει ὄχι στὸ Κεντρικὸ ταμεῖο, μὰ στὴν ἀκούραστη καὶ καλοσυνείδητη Ἐργασία[29].
>
> « j'espère, dis-je, de la fille de mon rêve qu'elle enfantera le soldat de demain qui tombera, frappé à la poitrine, pour l'esclave, pour la patrie, qu'elle enfantera le citoyen de demain qui oubliera son intérêt individuel devant l'intérêt général, et sera convaincue de sa force personnelle pour son propre avenir et pour celui de ses enfants, qui comptera non sur les caisses de l'État mais sur le Travail infatigable et consciencieux. »

Avec une habilité rhétorique égale, la dédicace se clôt par une citation de quelques vers du « poète national », Dionysios Solomos, venant étayer le propos comme argument d'autorité, qui précède l'évocation de la

28 *Ibid.*, p. 104-105.
29 *Ibid.*, p. 105.

sororité, unissant toutes les femmes, investies d'une mission commune, motif par lequel Dentrinou cherche une fois encore, comme au début de la dédicace, à s'attirer l'attention bienveillante de son lectorat en s'identifiant ainsi à lui :

> Ἀπὸ τὴ σημερινὴ Ἑλληπούλα, θρέμμα τῆς σημερνῆς σαπίλας, βγῆκε τ' ἀσυνείδητο ρουσφετολόγι, ἡ τρεχάλα τοῦ '97, τὰ παράσημα κ' ἡ ρεκλάμα, ἡ κατάχρηση κ' ἡ πολιτικὴ ἀχρειότη.
>
> Ὅταν ὁ μεγάλος μας Ἐθνικὸς ποιητὴς Σολωμὸς τραγουδοῦσε
> Ἡ ψυχή μου ἀναγαλλιάζει,
> πῶς ὁ κόρφος κάθε μιᾶς
> γλυκοβύζαστο ἑτοιμάζει
> γάλα ἀνδρείας κ' ἐλευθεριᾶς
> ξάνοιγε μὲ τὰ μάτια τῆς ψυχῆς του, τῆς μεγάλης του ψυχῆς, ὄχι τὴ σημερινὴ Ρωμιοπούλα, μὰ κείνη, ποὺ θ' ἀναθρέψει τὰ παιδιά της ποτίζοντάς τα μὲ τὸ γάλα τῆς Ἀλήθειας καὶ τῆς Ἀγάπης.
>
> Μὴ μὲ βγάλετε ψεύτρα, ἀδερφάδες μου· στὰ χέρια μας εἶναι κι ἀπὸ σᾶς δὲν τὸ κρούβω πῶς ποτὲ δὲν ἔπαψα νὰ ἐλπίζω σὲ μιὰ μακρινὴ ἴσως, μὰ βέβαιη, Ἐθνικὴ ἀναγέννηση[30].

> « De la Grecque d'aujourd'hui, fruit de la pourriture de notre époque, est sorti le clientélisme aveugle, le désordre de 1897, les médailles et la publicité, les abus et l'immoralité politique.
>
> Lorsque notre grand poète National Solomos chantait
> Mon âme se réjouit
> à l'idée que le sein de chaque femme
> prépare le doux lait
> de la bravoure et de la liberté
> il voyait avec les yeux de son âme, de sa grande âme, non pas la jeune Grecque d'aujourd'hui mais celle qui élèvera ses enfants en les nourrissant au lait de la Vérité et de l'Amour.
>
> Ne me faites pas mentir, mes sœurs : cela dépend de nous, je ne vous cache pas que je n'ai jamais cessé d'espérer en une renaissance Nationale, probablement lointaine, et néanmoins certaine. »

Ce texte au lyrisme exalté contient tous les ingrédients du féminisme développé par Callirhoé Parren, fondé sur l'association entre patriotisme et messianisme permettant, dans le contexte de la guerre de 1897 d'abord, la justification du rôle social de la femme en tant que mère. Question nationale et cause féminine se trouvent ainsi entremêlées, via une idéalisation de la maternité perçue désormais comme une véritable

30 *Ibid.*, p. 105.

mission sociale. Le discours nationaliste, qui assigne à la femme un rôle clé dans l'intégrité et la régénération de la nation, repose sur une conception totalement essentialiste, conservatrice et bourgeoise. En effet, cet argumentaire féministe trouve appui sur une revendication égalitaire différentialiste qui met en exergue les vertus féminines, que Dentrinou souligne dans sa dédicace : la femme est d'abord définie par sa fonction maternelle (elle donne la vie, nourrit et instruit), et ensuite, qualité corollaire, comme naturellement dotée d'amour maternel. Comme le souligne ici Dentrinou, l'éducation des mères est essentielle puisque leur incombe la responsabilité de préparer leurs enfants, futurs citoyens et soldats, à s'acquitter de leur mission patriotique. La femme, en tant que mère, devient ainsi le vecteur de la conscience nationale. Comme pour les féministes européennes et américaines de l'époque, une idée domine dans ce discours, selon laquelle l'émancipation de la femme contribuera au salut de la nation et de l'humanité. Cette rhétorique patriotique permet certes aux femmes de passer de la sphère du privé à celle du public, la nation étant conçue comme l'extension de la famille, mais elle ne remet pas en cause les rôles sexués traditionnels assignés aux femmes. Par ailleurs, cette dédicace de Dentrinou, qui s'adresse aux jeunes Grecques qui fréquentent les salons – ou plutôt, qui ne s'adresse qu'à elles – n'est pas exempte de contradictions, mais elle est significative d'une optique bourgeoise et élitiste, dans laquelle seules les femmes de la bonne société semblent appelées à jouer un rôle déterminant au niveau national, vision qui coïncide parfaitement avec celle développée dans *I Éphiméris ton Kyrion.*

Enfin, si dans ce texte Irini Dentrinou réactualise, pêle-mêle, plusieurs poncifs du premier féminisme grec comme la sororité, la nécessité de l'éducation des femmes, la mère nourricière aimante, le corps maternel identifié au corps social, l'idée de la renaissance nationale, l'idéal grec d'un patriotisme sacrificiel, il n'en reste pas moins qu'un discours antisocial vient enrichir le propos. En effet, Irini Dentrinou procède à une diatribe contre l'éducation réelle dispensée aux femmes grecques, présentée comme source d'obscurantisme, en jouant sur la dialectique entre vérité et mensonge. Ce dernier thème constitue d'ailleurs un véritable *leitmotiv* dans son œuvre dès 1900, avec la publication d'un texte en prose intitulé *Mensonge* dans *L'Almanach du journal des dames* (*Imérologio tis Éphiméridas ton Kyrion*), qui paraîtra de nouveau en 1905 dans *Noumas*. Il s'agit d'une digression philosophique, sorte d'apologue mené sur un ton plaisant sur le sujet du mensonge, où Dentrinou révèle son inclination pour l'humour et le sarcasme. L'argument en est simple : tous les humains sont dans le mensonge, sans distinction de classe ou de sexe. Par la référence à une assertion misogyne de Byron pour qui « Les femmes mentent avec tant de grâce que rien ne leur sied mieux que le mensonge », elle glisse dans le propos une optique de désessentialisation, rompant du même coup avec l'argumentaire naturaliste différentialiste du féminisme officiel. C'est également la même posture qui transparaît, dans la dédicace, au travers de la critique de l'éducation des femmes : Dentrinou n'énonce pas que ces dernières seraient naturellement enclines à la superstition, à l'illusion et au mensonge mais insiste au contraire sur le caractère construit de cette caractéristique regrettable, en accusant la société d'une manière particulièrement vindicative via une dénonciation des « habitudes sociales stupides ». Enfin, cette vision hétérodoxe, en rupture avec celle développée par Parren dans le journal *I Éphiméris ton Kyrion*, survient également dans la dédicace à travers l'usage du terme « *παλληκάρι* ». Terme ordinairement réservé à la caractérisation exclusive des hommes (le féminin de ce mot n'existe pas, ni comme substantif, ni comme adjectif), il est ici convoqué par Dentrinou pour définir l'idéal de la nouvelle femme, dont elle annonce l'avènement sur un registre prophétique. Procédant de la sorte à un retournement lexical et symbolique subversif, la nouvelle femme se trouve ainsi virilisée.

En dépit de ces quelques éléments dissonants, il n'en reste pas moins que la dédicace, véritable exhortation aux femmes des salons, s'inscrit dans la droite ligne du féminisme patriotique et messianique et que l'objet principal du texte semble davantage être le patriotisme que véritablement l'émancipation des femmes en elle-même. Enfin, comme dans le cas de *L'étranger et ses jeunes amis (histoires de l'époque des guerres balkaniques) / Ὁ ξένος καὶ οἱ μικροὶ του φίλοι (ἱστορίες ἀπὸ τὸν καιρὸ τῶν ἐθνικῶν πολέμων)*, on décèle ici une stratégie scripturaire qui vise à conditionner la bonne réception du texte puisque la dédicace, qui fonctionne comme une véritable *captatio benevolentiae*, formaliserait ainsi simultanément un horizon d'attente des pairs, c'est-à-dire de la communauté des femmes qui écrivent, et du lectorat féminin, en incorporant une doxa féministe garante de son succès.

LA LANGUE DÉMOTIQUE AU FÉMININ

LES FEMMES, GARDIENNES DE LA LANGUE

Au gré de la résurgence du nationalisme à la fin du XIXe siècle, les revendications en faveur de l'émancipation féminine trouvent donc un point d'ancrage, à travers leur incorporation au sein de l'idéologie de la Grande Idée[31]. Cette même période est également marquée, dans le monde grec, par la question de la langue, plus que jamais intriquée à la question nationale et qui, de ce fait, entretient également des liens avec la question des femmes.

Depuis la création de l'État grec, un débat passionné opposait les partisans de la langue puriste (« *η καθαρεύουσα* ») et les tenants de la langue populaire (« *η δημοτική* ») et atteignit son paroxysme entre 1880 et 1910, lorsque le linguiste Jean Psichari, grand théoricien de la langue populaire, adopta des positions normatives extrêmes et se heurta violemment au camp adverse. Ce conflit, loin d'être une simple querelle de chapelles anecdotique, prit une dimension nationale dont l'issue semblait primordiale aux yeux de tous. Autour de Jean Psichari se cristallise donc le mouvement démoticiste qui considère les femmes comme gardiennes de la tradition orale et dépositaires de la langue maternelle identifiée à la langue populaire (démotique). Généralement associées (dans une perspective essentialiste qu'il conviendrait d'interroger) à la culture orale qu'elles ont largement nourrie via leur contribution à la transmission de la littérature orale traditionnelle, les femmes doivent garantir celle de la culture, de la langue et de la conscience nationale grecques. C'est en partie le rôle dévolu aux institutrices (notamment de la diaspora) qui incarnent alors l'association entre le féminin et l'idéal patriotique. Eleni Varikas évoque ainsi la reformulation du statut symbolique et de la position sociale des femmes dans le contexte de la question nationale, à la faveur de la « Grande Idée » :

> Pour la nouvelle idéologie nationaliste, le peuple grec était investi d'une « grande mission civilisatrice » : introduire au sein de l'Orient les valeurs culturelles européennes, continuation et achèvement de la civilisation grecque classique. [...]

31 Voir Demetra Tzanaki, *Δούλα και κυρά. Όψεις εθνικισμού : Ρόλοι και συμπεριφορές στην Ελλάδα των ρομαντικών χρόνων 1836-1897*, Athènes, Savvalas, 2007.

> Dans cette conjoncture, le statut symbolique et la position sociale des femmes devenaient des enjeux importants. Dans le nouveau discours nationaliste, les femmes ne sont pas seulement des productrices potentielles de guerriers mais également les dépositaires du passé glorieux. [...] En tant que gardiennes « naturelles » de la tradition orale, elles sont porteuses de conscience nationale à plus d'un titre. [...] Mais aussi et surtout, elles sont la source intarissable de la vraie langue de la nation, la langue du peuple, la langue maternelle[32].

La mission linguistique des femmes est mise en avant tant par les tenants de la langue puriste que par ceux de la langue démotique, et Callirhoé Parren, figure de proue du mouvement féministe grec, saisit dans ce contexte l'occasion de faire valoir le rôle des femmes dans le développement de la société grecque[33]. Dans un article du journal *I Éphiméris ton Kyrion* paru le 16 novembre 1903 et intitulé « Les Grecques et la langue grecque » (« Αἱ Ἑλληνίδες καὶ ἡ ἑλληνικὴ γλῶσσα »), elle écrit :

> Ὑπῆρξεν ἐποχή, κατὰ τὴν ὁποίαν αἱ ἑλληνίδες ἦσαν ἀποκλεισμέναι ἀπὸ τὸν κόσμον καὶ ἀπὸ κάθε δρᾶσιν καὶ ἐπέμβασιν, ἀναγομένην εἰς τὴν κοινωνικὴν καὶ τὴν ἐθνικὴν ζωήν. Κλεισμέναι εἰς τοὺς γυναικωνίτας ἠσχολοῦντο εἰς χειροτεχνικὰ ἔργα, εἰς τὴν οἰκιακὴν οἰκονομίαν καὶ εἰς τὴν διαιώνισιν τοῦ εἴδους καὶ τῆς φυλῆς.
>
> Κατὰ τὴν ἐποχὴν ἐκείνην, ὅπως δὲν ἠδύναντο νὰ βλέπουν τί ἐγίνετο πέραν τῆς ἐξωθύρας τῆς οἰκίας, δὲν ὤφειλαν νὰ λέγουν καὶ τίποτε ἐξερχόμενον τοῦ στενοῦ αὐτοῦ κύκλου τῶν ὁρίων τῆς δικαιοδισίας των. Τότε ἡ σιγὴ τῶν γυναικῶν ἦτο στόλισμα καὶ ἀρετὴ καὶ ὅσαι δὲν εἴξευραν νὰ σιγοῦν πάντοτε καὶ δι' ὅλα ἦσαν μωραὶ καὶ κακαὶ γυναῖκες[34]. [...]
>
> « À une certaine époque les Grecques étaient exclues du monde et de toute action et intervention relevant de la vie sociale et nationale. Enfermées dans les gynécées elles s'adonnaient aux travaux manuels, à l'économie domestique et à la perpétuation de l'espèce et de la race.
>
> À cette époque, puisqu'elles ne pouvaient observer ce qui se passait au-delà de la porte de la maison, elles devaient s'abstenir de tout propos dépassant le cercle étroit des limites de leurs prérogatives. Alors le silence des femmes était un joyau et une vertu et celles qui ne savaient se taire, toujours et sur tout, étaient considérées comme des sottes et de mauvaises femmes. [...] »

Si elle se réfère d'abord à une époque où les femmes étaient tenues à l'écart des affaires publiques, c'est pour mieux souligner leur rôle effectif

32 E. Varikas, « Question nationale et égalité des sexes », *op. cit.*, p. 233.

33 Sur le sujet, voir M. Anastassopoulou, "Feminist Discourse and Literary Representation", *op. cit.*

34 Callirhoé Parren, « Αἱ Ἑλληνίδες καὶ ἡ ἑλληνικὴ γλῶσσα », *I Éphiméris ton Kyrion*, année 17, n° 768, 16 novembre 1903, p. 1-3.

joué dans l'histoire grecque, dans la transmission de la religion et de la langue, piliers de la nation :

> Ἐὰν λοιπόν διετηρήθη κατὰ τὸ μακρὸν ἐκεῖνο διάστημα ὁ ἑλληνισμὸς ὡς ἔθνος καὶ δὲν ἐχάθη ὡς οἱ πρὸ αὐτοῦ ἀκμάσαντες λαοὶ τῶν Αἰγυπτίων καὶ Ἀσσυρίων καὶ Βαβυλωνίων, τοῦτο ὀφείλεται κατὰ τὸ ἥμισυ εἰς τὰς γυναῖκας του. Κανεὶς ἕως τώρα δὲν ἐτόλμησε νὰ ταῖς ἀρνηθῇ τοῦτο καὶ ὅλοι ἀνεξαιρέτως παραδέχονται ὅτι ἡ Ἑλληνὶς εἶναι ἐκείνη, ἡ ὁποία ἐφύλαξε καὶ μετέδωκεν ἀπὸ γενεᾶς εἰς γενεὰν τὴν πολύτιμον παρακαταθήκην τῆς θρησκείας, τῆς γλώσσης καὶ τῶν ἐθίμων τὰ ὁποῖα ἀποτελοῦν τὰ γνωρίσματα τῶν λαῶν.
>
> […] [αἱ Ἑλληνίδες] εἶναι καὶ θὰ εἶναι αἱ σημαντικότεραι θεμαφύλακες τῆς γλώσσης καὶ τῆς θρησκείας τῶν οὐσιοδεστέρων αὐτῶν στοιχείων τῆς ἐθνικῆς μας ζωῆς[35].

> « Si pendant cette longue période l'hellénisme a pu être préservé comme nation et n'a pas disparu comme ce fut le cas des Égyptiens, des Assyriens et des Babyloniens, peuples ayant atteint leur apogée avant lui, cela est dû pour moitié aux femmes. Personne jusqu'à présent n'a osé le nier et tous sans exception admettent que c'est la femme grecque qui a préservé et a transmis de génération en génération le précieux héritage de la religion, de la langue et des coutumes qui constituent les traits caractéristiques des peuples.
>
> […] [Les Grecques] sont et seront les dépositaires les plus importants de la langue et de la religion, de ces éléments les plus essentiels de notre vie nationale. »

Dans une perspective à peine plus progressiste, le mouvement démoticiste accorde aux femmes un rôle déterminant dans le cadre de la renaissance nationale, à commencer par Jean Psichari dans son manifeste du démoticisme *Mon voyage* (1888) ou dans la compilation de plusieurs de ses textes parue sous le titre *Roses et pommes*. Il y décrit la femme comme indissociable de sa fonction de mère, et naturellement dotée des attributs maternels que sont la douceur, la fonction consolatrice ou l'amour,

> Μόνες οἱ γυναῖκες γνωρίζουνε, χωρὶς νὰ τὴ μάθανε ποτέ τους, τὴν τέχνη ποὺ μαλακώνει τὴν καρδιὰ καὶ πείθει τὸ νοῦ. Ὁ λόγος τους μπαίνει ἴσια μέσα στὴν ψυχή. Ἡ γυναίκα, ὅ τι γεννηθῇ, εἶναι μάννα· μάννα τὴν ἔχει ἡ φύση καμωμένη, καὶ μὲ τὸν ἴδιο τρόπο ποὺ ξέρει μωρὰ νὰ μᾶς νανουρίζῃ, νὰ μᾶς ἡσυχάζῃ μὲ τὸ φιλί της, ἔτσι καὶ κατόπι, μὲ τὴν ἴδια καλοσύνη, μὲ τὴν ἴδια ἀγάπη, ξέρει νὰ παρηγορῇ, ξέρει νὰ κάμῃ μέλι τὴ ζωή μας[36].

35 *Ibid.*

36 Jean Psichari, *Τὸ Ταξίδι μου*, Athènes, Hestia, 1905 (2e édition), p. 32.

« Seules les femmes connaissent, sans l'avoir jamais appris, l'art d'adoucir le cœur et de convaincre l'esprit. Leurs mots vont droit à l'âme. La femme, dès sa naissance, est une mère ; la nature a fait d'elle une mère et de la même manière qu'elle sait nous bercer quand nous sommes petits, nous calmer de ses baisers, plus tard, avec la même bonté, le même amour, elle sait consoler, elle sait nous rendre la vie douce. »

tout en rappelant la mission maternelle de transmission de la langue populaire aux enfants, sur fond de reprise de l'argumentaire nationaliste irrédentiste :

Προσπαθῶ νὰ σᾶς μιλήσω γραικικά, γιατὶ θωρῶ χρέος τοῦ καθενός, ὅσο μπορεῖ καὶ μὲ τὰ μικρὰ του μέσα, νὰ σπουδάξῃ, νὰ καλλιεργήσῃ, ἂν εἶναι δυνατὸ μάλιστα, καὶ νὰ γράψῃ, τὴν ἐθνική του γλῶσσα, τὴ γλῶσσα ποῦ τοῦ ἔμαθε ἡ μάννα του[37].

« J'essaie de vous parler grec parce que je considère que c'est le devoir de chacun, dans la mesure de ses moyens, même modestes, d'étudier, de cultiver, et si cela est possible, même d'écrire sa langue nationale, la langue que sa mère lui a apprise. »

Ἀλήθεια εἶναι μόνο τὸ μῖσος ποὺ ἔχει κάθε Ῥωμιὸς γιὰ τὸν Τοῦρκο κ' ἡ ἀγάπη ποὺ ἔχει γιὰ τὴν πατρίδα του καὶ γιὰ τὴ γλῶσσα ποὺ τοῦ μίλησε ἡ μάνα του παιδί[38].

« La seule vérité est la haine qu'éprouve chaque Grec pour le Turc et l'amour qu'il a pour sa patrie et pour la langue que lui parlait sa mère enfant. »

Dans une lettre ouverte destinée à Alexandra Papadopoulou datée de janvier 1895, Jean Psichari souligne également d'une manière encore plus explicite l'indispensable contribution des mères dans le contexte de la question de la langue :

Πάντα συλλογίστηκα με το νοῦ μου πώς οἱ γυναῖκες πρῶτες πρέπει να κάμουνε μιά ἀρχή, ἄς μιλήσουμε πιό σωστά· ἴσως ἐμεῖς τις δείξαμε το δρόμο. Μά ὁ δρόμος πού βαδίζουμε καί πᾶμε θά μοῦ φανεῖ σάν ἔρημος καί σκοτεινός, ὅσο δέ μᾶς ἀκολουθήσουν οἱ γυναῖκες καί τά παιδιά. Ἡ στράτα μας μέ τή λαλιά μας θά ζωντανέψῃ. Ὁ ἄντρας εἶναι ὅ, τι τοῦ κάνει ἡ μάνα του ἀπό παιδί. Ἡ μάνα του πρέπει νά τοῦ μάθει τήν περηφάνεια γιά τήν ἐθνική του γλῶσσα. Ἅμα μιά μεγάλη γυναικήσια ψυχή καταλάβῃ τούς θησαυρούς πού κρύφτει στά σπλάχνα του μέσα ὁ λαός, ἅμα μιά γενναία καρδιά, ἕνας γενναῖος νοῦς, ἀγαπήσῃ τήν ἰδέα πού μᾶς σπρώχνει, τέλειωσε καί μᾶς φτάνει· εἶναι δική μας ἡ νίκη[39].

37 Jean Psichari, *Ῥόδα καὶ μῆλα*, t. I, Athènes, Hestia, 1902, p. 86 (« Ἱστορικὰ καὶ γλωσσολογικὰ ζητήματα »).

38 J. Psichari, *Τὸ Ταξίδι μου*, *op. cit.*, p. 25 (« Δυὸ λόγια »).

39 Cité par G. Papakostas, *Η ζωή και το έργο της Αλεξάνδρας Παπαδοπούλου*, *op. cit.*, p. 224.

« J'ai toujours pensé que les femmes doivent prendre l'initiative. Soyons plus clair : peut-être leur avons-nous montré le chemin. Mais le chemin que nous suivons me semblera désert et sombre tant que les femmes et les enfants ne nous accompagneront pas. Notre route reprendra vie grâce à notre parler. L'homme n'est que le produit de l'éducation de sa mère depuis l'enfance. C'est sa mère qui doit lui apprendre la fierté de sa langue nationale. Quand une grande âme féminine prendra conscience des trésors que recèle le peuple en ses entrailles, quand un cœur brave, un esprit brave, embrassera l'idée qui nous anime, notre but sera atteint : la victoire sera nôtre. »

On retrouve une conception et un argumentaire identiques chez Costis Palamas, dans *Vie immobile* ou dans son poème *Avec notre mère la langue.* Les femmes y sont des mères, figures nourricières, incarnations de l'amour et de la vertu, et dépositaires de la langue :

[…]
Κ' ἐσεῖς ποὺ μας ποτίζετε τοῦ κόρφου σας τὸ γάλα,
γυναίκες, καὶ τὸν ἔρωτα, τὴν πιὸ μεθύστρα στάλα,
νὰ τῆς ἀλήθειας γάλα, νὰ κρασί τῆς ἀρετῆς!
Γιὰ τὴ μητέρα γλῶσσα μας τὰ λάβαρα κρατῆστε.
Βοηθῆστε, μάϊσσες τῆς καρδιᾶς, τὸ Λόγο· οἱ Μοίρες εἶστε.
πληρῶστε ὅσα τραγούδησε γιὰ σας ὁ ποιητής[40].
[…]

« […]
Et vous qui nous faites boire le lait de votre sein,
femmes, ainsi que l'amour, le plus enivrant des breuvages,
voici le lait de la vérité, voici le vin de la vertu !
Pour notre mère la langue tenez haut les bannières.
Venez en aide au Verbe, magiciennes du cœur : vous êtes les Moires.
Accomplissez tout ce qu'a dit de vous le poète.
[…] »

Dans le contexte de création de l'État-nation et suivant l'objectif d'homogénéisation d'une Grèce non encore unifiée linguistiquement, la question de la langue vient donc en renfort à la question des femmes. Toutefois, l'argument genré du mouvement démoticiste, comme celui des tenants de la langue puriste d'ailleurs, qui accorde un rôle déterminant aux femmes dans la transmission de la langue démotique, repose sur une conception essentialiste de la langue maternelle qui réifie la femme en la réduisant à sa fonction de mère et contribue ainsi à accentuer la partition

40 Costis Palamas, *Άπαντα*, t. 5, Athènes, Biris, s. d., p. 359.

sexuée des rôles sociaux[41]. Féminisme et démoticisme ont en partage le même type d'argumentaire naturaliste, largement développé dans l'un des principaux organes du mouvement démoticiste, *Noumas*, ou encore dans le journal féministe *O Agonas tis gynaikas*. Ainsi, dans un article de 1904, D. P. Tangopoulos assimile la langue démotique à « La langue des femmes », langue du Cœur, de la Vie, de la Vérité, entendue par les mères et transmise aux enfants[42]. De même, Nikos A. Véïs en 1906 insiste sur la mission des femmes tant pour la question de la langue que pour la question nationale :

> Κ' ἡ καλὴ Ῥωμιοποῦλλα μὲ θάρρος παλληκαρίσιο, ποὺ τῆς κάνει ἀληθινὴ τιμὴ, καὶ χωρὶς ὁλωσδιόλου νὰ λογαριάση τῶν ἀνίδεων τὶς πρόληψες μᾶς φανερώνει περήφανα τὴν πολύτιμην ἀγάπη της πρὸς τὴ γλῶσσα τῆς καρδιᾶς καὶ τῆς ἀλήθειας, πρὸς τὴ γλῶσσα τὴ δημοτική. [...]
>
> Ἑλληνίδες μαζί μας ἐλᾶτε ! – Σεῖς ποὺ στὴν καρδιά Σας περικλείνετε ὅλα τὰ λευκὰ αἰστήματα τῆς καλωσύνης καὶ τῆς ἀγάπης. Σεῖς ποὺ στὴν ψυχή Σας τὴ θεϊκιὰ λαμπυρίζουν ὅλες οἱ ἀρετὲς καὶ Σεῖς ποὺ χαρίσατε στὸ πολυτυραννισμένον Ἔθνος μας ὅλη τὴ δύναμην ἐκείνη ποὺ μᾶς βάσταξε μέσα σὲ τόσους καὶ τόσους κατακλυσμοὺς καὶ στὰ χρόνια τὰ δίσεχτα μᾶς λύτρωσ' ἀφ' τὰ τάρταρα καὶ μᾶς ξανάζησε καὶ τώρα παραζοῦμε[43] [...]
>
> « La vraie Grecque armée d'une bravoure qui l'honore vraiment et sans tenir le moindre compte des préjugés des ignorants nous montre fièrement son amour précieux pour la langue du cœur et de la vérité, pour la langue démotique. [...]
>
> Grecques, venez avec nous ! – Vous dont le cœur renferme tous les sentiments candides de la bonté et de l'amour. Vous dans l'âme divine de qui étincellent toutes les vertus et vous qui avez offert à notre Nation si éprouvée toute la force qui nous a soutenus dans tant et tant de catastrophes et qui dans les années néfastes nous a délivrés de l'enfer et ramenés à la vie que nous menons tant bien que mal »

Les femmes, idéalisées, sont présentées comme des forces salvatrices et régénératrices de la nation, et à travers l'exhortation qui leur est faite ici, sur le mode de l'anaphore, elles apparaisent comme gardiennes de la langue, et se trouvent en outre identifiées à cette dernière :

> [...] Ἑλληνίδες μαζί μας ἐλᾶτε καὶ ἀγαπῆστε τὴ γλῶσσα μας τὴ ζωντανὴ, τὴ γλῶσσα τῆς καρδιᾶς καὶ τῆς ἀλήθειας, τὴ γλῶσσα τὴ λεβέντικη καὶ τὴν παλλικαρίσια,

41 Sur le sujet, voir M. Poulos, *Arms and the woman*, *op. cit.*, chapitre 3.4 « Feminism and the Demotic Movement ».

42 Arodaphnoussa (pseudonyme de D. P. Tangopoulos), « Ὁ γυναικόκοσμος : ἡ γλώσσα τῶν γυναικῶν », *Noumas*, t. 2, n° 77, 4 janvier 1904, p. 5-6.

43 Nikos Véïs, « Ἑλληνίδες μαζί μας ἐλᾶτε ! », *Noumas*, t. 4, n° 207, 30 juillet 1906, p. 9-10.

> καὶ γενῆτε καλές μου, λάτρισσες τῆς ἅγιας, τῆς ἐφτάχαρης, τῆς ἐθνοσώστρας τῆς Ἰδέας μας. Εἶναι τὸ πολυτιμώτερο ἐθνικό μας χτῆμα ἡ γλῶσσα ἡ ζωντανή· κ' εἶναι ἡ γλῶσσα ποὺ σᾶς πρέπει γιατ' ἔχει τὴ δική Σας ὀμορφιὰ καὶ τὴ δική σας χάρη τὴν ἀσύγκριτη. Κ' εἶναι νικῆτρα τοῦ θανάτου ἡ Ἰδέα μας. Κ' εἶναι τραγούδι τραγουδιῶν ἡ γλῶσσα μας κ' εἶναι ἀνθὸς ἀμάραντος, πολύκλωνος, ποὺ πάντοτες βλασταίνει καὶ καρπίζει στὰ δροσερὰ, στὰ ῥοδινὰ, στὰ μυρωμένα χείλη Σας[44].
>
> « Grecques, venez avec nous et aimez notre langue vivante, la langue du cœur et de la vérité, la langue fière et brave, et devenez, mes chères, adoratrices de notre Idée sacrée pleine de grâce, salut de notre nation. La langue vivante est notre bien national le plus précieux et c'est bien la langue qui vous sied car elle possède votre beauté et votre grâce incomparable. Et notre Idée l'emporte sur la mort. Notre langue est chant parmi les chants et plante éternelle aux mille branches qui sans cesse pousse et fructifie sur vos lèvres fraîches, roses et embaumées. »

L'emploi récurrent[45] du terme « Romiopoulès » (« *Ρωμιοπούλες* ») cristallise cette conception de la mission linguistique et nationale des femmes sous-tendue par des arguments naturalistes qui désignent les femmes comme gardiennes de la Nation. Et il est significatif qu'Irini Dentrinou en fasse usage dans la Dédicace du *Monde des salons*, s'inscrivant du même coup dans ce mouvement idéologique où la conception messianique des femmes associe revendications démoticistes et féministes[46].

IRINI DENTRINOU ENTRE DÉMOTICISME ET FÉMINISME

Le courant démoticiste connaît le succès et une réception particulièrement favorable auprès des intellectuels de l'Heptanèse qui développent une conception propre de la démotique et Irini Dentrinou s'inscrit à cet égard dans la tradition des îles Ioniennes et de Corfou en particulier. En outre, l'influence de Psichari, avec lequel elle entretint une correspondance[47], est sur ce point manifeste, comme on le voit notamment dans son article intitulé *Les trrraîtres* (*Οἱ πρρροδότες* [*sic*]), publié dans *Noumas* en 1905, dans lequel la question de la langue est intégrée à une optique patriotique et associée à l'image maternelle (« la langue de notre mère, la langue du peuple grec ») :

44 *Ibid.*

45 Voir notamment Photini Akropolitissa, « Ρωμιοπούλες », *Noumas*, 6e année, n° 290, 6 avril 1908, p. 2.

46 Sur le sujet, voir aussi Alkis Thrylos, « Ὁ ἀγώνας τῆς Γυναῖκας καὶ ὁ δημοτικισμός », *O Agonas tis Gynaikas*, 16, 1925.

47 D'après Th. Pylarinos, « Ειρήνη Α. Δεντρινού », *op. cit.*, p. 33.

Ὁ πρωτομάρτυρας τῆς Ἑλλην. Ἐπανάστασης Ρήγας ὁ Φερραῖος δὲν ἐβούτηξε τὴν πέννα του στοῦ σοφοῦ δασκάλου τὸ μελάνι, ἀλλὰ στὴ γλῶσσα τοῦ λαοῦ, στὴ γλῶσσα ποῦ μικρὸ παιδὶ ἀπὸ τὸ στόμα τῆς μάννας του ἄκουσε νὰ μιλιέται [...]
Φτάνει πιὰ κι' ἄς μὴ βρίζουμε ὅ, τι καλήτερο κ' ἱερότερο ἔχουμε στὸν κόσμο· τους ἀληθινοὺς κ' ἕτοιμους γιὰ κάθε θυσία πατριῶτες, καὶ τὴ γλῶσσα μας, τὴ μιὰ κι' ἀληθινή, τὴ γλῶσσα τῆς μάννας μας, τὴ γλώσσα τοῦ Ἑλληνικοῦ λαοῦ[48].

« Le premier des martyrs du Soulèvement grec, Rhigas Féraios, n'a pas trempé sa plume dans l'encre de l'érudit mais dans la langue du peuple, la langue qu'il avait entendu parler de la bouche de sa mère lorsqu'il était enfant. [...]
Cela suffit, n'insultons pas ce que nous avons de meilleur et de plus sacré au monde : les vrais patriotes, prêts à tous les sacrifices, ainsi que notre langue, la seule et véritable, la langue de notre mère, la langue du peuple grec. »

Irini Dentrinou fut l'une des premières femmes à écrire en langue démotique et elle publia également de nombreux articles sur la question de la langue, notamment dans la revue *Noumas*, organe du mouvement démoticiste. À l'époque où elle commence à écrire, la plupart des femmes publient des textes en langue puriste. Par exemple, *I Éphiméris ton Kyrion* poursuit ainsi son objectif d'assurer la continuité linguistique et culturelle de la Grèce antique et de sauvegarder de la sorte la pureté de l'hellénisme, contre les influences orientales jugées « barbares », la montée en puissance du panslavisme et les influences étrangères occidentales. Rares sont les femmes à braver un double interdit, en écrivant d'une part, et en faisant d'autre part usage de la langue populaire. Plusieurs textes contenus dans l'*Album* d'Irini Dentrinou démontrent que cette caractéristique la distingua aux yeux de ses contemporains. Dès ses premières publications, elle fait en effet usage de la langue démotique, parfois même dans des compositions d'inspiration romantique, ce qui constitue un choix audacieux, *a fortiori* dans des journaux dont les choix linguistiques étaient plus proches de la langue puriste, comme *I Éphiméris ton Kyrion.* Elle emploie toutefois une langue particulière, qui rend compte d'une part des spécificités linguistiques de l'Heptanèse, à travers des emplois dialectaux, et d'autre part de certaines hésitations d'une langue non encore normalisée mais qui s'inscrit malgré tout dans l'usage du démoticisme. Son positionnement sur la question linguistique, intrinsèquement politique, montre la force de son engagement patriotique, qui dépasse sans conteste son adhésion au

48 Irini Dentrinou, *Οἱ πρρροδότες* (*Les trrraîtres*), *Noumas*, année 3, n° 136, 20 février 1905, p. 1.

féminisme conservateur de Callirhoé Parren. Sur ce point, elle s'inscrit donc parallèlement dans une forme de dissidence, politique et linguistique, mais fait également figure de pionnière dans la rencontre entre démoticisme et féminisme, qui se développera au début du XXe siècle et en particulier durant l'entre-deux-guerres. Malgré tout, il faut souligner que dans son engagement dans le démoticisme, Dentrinou semble surtout animée par son patriotisme fervent. Ainsi dans *À Psichari* (*Στὸν Ψυχάρη*), publié le 10 avril 1905 dans *Noumas*, elle compare la langue démotique à une seconde religion. Dans un autre texte, lettre ouverte publiée le 5 mai 1912 dans *Noumas* (*Notre question et Vénizélos* / *Τὸ ζήτημά μας καὶ ὁ Βενιζέλος*), elle écrit encore, rejoignant aussi en cela Psichari :

> Τὸ ζήτημα τὸ Γλωσσικὸ δὲν εἶναι ζήτημα ἑνὸς καὶ φυσικὰ δὲν ἐξαρτάται ἀπὸ ἕναν. Πρέπει νὰ νοιώση τὸ Ἔθνος, πῶς τὸ Γλωσσικὸ δὲν εἶναι μονάχα ζήτημα Φιλολογικό, ἀλλὰ Κοινωνικὸ καὶ προπάντων Ἐθνικό[49].

> « La question de la Langue n'est naturellement pas l'affaire d'une seule personne et ne dépend pas non plus d'une seule personne. Il faut que la Nation comprenne que la question de la Langue n'est pas seulement une question philologique, mais aussi une question Sociale et surtout Nationale. »

La dimension politique de la question de la langue est en effet incontestable, et la volonté du mouvement démoticiste de sortir du carcan élitiste défini au XIXe siècle par les tenants de la langue puriste s'inscrit plus largement dans un projet de reformulation de l'identité nationale. On peut s'étonner de ne trouver chez Irini Dentrinou aucune jonction explicite et significative de la question de la langue et de la question des femmes. S'il convient de situer son engagement dans l'idéologie du démoticisme, notamment celle de Psichari qui souligne le rôle primordial des femmes, il ne faut donc pas surinterpréter le choix linguistique de Dentrinou dans une optique strictement féministe. Lorsque, face à l'attaque que subissent les démoticistes considérés par les partisans de la langue puriste comme ennemis de la nation, Dentrinou répond qu'elle a « honte, en tant que Grecque » et que « de tels propos et de telles insultes [la] blessent profondément » (*Les trrraîtres* / *Οἱ πρρροδότες* [*sic*]), c'est la démoticiste et non la femme qui s'exprime, et encore moins la féministe.

49 Irini Dentrinou, *Τὸ ζήτημά μας καὶ ὁ Βενιζέλος* (*Notre question et Vénizélos*), *Noumas*, n° 478, 5 mai 1912, p. 281.

Ce qui est certain, c'est que la Corfiote fait partie des premières femmes démoticistes engagées, comme Alexandra Papadopoulou – disciple du démoticiste Photis Photiadis –, et qu'elle s'inscrit ainsi à double titre dans le mouvement d'avant-garde littéraire. Enfin, à notre connaissance, elle n'eut pas, comme d'autres femmes de lettres, à essuyer de critiques pour un « mauvais usage » de la démotique à l'instar de Pénélope Delta, Alexandra Papadopoulou ou Avra Théodoropoulou, de la part d'Éphtaliotis, d'Alexandros Pallis ou de Psichari lui-même[50]. Au contraire, dans un courrier de 1900, Argyris Éphtaliotis se réjouit même de découvrir en elle une partisane du mouvement démoticiste, sans pour autant souligner la particularité liée à son sexe[51], mais ses propos mettent bien en évidence la dimension politique de cet usage. Le texte de Christos Christovassilis, dans un courrier envoyé en août 1901, constitue quant à lui un témoignage plus intéressant puisque le poète épirote y salue la capacité de Dentrinou à écrire dans une démotique élégante, soulignant en particulier sa spécificité au regard de son sexe :

> Γράφετε πολύ ὤμορφα, – ἄν κρίνω ἀπ' ὅσα σας ἔχω διαβάσει ἐδῶθ' ἐκεῖθε, – ἀλλά σ' ἐκεῖνο ποῦ ξεπερνᾶτε ὅλες τίς ἑλληνίδες, εἶναι ἡ γλῶσσα, ἡ χαριτωμένη δημοτική γλῶσσα, ποῦ τή γράφετε, ὅπως ὀλίγοι ἄντρες ἀπό ἐκείνους, ποῦ τη γράφουν ὤμορφα.
>
> Μοῦ κάνει περισσότερη ἐντύπωση στα ἔργα σας ἡ γλῶσσα, διότι οἱ μεγαλύτεροι ἐχτροί τῆς δημοτικῆς γλώσσας μας εἶναι οἱ γυναῖκες ! Τότε θά νικήση ἡ δημοτική, κατά τη γνώμη μου, ὅταν ἀποχτήση και πολλές γυναῖκες ἀνάμεσα στους ὀπαδούς της.
>
> Ἡ γυναῖκα μᾶς ἔσωσε ἀπό τό προπατορικό ἁμάρτημα, αὐτή θα μᾶς σώση, και ἀπό τό σχολαστικισμό. Ἄν το γλωσσικό μας ζήτημα το υἱοθετοῦσε γυναῖκα και ὄχι ἄντρας, θα εἶταν καί λυμένο ὥς τά τώρα ! Πιστέψατέ με ! Ce que femme veut Dieu le veut ! Ἐμπρός ! Λάβετε τή σημαία στα χέρια σας[52] ! [...]
>
> « Vous écrivez très bien – à en juger par ce que j'ai lu jusqu'à présent – mais le point où vous dépassez toutes les Grecques, c'est la langue, la belle langue démotique, que vous écrivez comme peu d'hommes parmi ceux qui l'écrivent avec élégance.

---

50 Pour les critiques formulées par Psichari à l'égard d'Alexandra Papadopoulou, voir G. Papakostas, *Η ζωή και το έργο της Αλεξάνδρας Παπαδοπούλου*, *op. cit.*, p. 221. Pour Pénélope Delta, quelques références sont données à ce sujet par Dionysis Georgopoulos, « Το γυναικείο φύλο στα λογοτεχνικά και αυτοβιογραφικά κείμενα της Πηνελόπης Δέλτα : γυναικείοι λογοτεχνικοί χαρακτήρες και έμφυλες αποτυπώσεις τους », thèse de doctorat, Université Aristote d'Athènes, 2015, p. 65-66.

51 Th. Pylarinos, *Το λεύκωμα της Ειρήνης Α. Δεντρινού*, *op. cit.*, p. 73.

52 *Ibid.*, p. 110.

> Ce qui me fait le plus d'impression dans vos œuvres, c'est la langue, puisque les plus grands ennemis de notre langue démotique sont les femmes ! Selon moi, la langue démotique vaincra, quand elle comptera parmi ses défenseurs de nombreuses femmes.
>
> La femme nous a sauvés du péché originel et c'est elle qui nous sauvera aussi de l'académisme scolastique. Si une femme et non un homme se chargeait de la question de la langue, cette dernière serait réglée depuis longtemps ! Croyez-moi ! Ce que femme veut Dieu le veut ! [*sic*] Allons ! Prenez le drapeau entre vos mains ! [...] »

La première période de l'itinéraire créateur d'Irini Dentrinou est donc simultanément marquée par l'influence du romantisme, du patriotisme et du féminisme messianique développé par *I Éphiméris ton Kyrion* et par le mouvement démoticiste qui associe étroitement la question de la langue, la question nationale et la question des femmes. Sur ces deux derniers points, elle intègre une vision essentialiste, en particulier à travers une sublimation de la figure de la mère qui légitime le rôle social et culturel des femmes sans toutefois ébranler l'ordre social sexué. Cependant, certaines ambivalences caractérisent ses premières compositions, qui laissent entrevoir les spécificités de la Corfiote : un discours parfois antisocial qui dépasse la dichotomie entre hommes et femmes, l'usage de la langue démotique et l'exploitation de quelques sujets audacieux et hétérodoxes. Dans ce système de représentations apparemment conservateur point donc une vision plus problématique et critique des rapports de genre, dans une vision globale contrastée qui semble indiquer les hésitations idéologiques d'Irini Dentrinou. Ainsi les débuts de sa carrière littéraire reflètent-ils une époque d'entre-deux marquée par des mutations profondes et la déstabilisation du paradigme social, des rapports traditionnels entre les sexes et des identités de genre écartelées entre tradition et modernité.

LA QUESTION DES FEMMES ET LA QUESTION SOCIALE

L'époque d'Irini Dentrinou est une période de mutation profonde pour l'Heptanèse qui, suite au rattachement à la Grèce en 1864, connaît le déclin de l'aristocratie locale au profit de nouvelles classes montantes et l'émergence d'un nouvel ordre social et moral. Son œuvre offre incontestablement une analyse minutieuse et souvent critique des grandes questions de son temps. Elle y détaille les mœurs nouvelles des classes moyennes et supérieures, fustige les inégalités sociales et dénonce un système caractérisé par l'appât du gain, l'injustice et la corruption morale. En cela, une part de son œuvre, d'inspiration réaliste, a valeur de document puisqu'elle dépeint un monde en transition, en rendant compte de phénomènes sociaux et culturels (l'urbanisation, l'occidentalisation, le bouleversement des rapports sociaux de sexe), et aborde ainsi conjointement ce qu'il était convenu d'appeler à l'époque « la question sociale » et « la question des femmes ». En effet, si les personnages de femmes sont au centre de ses écrits, la critique de la condition féminine n'y est jamais isolée mais toujours mise en miroir avec d'autres inégalités et asymétries sociales, liées au sexe, à la classe ou à l'âge. L'œuvre est ainsi sous-tendue par une critique du système social dans son ensemble.

Ce sens de l'intersectionnalité avant l'heure, si l'on ose l'anachronisme, a cependant des limites, d'abord parce qu'il ne s'exprime chez elle que par allusions et ne fait jamais l'objet d'une doctrine ou d'une théorie construite. À notre connaissance, Irini Dentrinou n'a en effet jamais produit de texte théorique sur la question des femmes. Le croisement ou la corrélation de différentes formes d'oppression sont davantage le fruit chez elle des influences conjuguées du féminisme et du socialisme, avec probablement une certaine prédominance pour ce dernier.

Par ailleurs, une seconde limite apparaît à ce discours progressiste, qui tient au fait que, dans la fresque sociale qu'elle dresse, Irini Dentrinou est simultanément juge et partie, qu'il s'agisse pour elle de dépeindre le monde des salons (qui est aussi le sien[1]), les classes défavorisées ou le monde rural. Les représentations qu'elle offre sont donc toujours empreintes d'une certaine ambiguïté du regard, regard qui se veut distancié mais ne parvient pas à faire oublier au lecteur qu'il est celui d'une « grande dame » et qu'il s'assortit d'un mépris certain pour les bourgeois tout en proposant une vision misérabiliste, voire condescendante, des défavorisés, ou, à l'inverse, une idéalisation du monde paysan.

Enfin, la plupart de ses textes sont marqués par une prédilection pour le milieu urbain et pour les classes aisées, moyennes et supérieures, ce qui limite la portée de la critique sociale du point de vue de la classe. Malgré tout, Irini Dentrinou rejoint le projet naturaliste, au moins partiellement, en livrant une peinture non idéalisée de ce milieu bourgeois, dont elle met en exergue les dysfonctionnements, monde où se croisent aristocrates désargentés et parvenus mus uniquement par la cupidité et l'ambition. Mais la cruauté dont elle fait montre, ou le simple usage de l'ironie qui traverse ses écrits, viennent rompre le pacte de neutralité qu'on attendrait d'une œuvre naturaliste. Par ailleurs, autre différenciation majeure qui interdit d'associer de plein droit son œuvre au naturalisme : sa fresque de la vie contemporaine n'englobe pas *stricto sensu* toutes les fractions du corps social et ne semble pas avoir pour projet d'embrasser la totalité de la société, contrairement par exemple à Constantin Théotokis.

Irini Dentrinou est en tout cas durablement marquée par l'étude de mœurs, l'*ithographia*, nouveau genre littéraire en développement entre 1880 et 1900, auquel elle s'est d'ailleurs essayée avec notamment *Purification !* (*Ἐξαγνισμός !*) en 1923. Le sujet de prédilection de l'étude de mœurs est la société paysanne qu'il s'agit de peindre à la manière d'un documentaire, par la description des menus faits du quotidien. Mais au tournant du siècle, la prose néo-hellénique s'intéresse également à la ville, et Grigorios Xénopoulos passe pour avoir introduit dans la prose des sujets urbains en dépeignant la société bourgeoise d'Athènes et de Zante, ce que firent également Constantin Chatzopoulos, Constantin

1 Elle le reconnaît elle-même dans la Dédicace du *Monde des salons* / *Ἀπὸ τὸν κόσμο τοῦ σαλονιοῦ* (I. Dentrinou, *Τὰ Διηγήματα*, *op. cit.*, p. 104) : « Ἔζησα τὴ ζωή σας, γνώρισα τοὺς ἴδιους μὲ σᾶς πόθους, ἀνατράφηκα ὅπως καὶ σεῖς ἀνατραφήκατε » (« J'ai vécu votre vie, j'ai connu les mêmes désirs, j'ai été élevée comme vous l'avez été »).

Christomanos, Constantin Théotokis ou Démosthènes Voutyras, selon des perspectives variées. Dans ce contexte, par les thèmes qu'elle développe plus que sur le plan formel, Irini Dentrinou se situe à la transition entre la nouvelle paysanne de la fin du XIXe siècle et la prose d'inspiration urbaine des années 1930. Ce déplacement d'intérêt de la campagne vers la ville, caractéristique de la production littéraire de la première décennie du XXe siècle, est d'ailleurs particulièrement manifeste dans la prose féminine de la période.

CHRONIQUES DES SALONS : « MIROIR » DE LA RÉALITÉ

LES MADAMES DU CAPITALISME[2] : PORTRAIT-CHARGE DE LA BOURGEOISIE

La strate sociale la plus souvent dépeinte par Irini Dentrinou est celle des classes urbaines moyennes et supérieures de Corfou, milieu qu'elle côtoie du fait de ses origines bourgeoises voire aristocratiques. Or, la définition précise, sociologique, de ces classes sociales soulève quelques difficultés. Tout d'abord, les termes de « bourgeoisie » ou d'« aristocratie » ne revêtent pas la même signification selon le contexte historique et culturel auquel ils se réfèrent. Ainsi, leur sens varie, par exemple, selon que l'on étudie la situation française ou le cas grec, ce qui complexifie le problème terminologique. Il existe en outre en Grèce des spécificités géographiques et sociologiques, dont Corfou en particulier fournit un bon exemple, qui résistent aux généralisations. La difficulté à définir les classes moyennes et la petite bourgeoisie dans le monde grec au tournant du siècle a déjà été soulignée par des historiens[3], qui insistent sur le caractère flou de la stratification des classes sociales et sur leur perméabilité. Pour éviter l'écueil de cette difficile catégorisation, concernant la période allant de 1830 à la fin du XIXe siècle, Eleni Varikas utilise quant

2 Nous empruntons cette expression à Paul Lafargue dans son ouvrage *La question de la femme*, Paris, édition de l'Œuvre nouvelle, 1904.

3 Efi Avdela souligne quant à elle la difficulté à définir, dans le cas grec, les classes moyennes et la petite bourgeoisie, voir *Le Genre entre classe et nation*, *op. cit.*, p. 53.

à elle le terme de « couches moyennes », défini comme « ensemble de catégories sociales dont le développement est parallèle à l'urbanisation et à l'occidentalisation des villes : professions libérales, salariés du secteur public, de l'enseignement et des services, petite bourgeoisie commerçante, petite et moyenne bourgeoisie des milieux intellectuels[4] », et ailleurs, pour une période ultérieure, « classes moyennes et supérieures ».

Sans jamais procéder à une catégorisation sociologique rigoureuse, Irini Dentrinou s'attache à saisir le « monde des salons », expression qui englobe, dans une certaine confusion, une catégorie sociale mixte, composée tant des représentants de l'aristocratie locale corfiote que des membres de la petite et moyenne bourgeoisie, dernière catégorie qu'elle décrit le plus souvent comme des parvenus. Elle évoque donc pêle-mêle des nobles, reconnaissables par leur titre et dont le nom aurait pu figurer, en d'autres temps, dans le Libro d'Oro, des avocats, des notaires ou des commerçants, des nouveaux riches produits par l'émergence du capitalisme. Dans ce monde bourgeois régi par l'argent règnent l'hypocrisie et le mensonge, la flatterie, voire la flagornerie. C'est essentiellement à ces aspects que s'attaque Irini Dentrinou qui désire surtout dénoncer la pathogénie des salons. Mais elle insiste en particulier sur le statut des femmes, qu'il s'agisse de femmes-objets, emblèmes de passivité, ou de calculatrices mues par leur cupidité ou leur vanité.

Dès 1898, avec *Un vœu* (*Μιὰ εὐχή*), mais surtout avec la publication du *Monde des salons* (*Ἀπὸ τὸν κόσμο τοῦ σαλονιοῦ*) en 1907 par *Noumas*, et jusque dans les dialogues *Causeries légères* (*Πεταχτές κουβέντες*) et autres récits publiés dans les revues *Kerkyraïki Anthologia* ou *Kerkyraïki Icho*, elle procède à l'étude des mœurs de cette catégorie sociale du « monde des salons ». On retrouve également le thème dans les épigrammes satiriques qu'elle publia dans *Kerkyraïki Anthologia* entre 1915 et 1918. Dans tous ces textes, elle s'attache à présenter une société urbaine corrompue et contemple la réalité d'un regard pénétrant et critique, souvent doublé d'une ironie mordante. Si elle souligne la médiocrité du monde des salons et les tares de la bourgeoisie, elle s'intéresse tout particulièrement aux deux sujets de prédilection de la fiction grecque,

4 Voir E. Varikas, « Subjectivité et identité de genre », *op. cit.*, p. 29. C'est d'ailleurs une expression très fréquemment employée dans les colonnes du *Journal des Dames* pour différencier la classe des femmes du peuple (« γυναίκες του λαού ») de celles de la classe supérieure bourgeoise (E. Varikas, *Η εξέγερση των Κυριών*, *op. cit.*, p. 27-28).

l'amour et le mariage[5], et par conséquent, aux thèmes corollaires que constituent la question des femmes et les rapports entre les sexes. Les récits du recueil *Le monde des salons* (*Ἀπὸ τὸν κόσμο τοῦ σαλονιοῦ*), dont on a déjà signalé la portée didactique patente dans la dédicace qui les précède, constituent de petites histoires édifiantes sur la condition féminine dans la bonne société corfiote. Ce ne sont pas des récits d'émancipation, mais davantage des instantanés de la vie bourgeoise qui s'apparentent souvent à des historiettes ou des saynètes, où le style direct et le dialogue tiennent une place prépondérante. C'est également ce sujet qui lui inspire les *Causeries légères* (*Πεταχτές κουβέντες*), et plus tard, d'autres écrits, son intérêt pour le monde des salons ne s'étant jamais démenti.

Dans la société grecque de la fin du XIXe siècle, les femmes sont au centre de la vie bourgeoise des salons qui affiche de manière ostentatoire les signes de sa réussite. Dans ce contexte, elles sont en constante représentation et deviennent des mondaines littéralement réduites au statut de vitrine ou de simple signe extérieur de richesse. Leur fonction première est d'incarner la réussite des hommes dont elles dépendent, époux, père ou frère. Les chroniques bourgeoises d'Irini Dentrinou se donnent à lire comme des tableaux de mœurs révélant la vie des classes moyennes et supérieures corfiotes, dont elle explore à l'envi la dimension mondaine et privée, s'attachant à dévoiler les turpitudes et la médiocrité d'un milieu mu avant tout par une cupidité effrénée dont les effets désastreux viennent corrompre les relations humaines et en particulier les rapports de genre – l'obsession du mariage d'intérêt et les stratégies matrimoniales en constituent l'exemple le plus symptomatique. Bien qu'ancrés dans la fiction littéraire, ses textes aspirent à endosser une dimension factuelle que restituent les détails foisonnants de la réalité quotidienne de ses contemporains.

Si le salon y occupe une place centrale, c'est qu'il est le lieu par excellence de la mondanité, de la représentation et du paraître, mais constitue également l'antichambre des mariages. En effet, avec la monétarisation de la dot, le mariage est désormais perçu comme moteur d'ascension sociale ou mode de préservation du capital[6]. Aussi, signe de la modification profonde des formes de sociabilité, les bals et réceptions, les thés de fin

5 Selon Henri Tonnet, l'amour et le mariage constituent le sujet de prédilection de la fiction grecque (*Histoire du roman grec des origines à 1960*, *op. cit.*, p. 148).

6 E. Varikas, *Η εξέγερση των Κυριών*, *op. cit.*, p. 59-61.

d'après-midi et autres lieux de divertissement – principaux cérémonials mondains –, sont-ils désormais des espaces mixtes. La proximité accrue entre les hommes et les femmes qui marque cette époque entraîne un bouleversement des rapports entre les sexes. L'objectif premier de la vie mondaine, et en particulier des bals, est d'y trouver un époux pour sa fille. Inversement, pour les chasseurs de dot qui se multiplient à l'époque, il s'agit d'y débusquer un bon parti. Doubles inversés des chasseurs de dot (dont on trouve la première occurrence dans *Figure ordinaire / Συνηθισμένος τύπος*, récit d'abord publié en 1900 dans *I Éphiméris ton Kyrion* avant d'être intégré dans *Le monde des salons / Ἀπὸ τὸν κόσμο τοῦ σαλονιοῦ*), des femmes – mères et filles – deviennent également expertes pour développer des stratagèmes de capture de mari, dignes de ce que Simone de Beauvoir appelle « l'art d'"attraper" un mari comme le papier tue-mouches attrape les mouches […] une "pêche", une "chasse"[7] ». C'est là un thème récurrent chez Irini Dentrinou, parfaitement illustré par *Esprit pratique* (*Μυαλὸ πρακτικό*), récit dans lequel la jeune Elli ruse pour épouser « les trois millions » (c'est ainsi qu'elle désigne un homme laid mais riche qu'elle pousse à l'épouser en usant d'un stratagème) :

> « Εἶχα νοιώσει ἀπὸ καιρὸ ποὺ τοῦ ἄρεσα, ἀλλὰ στὸν ἴδιο καιρὸ μελέτησα καὶ τὸν χαρακτῆρα του. Εἶναι τόσο δειλός, ποὺ ποτὲ δὲ θ' ἀποφάσιζε νὰ μοῦ μιλήσει κ' ἔτσι θὰ περνοῦσε ὁ καιρός, καὶ ποιὸς ξέρει !… κι οὔτε ποτὲ θὰ μὲ ζητοῦσε, γιατὶ φοβᾶται τὴν ἀσκημιά του, καὶ δὲν ἔχει ἄδικο. Ἀπὸ καιρὸ λοιπὸν ἐγὼ εἶχα ἀρχινήσει τὶς ἀψιμαχίες κι ἀπόψε ἔδωσα τὴν ὕστερη μάχη. Τ' ἀποτέλεσμα εἶναι ποὺ αὔριο θὰ μὲ ζητήσει στὸν πατέρα, γιὰ νὰ μὴν προφτάσει καὶ τοῦ πρωτομιλήσει ὁ Λέαντρος. Λεπτομέρειες, μαμά μου, δὲ σοῦ λέω, γιατὶ σεῖς οἱ παλαιὲς δὲ νοιώθετε πολλὰ ἀπὸ τὴ σημερινὴ ἐποχή· ὅσο πάει καὶ προοδεύουμε. Ὁ Λέαντρος μοῦ χρειάστηκε, γιὰ νὰ μὴ πιστέψει ὁ Ἀλέκος ποὺ τὸ κάνω γιὰ τὸν παρᾶ του, γι' αὐτὸ ὑποχρεώθηκα νὰ πῶ αὐτὴ τὴ χοντρὴ ψευτιά[8]. »
>
> « "J'avais compris depuis longtemps que je lui plaisais, mais en même temps j'ai eu tout loisir d'étudier son caractère. Il est si réservé qu'il n'aurait jamais osé se déclarer et, qui sait ? le temps aurait pu passer ainsi !… Jamais il n'aurait demandé ma main, car sa laideur, à juste titre, le rend craintif. Aussi, depuis quelque temps, étais-je moi-même passée à l'offensive et, ce soir, j'ai livré l'ultime bataille. Résultat : demain, il va demander ma main à mon père, afin d'empêcher Léandros de le faire avant lui. Chère maman, je te passe les détails, car vous, les femmes de l'ancienne génération, ne comprenez

---

7 Simone de Beauvoir, *Le deuxième sexe*, t. II, Paris, Gallimard, NRF, coll. « Idées », n° 153, 1973 (1949[1]), p. 21.

8 *Esprit pratique* (*Μυαλὸ πρακτικό*), I. Dentrinou, *Τὰ Διηγήματα*, *op. cit.*, p. 130.

> pas grand-chose à l'époque actuelle. Le progrès avance à grands pas. Léandros m'a été utile, afin qu'Alécos ne pense pas que je le fais pour son argent. Voilà pourquoi je me suis trouvée dans l'obligation de dire ce gros mensonge." »

Loin d'entraîner la réprobation morale de sa mère, femme d'une autre génération, le subterfuge qu'Elli dévoile avoir imaginé obtient l'assentiment enthousiaste de cette dernière. Dans cette scène édifiante, elles forment ensemble un duo machiavélique de captieuses tacticiennes et incarnent une féminité aussi vénale que cynique animée par une rivalité effrénée :

> « Χά, χά, χά, δὲν εἶχες παρὰ νὰ διαλέξεις· [...] Χαρὰ στὸ θάρρος σου, πῶς μπόρεσες νὰ τὰ πεῖς χωρὶς νὰ γελάσεις ! »
> « Μὰ γιὰ φαντάσου, μαμά, ποὺ θὰ σκάσουν ἀπὸ ζήλεια ὅλες μου οἱ φιλενάδες ! »
> « Καὶ μήπως οἱ μανάδες τους λιγώτερο ; Μὰ εἶσαι τρομερή, σωστὸ διαολάκι ! »
> « Ὄχι, μαμά μου, εἶμαι μονάχα μυαλὸ πρακτικό[9] ! »

> « "Ah, ah, ah, tu avais l'embarras du choix [...] J'admire ton audace, comment as-tu pu dire tout cela en gardant ton sérieux !"
> "Tu t'imagines, maman, toutes mes amies crèveront de jalousie !"
> "Et leurs mères tout autant, ne crois-tu pas ? Tu es vraiment incroyable, un vrai petit diable !"
> "Mais non, maman, je suis seulement un esprit pratique !" »

De cette obsession du mariage d'intérêt, qui touche les femmes comme les hommes, découle une âpre concurrence entre les individus, se traduisant le plus souvent par la jalousie (*Jalousie*/*Ζήλεια* dans *Le monde des salons* / *Ἀπὸ τὸν κόσμο τοῦ σαλονιοῦ*, *L'épouvantail* / *Τὸ σκιάχτρο* dans *Causeries légères* / *Πεταχτές κουβέντες*).

Par ailleurs, Irini Dentrinou dépeint par le menu ce que, dans ce contexte, on attend des filles et ce qui sied à une future épouse. La première qualité féminine requise est la beauté, ou, à défaut, une apparence soignée. Cette injonction de la beauté est critiquée avec véhémence dans plusieurs textes. Notamment, dans *Figure atypique* (*Ἀσυνήθιστος τύπος*), une jeune fille atypique du monde des salons, qui place l'intelligence et la personnalité au-dessus de la beauté, considère que la phrase « Vous êtes belle » est « plus antique qu'une momie égyptienne ». Sur un autre registre, la critique de la beauté féminine comme devoir impérieux apparaît dans *Son premier bal* (*Ὁ πρῶτος της χορός*), à travers la complainte

9 *Ibid.*

de la jeune Maria qui, s'apprêtant à participer à son premier bal, dit ses réticences face à l'injonction de beauté que lui a rappelée sa mère :

> « Νὰ γίνεις ὄμορφη ! » Πόσες ἀνησυχίες, πόσες σκέψεις, πόσες φροντίδες γεννᾶ μιὰ τέτοια λέξη στὸ κεφάλι κάθε νέας, ποὺ ἑτοιμάζεται γιὰ τὸν πρῶτο της χορό ! Νὰ γίνεις ὄμορφη ! ἀλλ' αὐτὸ σημαίνει νὰ ἀναστατώσεις τὴν μικρή σου καμαρούλα κι ἀπὸ χαριτωμένο παράδεισο νὰ τὴν κάμεις κόλαση σωστή· ν' ἀραδιάσεις τζοβαϊρικά, κορδελίτσες, μυρουδιές, βεντάλιες, ὅλα τὰ μικρὰ τίποτα, ποὺ κάνουν κάτι τὴ γυναίκα, νὰ τὰ γυρεύεις, γιὰ νὰ ἰδεῖς ποιὸ χρῶμα καλύτερα σοῦ στέκει, ποιὰ βεντάλια εἶναι περσότερο τῆς μόδας κι ἂν πηγαίνει μὲ τὸ χρῶμα τῆς φορεσιᾶς σου[10].
>
> « "Fais-toi belle !" Combien d'inquiétudes, de pensées, de soucis une telle phrase fait-elle naître dans l'esprit de chaque jeune femme qui se prépare pour son premier bal ! Fais-toi belle ! mais cela signifie mettre sens dessus dessous ta petite chambre et d'un charmant paradis, faire un véritable enfer ; déballer bijoux, rubans, parfums, éventails, tous ces petits riens qui font de la femme quelque chose, chercher, pour définir quelle couleur te sied mieux, quel éventail est le plus à la mode, et s'il est assorti à la couleur de ta robe. »

Afin de répondre à cette injonction de beauté, la jeune femme doit, contre son gré, se livrer à une profusion d'activités futiles, mettre en œuvre tous les artifices requis et s'apprêter ainsi pour le bal. Mais surtout, elle doit sacrifier ce faisant l'intégrité de ses sentiments et renoncer de surcroît à son individualité :

> Νὰ γίνεις ὄμορφη ! μ' ἄλλα λόγια νὰ καθίσεις ὧρες πολλὲς στὸν καθρέφτη καὶ νὰ χτενιστεῖς χίλιες φορές, γιὰ νὰ ἰδεῖς ποιὰ χτενισιὰ περσότερη ὀμορφιὰ σοῦ χαρίζει, γιὰ νὰ τὴν προτιμήσεις τὴ βραδιὰ τοῦ πρώτου σου χοροῦ. Νὰ γίνεις ὄμορφη, σημαίνει νὰ γίνεις νευρικιά, ἀφηρημένη, παράξενη, γιατὶ τότες ὅλα ἄσκημα σοῦ φαίνονται, ὅλα ἀτέλειωτα, ὅλα ποὺ κάτι τοὺς λείπει. [...] Νὰ γίνεις ὄμορφη, σημαίνει καὶ κάτι ἄλλο πιὸ τρομερὸ ἀκόμα. Σημαίνει νὰ λησμονήσεις ποὺ κάπου βρίσκεται μιὰ καρδιὰ ποὺ ἀγαπᾶ, ποὺ πονεῖ, ποὺ λατρεύει, καρδιὰ ποὺ θά' δινες ὅ, τι πιὸ πολύτιμο στὸν κόσμο ἔχεις γιὰ νὰ τὴν κρατήσεις πάντα δική σου, καρδιὰ ποὺ τῆς ὑποσχέθηκες ἀγάπη παντοτεινή[11].
>
> « Fais-toi belle ! Autrement dit, rester assise pendant des heures devant le miroir et se peigner mille fois, pour déterminer quelle coiffure te rend plus belle, afin de la choisir pour le soir de ton premier bal. Fais-toi belle signifie devenir nerveuse, distraite, bizarre, parce qu'alors tout te semble laid, interminable, et qu'il manque toujours quelque chose. [...] Fais-toi belle signifie

10 *Son premier bal* (*Ὁ πρῶτος της χορός*), I. Dentrinou, *Τὰ Διηγήματα*, *op. cit.*, p. 118.

11 *Ibid.*

aussi une autre chose plus terrible encore. Cela signifie qu'il te faut oublier qu'il se trouve quelque part un cœur qui aime, qui souffre, qui adore, un cœur pour lequel tu donnerais tout ce que tu as de plus précieux au monde pour le garder toujours tien, un cœur auquel tu as promis un amour éternel. »

Qu'il s'agisse d'une épouse ou d'une jeune fille à marier, toutes les femmes sans exception doivent donc littéralement paraître et se montrer à leur avantage[12]. Irini Dentrinou montre d'ailleurs que cette injonction de beauté est le plus souvent intériorisée par les femmes :

> Ὁ καθρέφτης παίζει πάντα τὸν πρῶτο ρόλο στὴ ζωὴ τῆς γυναικὸς καὶ μάλιστα ἐκείνης, ποὺ συχνάζει στὰ σαλόνια [...] Κάθε γυναίκα θέλει ν' ἀρέσει, γεννιέται μ' αὐτὸν τὸν πόθο στὴν ψυχὴ καὶ κάνει ὅ, τι μπορεῖ γιὰ νὰ 'πιτύχει. Πολλοὶ λένε πὼς ἂν οἱ γυναῖκες χάνουν ὥρα πολλὴ στὸν καθρέφτη κι ἄλλη τόση στὰ μαγαζιά, τὸ κάνουν γιὰ ν' ἀρέσουν στοὺς ἄντρες. Πολὺ λαθεμένοι εἶναι ὅσοι τὸ πιστεύουν.
> Ἡ γυναίκα θέλει νά' ναι ὅμορφη κ' ἔξυπνη γιὰ τὸν ἄντρα, θέλει ὅμως νά' ναι καλοντυμένη γιὰ τὴ γυναίκα[13] [...]

> « Le miroir joue toujours le premier rôle dans la vie de la femme, en particulier de la femme qui fréquente les salons [...] Toute femme veut plaire, elle naît avec ce désir et fait tout ce qui est en son pouvoir pour y parvenir. Nombreux sont ceux qui disent que les femmes perdent beaucoup de temps devant le miroir et autant dans les magasins, elles le font pour plaire aux hommes. Ceux qui le croient se trompent lourdement.
> La femme veut être belle et intelligente aux yeux de l'homme, mais elle veut aussi être élégamment vêtue à ceux de la femme [...] »

Découlent de cet impératif d'importantes dépenses et une course aux boutiques, activités considérées comme spécifiquement féminines (« γυναικίστικες δουλειές[14] »), et qui contraignent les femmes à sans cesse quémander de l'argent aux hommes[15]. Ces derniers ne s'y prêtent souvent que de mauvaise grâce et par stricte obligation sociale. Les nombreuses images de femmes oisives et dépensières qu'on relève chez Irini Dentrinou renvoient donc, une fois encore en partie, à une réalité sociale : l'apparence et les vêtements féminins doivent en effet exprimer le pouvoir d'achat et le pouvoir social de l'époux, du père ou du frère, et la délicatesse des tenues féminines devient le symbole de l'incompatibilité

12 « πρέπει να κάνεις φιγούρα », *La robe de bal* (*Τὸ φόρεμα τοῦ χωροῦ*), I. Dentrinou, *Τὰ Διηγήματα*, *op. cit.*, p. 150-152.

13 *Ibid.*

14 *Son premier bal* (*Ὁ πρῶτος της χορός*), I. Dentrinou, *Τὰ Διηγήματα*, *op. cit.*, p. 117.

15 *Les escarpins du bal* (*Τὰ γοβάκια τοῦ χοροῦ*), I. Dentrinou, *Τὰ Διηγήματα*, *op. cit.*, p. 144.

des femmes avec le travail[16]. C'est là une constante dans les milieux aisés de l'Europe du XIXe siècle, et dans sa critique, Irini Dentrinou rejoint bien d'autres auteurs, notamment Paul Lafargue qui, dans *La question de la femme*, texte publié en 1904, évoque « les madames du capitalisme » et s'irrite de ce que ces dernières gaspillent follement des millions. Dans le contexte grec, la même critique se trouve exprimée par Vlassis Gavriilidis dans *Les femmes*[17], où, partisan de l'égalité des sexes, l'auteur dénonce la passivité et l'oisiveté assignées aux femmes mais ne parvient pas pour autant à éviter le piège des stéréotypes misogynes dans sa diatribe contre la consommation ostentatoire. Signalons par parenthèse que Gavriilidis signa un court texte daté du 2 février 1900, adressé à Irini Dentrinou, qui fut incorporé à l'Album de cette dernière[18].

La Corfiote livre ainsi de multiples descriptions de femmes des salons, coquettes parées de dentelles, de fourrures, de bijoux précieux, mais dont les mouvements sont entravés par la complexité de leur mise, notamment le port du corset[19] – raffinement vestimentaire qu'elle déplore en particulier dans un article publié dans *Noumas* en 1908, intitulé *La robe de mariée* (*Τὸ φόρεμα τῆς νύφης*). Ses écrits ultérieurs rendent par ailleurs compte des évolutions de la mode féminine au début du XXe siècle, avec l'apparition de la jupe courte et le dénudement progressif des corps. À ce propos, Dentrinou ne semble pas pleinement satisfaite de cette évolution de la mode vestimentaire, et ses oscillations idéologiques entre un pôle plus conservateur et un pôle plus progressiste ressurgissent à travers ces réticences. En tout cas, telles qu'elle les dépeint dans *Le monde des salons* (*Ἀπὸ τὸν κόσμο τοῦ σαλονιοῦ*), soumises financièrement aux hommes, les femmes des salons emblématiques du XIXe siècle sont également prisonnières de leur apparence et de codes vestimentaires qui les immobilisent, les réifient et les désignent comme inactives. Le monde des salons est avant tout un monde d'apparences, et la laideur, que ne parviennent pas toujours à masquer l'apprêt et les toilettes, voue les femmes à la réclusion sociale[20], sauf à être compensée

16 E. Varikas, *Η εξέγερση των Κυριών*, *op. cit.*, p. 49 *sqq.*

17 *Αι Γυναίκες*, publié en série dans la revue *Akropolis* en 1896 sous le pseudonyme « Rizospastis ».

18 Th. Pylarinos, *Το λεύκωμα της Ειρήνης Α. Δεντρινού*, *op. cit.*, p. 43.

19 *Les escarpins du bal* (*Τὰ γοβάκια τοῦ χοροῦ*), I. Dentrinou, *Τὰ Διηγήματα*, *op. cit.*, p. 146.

20 *L'héritage de tante Marina* (*Ἡ κληρονομιὰ τῆς θείας Μαρίνας*), I. Dentrinou, *Τὰ Διηγήματα*, *op. cit.*, p. 265.

par une fortune substantielle (« un riche laideron dont la fortune avait le pouvoir d'allumer des flammes inextinguibles et de… redonner vie aux désespérés[21] »).

Un autre élément central apparaît dans tous les écrits peignant le monde des salons : la cour, le flirt, principal rouage des relations sociales entre les hommes et les femmes, et simultanément antithèse de l'amour véritable. Avec les mariages d'intérêt – dans le contexte de l'époque, la formule constitue un pléonasme –, la cour (« *κόρτε* ») devient dans le milieu des salons une pratique courante à laquelle se livrent tant la cohorte des chasseurs de dot que des filles cupides intéressées ou simplement frivoles. Chez Irini Dentrinou, la proximité nouvelle entre les deux sexes, renforcée par une sociabilité et des espaces désormais mixtes, se traduit par une pratique effrénée de la séduction. Perçue comme une véritable tare des classes aisées, légitimée, dans leur logique machiavélique, par l'impératif du mariage, la pratique de la cour ou du flirt devient chez Dentrinou synonyme d'hypocrisie et de mensonge, et non de liberté de cœur ou de corps. Sur ce point, la Corfiote affiche un discours en creux marqué par un certain conservatisme. Ce qu'elle considère comme un symptôme de l'amoralisme des classes aisées heurte sa vision romantique et idéalisée de l'amour, qui va de pair avec son aspiration à une rectitude morale assortie du respect du Beau, du Vrai et du Juste. Globalement dans ses écrits, le flirt n'est pas le signe d'une liberté individuelle conquise, ou une source de progrès, mais un nouvel instrument d'oppression sociale, un devoir de classe (« c'est un devoir social, et tellement à la mode[22] ! »). C'est notamment ce que décrit Liana (dans le récit éponyme *Liana*/*Λιάνα*), une jeune couturière éprise d'un jeune aristocrate, Aggélos, dont elle sait qu'il ne saurait se soustraire à l'impératif du flirt qui dicte la conduite sociale des jeunes gens de son milieu :

> Κ' ἔπειτα ἐκεῖ θὰ συναντηθεῖς μὲ κόσμο, ποῦ δὲ σοῦ εἶναι ξένος, γιατὶ εἶναι ὁ κόσμος σου, μὲ ἀριστοκράτισες εὐχαριστημένες νὰ φλερτάρουν μαζῆ σου – κι' αὐτὸ μιὰ κοινωνικὴ ὑποχρέωση εἶναι, καὶ τόσο τῆς μόδας ! – χωρὶς κανένα

---

21 *Figure ordinaire* (*Συνηθισμένος τύπος*), I. Dentrinou, *Τὰ Διηγήματα*, *op. cit.*, p. 108 : « μιὰ πλούσια ἀσκημομούρα, ποὺ τὰ τάλαρά της εἶχαν τὴ δύναμη ν' ἀνάβουν ἄσβεστες φωτιὲς καὶ νά… χαρίζουν στοὺς ἀπελπισμένους τὴ ζωή. »

22 « μιὰ κοινωνικὴ ὑποχρέωση εἶναι, καὶ τόσο τῆς μόδας ! », *Liana* (*Λιάνα*), dans I. Dentrinou, *Kerkyraïki Anthologia*, II, 1916-1917, p. 34-39.

αἴστημα, χωρὶς κανένα πάθος, χωρὶς καμμιὰ θυσία, χωρὶς κανένα μεγαλεῖο καῖ μὲ τόσες ντεμουζελίτσες, ποῦ μοναχή τους σκέψη εἶναι πῶς νὰ καλοπαντρευτοῦν. Καὶ σὺ εἶσαι ὁ ὀνειρεμένος γαμπρὸς κι' ὅλες δὲν ἔχουν γιὰ σένα παρὰ γλυκὰ χαμόγελα καὶ λιγωμένες ματιές. Πῶς νὰ μὴ σ' εὐχαριστεῖ νὰ βρίσκεσαι μαζῆ τους, πεταχτοῦλες ὅπως εἶναι, γιομάτες χάρη, καλοντυμένες[23]...

« Ensuite, tu rencontreras là du monde, des personnes qui ne te sont pas étrangères, car ce sont des gens de ton milieu, des dames de l'aristocratie, ravies de flirter avec toi – le flirt fait lui aussi partie des obligations sociales et il est tellement à la mode ! –, de flirter sans aucun sentiment, sans passion, sans aucun sacrifice, sans grandeur, et maintes petites demoiselles dont l'unique préoccupation est de trouver un bon parti. Et toi, tu es le parti rêvé, toutes te font de tendres sourires et te lancent des regards énamourés. Comment pourrais-tu ne pas te sentir heureux en la compagnie de ces femmes si vives, pleines de grâce et si bien habillées... »

Globalement, les écrits de Dentrinou sont une source de renseignements sur la vie quotidienne du monde des salons, sur le statut qu'y ont les femmes et les relations sociales normées entre les sexes. Véritable tableau vivant, son œuvre est aussi une peinture des caractères, à travers la galerie de portraits qu'elle constitue, une peinture des mœurs, qui s'attache à la description des us et coutumes des classes aisées (leurs préoccupations, leurs occupations, leurs désirs et leur morale), et qui dépeint aussi la réalité matérielle qui les entoure (mode vestimentaire, mobilier de l'intérieur bourgeois, habitudes culinaires). En outre, l'importance accordée au style direct rend compte d'une volonté d'Irini Dentrinou de restituer, parfois de manière un peu artificielle il est vrai, le parler propre de ces classes moyennes et supérieures, ce qui la rapproche également de Gyp dans sa mise en scène de la mondanité et des « cercleux » et autres « gens de la haute[24] ». Pour briller en société, hommes et femmes rivalisent dans l'emploi de mots et expressions étrangers, le plus souvent français et anglais, qui contaminent littéralement le texte. Au sein de ce microcosme de privilégiés, les femmes prennent part à de nombreuses activités de divertissement rattachées à la sphère privée, comme les bals, thés et autres réceptions, mais elles sortent également au théâtre et à l'opéra. On découvre un monde dans lequel le statut des femmes a considérablement évolué au fil du XIXe siècle et se trouve en mutation

23 *Ibid.*
24 Expressions empruntées à Georges Pélissier, « La littérature dialoguée en France », *op. cit.*, p. 255.

constante. Si elles sont toujours soumises financièrement aux hommes et tenues par des règles strictes de bienséance (rarement respectées dans les écrits de Dentrinou qui vont au-delà des apparences), les femmes des milieux aisés se sont désormais approprié le monde du dehors, et ne sont plus cantonnées à l'intérieur du foyer. Les jeunes femmes font du vélo, emblème d'une liberté de circuler nouvellement acquise, même si certaines, accompagnées de chaperons, restent en liberté surveillée. Certaines fument ou se livrent à l'activité physique, pratiquant notamment le tennis.

Par leur destination didactique, on peut considérer que ces écrits revêtent une dimension édifiante et les récits du *Monde des salons* (*Ἀπὸ τὸν κόσμο τοῦ σαλονιοῦ*) en particulier fonctionnent comme un miroir tendu aux jeunes Grecques des salons, dans le but de les éclairer sur leur situation et leur permettre de s'en émanciper. À ce propos, le choix prépondérant chez elle de la forme dialogique, dans *Le monde des salons* (*Ἀπὸ τὸν κόσμο τοῦ σαλονιοῦ*) comme plus tard dans les *Causeries légères* (*Πεταχτές κουβέντες*), coïncide avec cette vocation didactique des textes. Le style direct et le dialogue sont en effet à même de stimuler l'imagination du lecteur, dont l'identification est facilitée par la spontanéité et l'effet miroir qu'ils produisent, et confèrent de surcroît à l'écriture une dimension performative en invitant le lecteur à participer à la constitution du sens. Puisant leur inspiration dans la réalité quotidienne, et plus spécifiquement celle des classes moyennes et supérieures, les textes de Dentrinou visent ainsi à stimuler l'imagination du lectorat tout en facilitant en quelque sorte sa coopération, ce qui rejoint la stratégie scripturaire préconisée par Virginia Woolf :

> [...] l'écrivain doit entrer en contact avec son lecteur en lui présentant quelque chose que celui-ci connaît et qui par conséquent stimule son imagination et le dispose à coopérer dans cette affaire beaucoup plus difficile qu'est l'intimité[25].

Mais il est un point important à souligner : si elle met en évidence les vices de cette classe sociale et les rapports de pouvoir qui sont en jeu, Irini Dentrinou ne fait pas d'emblée de toute femme une victime, mais un des rouages de la société qu'elle juge imparfaite. La faute en revient certes à la société dans son ensemble, comme système, mais les

25 Cité par Frédéric Regard, *La force du féminin : sur trois essais de Virginia Woolf*, Paris, La Fabrique, 2002, p. 16-17 (extrait de *Mr Bennett et Mrs Brown*, 1924).

femmes ont leur part de responsabilité dans cet état de fait et participent à leur propre aliénation. En cela, Irini Dentrinou échappe au paradigme de l'oppression, propre au XIXe siècle, et ses écrits apparaissent comme le pendant littéraire ou l'illustration du texte théorique de Vlassis Gavriilidis évoqué plus haut.

LA TENTATION DE LA MODERNITÉ OCCIDENTALE

La Grèce du XIXe siècle est marquée par une occidentalisation et une modernisation progressives à l'origine d'une profonde crise d'identité qui tiraille le pays entre désir impérieux de rupture avec son passé « oriental », renvoyant à l'occupation ottomane, et attraction-répulsion de l'Occident. L'engouement pour l'Occident, qui oscille entre xénophilie et xénomanie, est perçu par ses détracteurs comme une trahison à la patrie. Cette posture ambivalente entre Orient et Occident a par ailleurs une répercussion directe sur l'imaginaire des sexes, et en particulier sur le statut symbolique des femmes. L'idéologie nationaliste assigne aux femmes un rôle de préservation de l'hellénisme et des valeurs traditionnelles, face à un Occident devenu synonyme de décadence. Or, à la fin du XIXe siècle, la nouvelle forme de sociabilité urbaine s'accompagne de l'importation des mœurs européennes et de la modernité occidentale, auxquelles sont particulièrement perméables les classes moyennes et supérieures[26].

L'œuvre d'Irini Dentrinou rend compte de ce phénomène et cristallise dans le même temps les paradoxes qu'il suscite dans le débat public, en Grèce, mais plus particulièrement dans les îles Ioniennes. En effet, l'Heptanèse se singularise en ce que l'archipel a échappé à l'occupation ottomane et a connu une proximité privilégiée et ininterrompue avec l'Europe occidentale depuis la Renaissance. L'occidentalisation des mœurs ioniennes s'y accélère au XIXe siècle, au point de voir émerger, dans le dernier tiers du siècle, le type du « gentleman ionien », exemple unique culturel d'« Eurogrec[27] » qui incarne la perméabilité spécifique de la culture locale aux apports européens. Dans sa peinture du monde des salons, Irini Dentrinou donne à voir les principales manifestations

26 Eleni Varikas, « Trop archaïques ou trop modernes ? Les citadines grecques face à l'occidentalisation, (1833-1875) », *Les femmes et la modernité*, *Peuples méditerranéens*, n° 44-45, juillet-décembre 1988.

27 Selon Nikias Lountzis, dans *Ιόνιοι Νησοί, Ιστορία*, *op. cit.*, p. 112.

de cette imitation du mode de vie occidental, par les hommes comme par les femmes. On s'habille à la mode parisienne, jusqu'à la caricature (« figurine parisienne » « παριζιάνικο φιγουρίνι[28] »), les femmes pratiquent des arts d'agrément (danse de salon, chant, pratique du piano) et partagent avec les hommes des divertissements occidentaux (sorties mondaines, bals, théâtre) et la pratique sportive (bicyclette, tennis). Les pratiques culinaires sont elles aussi touchées par la mode européenne : le thé devient une véritable institution (« le tea-time n'est désormais plus une habitude mais une loi dans l'aristocratie grecque[29] »), le comble de la distinction consiste à déguster des petits fours et des sandwichs (*En attendant le prince* / *Περιμένοντας τὸν πρίγκιπα*[30]), et l'intérieur bourgeois se sophistique en se parant d'une multitude de bibelots, ce que révèle bien le texte qui introduit, à la manière d'une didascalie, le dialogue intitulé *L'éducation de Didis* (*Ἡ ἀνατροφή τοῦ Ντιντή*) :

> Τραπεζαρία βαρειὰ ἐπιπλωμένη, πολλὰ ἀσημικά, πολλὰ βελοῦδα, πολλὲς εἰκόνες. Εἶναι ἀπόγιωμα. Ὁ Κύριος πενῆντα τριῶν χρόνων μὲ κοινὴ φυσιογνωμία, καθισμένος σὲ μιὰ βαθειὰ πολυθρόνα διαβάζει ἐφημερίδα. Ἀπέναντί του σὲ μιὰν ἄλλη πολυθρόνα ἡ Κυρία, σαράντα ὀχτὼ χρόνων, ὄχι πολύ ἄσκημη, μὰ ὑπερβολικὰ χοντρή, διαβάζει τὶς Demi-vierges τοῦ Prévost. Ἀκούεται κάπου κάπου τὸ πιάνο τῆς πλαγιανῆς κάμαρας, ὅπου δάχτυλα ἀγύμναστα προσπαθοῦν νὰ παίξουν κομμάτια κλασσικῆς μουσικῆς[31].
>
> « Une salle à manger aux meubles imposants, beaucoup d'argenterie, beaucoup de velours, beaucoup de tableaux. Fin d'après-midi. Monsieur, cinquante-trois ans, physionomie quelconque, assis dans un fauteuil profond, lit un journal. En face de lui, dans un autre fauteuil, Madame, quarante-huit ans, pas très laide, mais très corpulente, est en train de lire les *Dermi-vierges* de Prévost. De temps à autre, on entend le piano de la pièce voisine, où des doigts malhabiles tentent de jouer des morceaux classiques. »

Habitude nouvelle, la langue parlée est littéralement contaminée par l'emploi des langues étrangères, en particulier le français, et on lit également la littérature européenne, ainsi qu'on le voit par exemple dans l'extrait précédent. Ce phénomène est encouragé par le recours à des gouvernantes étrangères recrutées pour l'éducation des filles. Si

---

28 *La monnaie de sa pièce* (*Μὲ τὸ ἴδιο νόμισμα*), I. Dentrinou, *Τὰ Διηγήματα*, *op. cit.*, p. 137.

29 *Pensées de rien du tout* (*Σκεψούλες*), I. Dentrinou, *Τὰ Διηγήματα*, *op. cit.*, p. 142.

30 I. Dentrinou, *Πεταχτές κουβέντες*, *Kerkyraïki Anthologia* I, 1915-1916, *op. cit.*

31 *Ibid.*

Irini Dentrinou décrit en détail le déferlement de la culture occidentale et son imitation superficielle par le milieu du salon, la description se double d'une critique en creux, parfaitement illustrée dans ce portrait au vitriol d'un dandy-type des salons :

> Πάντα ντυμένος τῆς ὥρας, μυρωδάτος, νέος τοῦ σαλονιοῦ καὶ τοῦ flirt, ποδηλατιστής, τρελλὸς γιὰ τὸ Lawn-tennis καὶ τὶς ὄμορφες κοπέλες, συχνάζει στὸ Club, ξέρει γαλλικά, λίγες φράσεις ἰταλικά, πολὺ λίγες ἀγγλικά, μὰ μιλεῖ ὅλα – κι ὅταν ἀκόμα δὲν εἶναι καμιὰ ἀνάγκη – μὲ ἀπίστευτη ἀναίδεια, connaisseur – κατὰ τὴ φράση καὶ τὴν ἰδέα του – *de la littérature Française* [*sic*], γιατὶ τὸ Ρωμαῖκο δὲν ἔχει οὔτε ποιητάδες, οὔτε λογογράφους, οὔτε καλλιτέχνες, μόλις ξέρει νὰ βάλει τὰ χέρια του στὸ πιάνο, ἀλλὰ λατρεύει τὴ γερμανικιὰ μουσική, ἐνῶ περιφρονεῖ τὴν ἰταλικιὰ ὡς τιποτένια, καλὸς κολυμπιστής, sport-man, νοιώθει – ἔτσι λέει – ἀπὸ τέχνη ὅσο λίγοι καὶ στὰ σαλόνια εἶναι τὸ *enfant gâté*[32].
>
> « Toujours habillé à la mode, parfumé, jeune homme des salons et du *flirt*, cycliste, fou de *Lawn-tennis* et de jolies filles, il fréquente le *Club*, connaît le français, quelques phrases d'italien, très peu d'anglais, mais il parle toutes ces langues – même quand cela n'est pas nécessaire – avec une effronterie incroyable, *connaisseur* – selon ses propos et son idée – de *la littérature française*, parce que l'hellénisme n'a ni poètes, ni prosateurs, ni artistes, il sait tout juste poser ses mains sur un piano, mais il adore la musique allemande et n'a guère d'estime pour l'italienne, bon nageur, sportman, il est sensible à l'art – selon lui – comme peu de gens, et il est l'*enfant gâté* des salons. »

La critique souvent sous-jacente de l'occidentalisation des mœurs s'exprime chez Irini Dentrinou à travers la reprise d'un certain nombre des clichés développés par les détracteurs de la xénophilie. L'assimilation de l'Occident à la décadence morale surgit au gré de plusieurs références à l'univers féminin : une gouvernante anglaise se révèle être l'incarnation de la débauche dans *Éducation à l'anglaise* (*Ἰγγλέζικη ἀνατροφή*[33]), des lectures féminines, issues de la littérature française, sont jugées immorales (*L'éducation de Didis* / *Ἡ ἀνατροφή τοῦ Ντιντή*[34]).

Cette critique de l'occidentalisation s'accentue au fil du temps pour s'exprimer d'une manière plus directe dans les écrits de l'après-guerre, au début des années 1930. Cela est très net dans deux textes : *Vivre et laisser vivre !* et *O tempora o mores !*, parus tous deux en 1930 dans la

32 *Figure ordinaire* (*Συνηθισμένος τύπος*), I. Dentrinou, *Τὰ Διηγήματα*, *op. cit.*, p. 106. Les mots en italiques, soulignés par nous, sont en français dans le texte.

33 I. Dentrinou, *Τὰ Διηγήματα*, *op. cit.*, p. 155.

34 I. Dentrinou, *Πεταχτές κουβέντες*, *Kerkyraïki Anthologia* I, 1915-1916, *op. cit.*

revue *Kerkyraïki Icho.* Ces deux textes sont similaires sur bien des points, d'abord en ce qu'ils traitent le thème de la dissolution des mœurs après la guerre et contiennent une critique de la modernisation des modes de vie mise en exergue par des références à une nature corfiote idéalisée et pure, véritable *locus amoenus.* Les deux textes sont construits sur des oppositions binaires entre campagne et ville, Orient et Occident, pureté et décadence. Si la modernité a apporté à Corfou l'automobile, le cinéma, le dancing, le bridge et le poker (*Vivre et laisser vivre !*), elle a également importé le modèle de la femme moderne. Cette dernière est élégante, se maquille et, surtout, jouit d'une liberté inédite. Mais cette liberté est assimilée non à un progrès mais à une calamité et perçue comme la cause d'une dissolution des mœurs : « La grande liberté ! C'est elle qui nous tue. », « les facilités ont tué l'amour » (*O tempora o mores !*). Ces propos sont certes attribués à des personnages, mais il y a fort à parier qu'Irini Dentrinou exprime par leur truchement sa posture conservatrice et paradoxale. En effet, bien que partisane de l'émancipation féminine, elle exprime non seulement des réticences face aux nombreuses manifestations de xénophilie et de xénomanie, mais aussi une défiance puritaine vis-à-vis de la femme émancipée. Elle reprend par ailleurs dans bien des exemples des personnages européanomanes stéréotypés, notamment féminins. Car la problématique de l'attrait et de l'imitation de l'Occident est au cœur du débat public et envahit la presse grecque à partir du XIXe siècle. Corrélé à la question des femmes, le phénomène s'accentue à partir de 1911, date de création du Lycée des Grecques par Callirhoé Parren, fondé dans le but de lutter contre la xénomanie, de faire valoir la culture grecque et de garantir la préservation des us et coutumes grecs dans toute leur « pureté[35] ». Sur cette posture paradoxale, Irini Dentrinou et Callirhoé Parren se rejoignent d'une certaine manière, puisque tout en admirant les Européennes érigées en modèle d'émancipation, elles semblent prévenir les Grecques contre les dangers de la xénomanie. Rappelons que c'est essentiellement Callirhoé Parren qui a hellénisé le combat des femmes en Grèce et instrumentalisé l'idéologie nationaliste pour servir la cause féminine, même si, avant elle, ce discours avait été véhiculé notamment par Anna Sérouiou ou Aikatérini Christomanou-Laskaridou, cette dernière ayant rappelé aux

35 A. Bakalaki, E. Elegmitou, *Η εκπαίδευση «εις τα του οίκου»*, *op. cit.* (l'ouvrage comporte de nombreuses références à la xénomanie dans le contexte de l'éducation féminine).

Grecques qu'elles étaient gardiennes de la tradition et qu'à ce titre, elles devaient se préserver de l'imitation de l'Occident[36]. Callirhoé Parren formule d'ailleurs très explicitement cette conception, dans son discours d'ouverture du Premier Congrès national des femmes, en 1921 : « C'est [...] la Femme qui a conservé et transmis durant les siècles d'esclavage la religion, la langue et l'amour de la Patrie[37]. »

La concurrence entre Orient et Occident, et le plus souvent entre hellénisme et Occident, sous-tend donc la plupart des textes d'Irini Dentrinou, mais sous une forme particulièrement ambiguë[38]. D'une part la Corfiote assimile et adopte plusieurs aspects de la culture occidentale (connaissance et usage des langues et littératures européennes), et en particulier l'idéal progressiste d'émancipation féminine ; d'autre part, elle reprend à son compte des stéréotypes conservateurs du discours nationaliste qui figent les femmes dans leur mission de conservation et de régénération de la nation grecque. Ce penser-double la conduit à déprécier les mœurs importées d'Europe et à exprimer des réticences inattendues face à l'émancipation des femmes, en net progrès après la Première Guerre mondiale. C'est qu'elle a été profondément marquée par le discours nationaliste en général et que, par son adhésion au patriotisme du mouvement démoticiste, elle considère probablement la protection de l'intégrité culturelle nationale prioritaire par rapport à l'émancipation féminine.

L'ÉDUCATION DES FILLES : LA FABRIQUE DES RAVISSANTES IDIOTES

La question de l'éducation féminine traverse tout le XIXe siècle, du lendemain de l'Indépendance jusqu'à la réforme du système éducatif de 1929 qui reconnaît aux filles le droit d'accès à l'enseignement secondaire[39]. Dans ses textes de fiction, Irini Dentrinou aborde cette question, mais

36 D. Tzanaki, *Women and nationalism*, *op. cit.*, p. 79.

37 « Διότι ἡ Γυναῖκα [...] εἶναι ἐκείνη πού διετήρησε και μετέδωκε κατά τούς αἰῶνας τῆς δουλείας την θρησκείαν, την γλῶσσαν και την ἀγάπην προς την Πατρίδα », E. Avdela, A. Psarra, *Ο φεμινισμός στην Ελλάδα του Μεσοπολέμου*, *op. cit.*, p. 439.

38 Voir aussi la prise de position de Dentrinou sur l'ouverture d'un casino à Corfou et la « pureté » des mœurs locales dans son article « Lettres corfiotes » (*Κορφιάτικα γράμματα*, *Noumas*, année 4, n° 200, 28 mai 1906, p. 9-10).

39 Sur cette question, voir A. Bakalaki, E. Elegmitou, *Η εκπαίδευση «εις τα του οίκου»*, *op. cit.* ; M. Repoussi, « Mixité et enseignement en Grèce aux XIXe et XXe siècles », *op. cit.*

en traitant presque exclusivement de l'éducation des jeunes filles des classes moyennes et supérieures. Seule entorse à cette règle, elle évoque en filigrane le manque ou l'absence totale d'éducation féminine dans la ruralité ou les classes défavorisées, en déplorant parallèlement l'emprise de la superstition sur les femmes privées d'éducation. Son intérêt pour l'éducation des filles se manifeste par ailleurs dans plusieurs articles[40].

Il convient de rappeler que l'éducation en Grèce se construit suivant une conception différenciée selon le sexe, comme ailleurs en Europe. Les filles des milieux aisés n'ont accès dans ce contexte qu'à une éducation ornementale, dans la mesure où elles ne sont pas destinées à exercer un travail rémunéré et où leur fonction première est de faire un bon mariage, prélude à leur vie de mère. Cette éducation ornementale est inspirée du modèle européen : les filles apprennent certes la lecture et l'écriture, mais également les langues étrangères, les travaux d'aiguille, le chant, le piano, la danse, occupations qui, pour une grande part, relèvent davantage des arts d'agrément que d'une véritable instruction. Le choix de cette éducation occidentalisée est probablement lié, d'une part, au fait que nombre des premières écoles privées destinées aux filles furent fondées par des étrangers[41], et d'autre part, au recrutement répandu de gouvernantes étrangères. En outre, comme le souligne Eleni Varikas concernant les filles des classes supérieures, l'éducation est considérée pendant longtemps comme un complément de la dot[42].

Dans leur engagement pour l'émancipation féminine, plusieurs personnalités critiquent avec véhémence l'éducation ornementale occidentalisée des filles, notamment Callirhoé Parren ou, plus tard, Maria Svolou[43]. L'éducation féminine est l'un des thèmes récurrents des écrits d'Irini Dentrinou, mais ce n'est pas là une caractéristique qui lui est propre, puisque d'autres auteurs, hommes et femmes, incluent dans leurs fictions une critique de l'éducation, surtout dans la prose de l'entre-deux-guerres[44]. Ce qui est intéressant chez la Corfiote, c'est

40 Notamment « Lettres corfiotes » (*Κορφιάτικα γράμματα*, *Noumas*, année 4, n° 204, 25 juin 1906, p. 2-3.

41 Il s'agit des « παρθεναγωγεία ». Voir S. Ziogou-Karastergiou, *Η μέση εκπαίδευση*, *op. cit.*, p. 60 *sqq.*

42 E. Varikas, *Η εξέγερση των Κυριών*, *op. cit.*, p. 79.

43 Voir notamment Callirhoé Parren, « Τὰ θύματα τῆς ἐποχῆς », *Éphiméris ton Kyrion*, E', 359, 1894, p. 1-2 ; Maria Svolou, « Διακοσμητικὴ μόρφωση », *O Agonas tis Gynaikas*, E/87 (1929).

44 E. Lianopoulou, *Οι Ελληνίδες πεζογράφοι του Μεσοπολέμου*, *op. cit.*, p. 134 *sqq.*

qu'elle décrit d'une manière précise la « fabrique » des filles issues du monde des salons, description qui se double évidemment de la critique d'un système qui ne produit selon elle que de « ravissantes idiotes[45] ». On retrouve dans ses écrits des éléments qui se réfèrent bien à la réalité des classes moyennes et supérieures. Dans le récit intitulé *Pensées de rien du tout* (*Σκεψούλες*), la narratrice (qu'il est tentant d'assimiler à Irini Dentrinou) prend en pitié une jeune fille, parangon de l'éducation des salons, qu'elle considère comme vaine, stupide et superficielle :

> Δὲν τὴν καμάρωσα ὅμως τὴ νέα μὲ τὴν ἀνατροφὴ τοῦ σαλονιοῦ, γιατὶ τὴ λυπήθηκα. Ἡ φιλοδοξία τῆς μητέρας της σταματοῦσε κεῖ. Νὰ φιγουράρει σ' ἕνα σαλόνι, νὰ ξέρει μὲ γοῦστο νὰ ντυθεῖ, νὰ περιποιηθεῖ τὸν κόσμο, νά' ναι γλυκειὰ κι ὁμιλητικιὰ μὲ ὅλους καὶ τίποτις ἄλλο δὲν ὀνειρεύονταν, κανένα ἄλλο ἰδανικό, κανένας ἄλλος πόθος[46].
>
> « Pourtant je ne l'ai pas admirée, cette jeune femme à l'éducation de salon, parce que j'ai eu pitié d'elle. L'ambition de sa mère s'arrêtait là. Qu'elle se pavane dans les salons, qu'elle sache se vêtir avec goût, qu'elle soit attentionnée avec ses hôtes, douce et causante avec tous, elle ne rêvait à rien d'autre, n'avait d'autre idéal, d'autre désir. »

L'éducation ornementale réservée aux filles de la bonne société est *in fine* dépourvue de sens puisqu'elle est conçue de manière à ne venir perturber en aucun cas leur destinée sociale en leur offrant une échappatoire émancipatrice. Ainsi par exemple, dans le texte imprégné d'ironie intitulé *Agnès* (*Ἁγνή*[47]), Loletta vante l'éducation exemplaire de sa mère qui parle cinq langues, joue du piano, sait chanter, excelle au bridge, et passe son temps à mentir…

Irini Dentrinou a par ailleurs bien conscience du caractère différencié de l'éducation selon le sexe. Cela apparaît explicitement dans le dialogue intitulé *L'éducation de Didis* (*Ἡ ἀνατροφή τοῦ Ντιντή*) qui met en scène un couple de parvenus discutant de l'éducation de leurs enfants[48]. Il est entendu entre eux que le père se charge de l'éducation du fils et la mère de celle de la fille, ce qui renforce et conditionne d'emblée la différenciation et la ségrégation sexuée dès l'enfance. Le garçon doit faire des études en vue de travailler et d'atteindre une position digne

45 *Figure atypique* (*Ἀσυνήθιστος τύπος*), I. Dentrinou, *Τὰ Διηγήματα*, *op. cit.*, p. 109.
46 I. Dentrinou, *Τὰ Διηγήματα*, *op. cit.*, p. 142.
47 *Causeries légères* (*Πεταχτές κουβέντες*), dans *Kerkyraïki Anthologia* II (1916-1917), *op. cit.*
48 *Causeries légères* (*Πεταχτές κουβέντες*), dans *Kerkyraïki Anthologia* I (1915-1916), *op. cit.*

de son rang social. Pour la fille, sa mère veille à ce qu'elle apprenne les langues étrangères, le piano, qu'elle fasse n'importe quel sport, « du moment qu'il est à la mode ». Elle s'assure également qu'elle ne lise pas de romans qui risqueraient de lui tourner la tête, et qu'elle ne fréquente aucune jeune fille qui n'appartienne pas à son milieu. Ce dernier point est d'importance : une jeune fille des salons ne doit en aucun cas sortir de son milieu, et l'école, synonyme de mixité sociale, n'est pas recommandable, selon les mères : « Les écoles me révulsent, parce qu'elles ne servent qu'à transformer des blanchisseuses en institutrices » (*Éducation à l'anglaise* / *Ἰγγλέζικη ἀνατροφή*).

Dans plusieurs compositions, Dentrinou met en avant le rôle des mères dans la perpétuation d'un modèle éducatif féminin absurde : elles reproduisent et alimentent un système dont elles ont été elles-mêmes victimes, privilégiant le règne de l'entre soi, le respect des conventions et la préservation des apparences. Elle raille également l'hypocrisie et l'autosatisfaction de ces mères qui se veulent des modèles de vertu[49]. Ainsi, une mère lisant *Les demi-vierges*, roman à succès – et à scandale – de Marcel Prévost, feint de s'indigner face à l'immoralité des mœurs françaises. Il n'en reste pas moins qu'elle a lu, dans sa totalité, ce texte d'inspiration galante. Par ailleurs est mise en lumière l'attitude paradoxale des mères vis-à-vis du modèle éducatif occidental. Dans *Éducation à l'anglaise* (*Ἰγγλέζικη ἀνατροφή*), Dentrinou encapsule les contradictions et les aspirations contraires des classes supérieures qui, tout en ayant recours à des gouvernantes étrangères et en considérant l'Occident comme un modèle à suivre, symbole de progrès et de civilisation, affichent un patriotisme factice.

L'éducation ornementale des filles de la bonne société, décrite par Irini Dentrinou à mi-chemin entre un modèle occidental potentiellement « décadent » et un modèle grec « pur », fait de ces dernières des êtres vulnérables, privés de liberté individuelle et frustrés, ou bien produit des révoltées prêtes à faire éclater le socle des conventions et de la morale (*Agnès*/*Ἁγνή*[50]). Mais si elle est toujours critique et bien souvent cruelle vis-à-vis des « ravissantes idiotes », Irini Dentrinou les présente comme les jouets d'un système, qui nuit de manière égale

49 *Flagornerie* (*Γλειφοπιατισμός*), I. Dentrinou, *Πεταχτές κουβέντες*, *Kerkyraïki Anthologia* II (1916-1917), *op. cit.*

50 *Ibid.*

aux hommes et à l'ensemble de la société. Ainsi le récit *Flirt* (*Φλέρτ*) évoque un jeune homme romantique déçu par une coquette frivole des salons qu'il a renoncé à aimer, son éducation des salons l'ayant littéralement désaxée :

> Δὲ φταῖς ὅμως τόσο σύ, δεσποσύνη, ὅσο φταίει ἡ ἀνατροφὴ ποὺ σοῦ δώσανε. Ἀπὸ μικρὸ παιδὶ στὸν κόσμο ποὺ ζεῖς, τίποτ' ἄλλο δὲν ἄκουσες, παρὰ πὼς ἡ γυναίκα πρέπει ν' ἀρέσει καὶ κατόπι τὸ σαλόνι σοῦ' πε ποὺ γιὰ ν' ἀρέσεις, πρέπει νά' σαι ὄμορφη καὶ σπούδαξες τὸ ντύσιμο, τὴ χτενισιά σου καὶ ποιὰ κινήματα ταιριάζουν καλύτερα στὴ μορφή σου, πὼς πρέπει νά' σαι χαριτωμένη κ' ἔμαθες νὰ χορεύεις καὶ σπούδαξες ποιὰ τσακίσματα ταιριάζουν καλύτερα στὸ κορμί, πὼς πρέπει νά' σαι εὐχάριστη καὶ γι' αὐτὸ σπούδαξες τὸν τρόπο, ποὺ μιλοῦν στὰ σαλόνια, πῶς φέρνουνται, καὶ γιὰ νά' σαι πολυτρογυρισμένη ἀπὸ θαμαστάδες συνήθισες τὸ φλέρτ[51].
>
> « Ce n'est pas tant ta faute, madame, que celle de l'éducation qu'on t'a donnée. Depuis ta plus tendre enfance, on t'a rebattu les oreilles en te disant uniquement qu'une femme doit plaire, et ensuite le salon t'a dit que pour plaire, il te fallait être belle ; tu as alors étudié ta tenue, ta coiffure et quels mouvements conviennent le mieux à ton apparence ; il te faut être gracieuse, alors tu as appris à danser et tu as étudié quels pas mettent en valeur ton corps ; il te faut être agréable, alors tu as appris à parler à la manière des salons, à t'y comporter comme il sied, et pour être entourée d'admirateurs, tu as appris le flirt. »

DE LA FONCTION ÉCONOMIQUE ET SOCIALE DE LA FEMME

L'HONNEUR ET L'ARGENT : L'ASSUJETTISSEMENT DE LA FEMME

En dépit de l'intérêt particulier pour les classes favorisées qui ressort de son œuvre, il n'en reste pas moins qu'Irini Dentrinou interroge la société de son temps d'une manière globale. Ses écrits revêtent dans leur ensemble une dimension sociale évidente : critique des inégalités entre riches et pauvres, aspiration à un monde plus égalitaire, prise en compte, en particulier, de la condition féminine, toutes classes confondues, dans les rapports de pouvoir liés notamment à la classe et à l'âge. On

51 I. Dentrinou, *Τὰ Διηγήματα*, *op. cit.*, p. 134.

ne saurait attribuer cette sensibilité sociale à la seule fréquentation de Constantin Théotokis. Si elle fait sa connaissance en effet en 1903, force est de constater que de nombreux textes antérieurs à cette date attestent une telle sensibilité chez Dentrinou. Cela dit, elle partage avec Théotokis la conscience aiguë des inégalités de classe et de leur corrélation avec la condition féminine, question qui apparaît notamment dans leur correspondance[52]. Et il n'est pas anodin que Théotokis ait dédié à Irini Dentrinou son roman-phare, *L'honneur et l'argent*, dont il baptise en outre son héroïne – incarnation de la libération de la femme – « Rini », diminutif d'Irini, second clin d'œil à la Corfiote. Dans la dédicace, datée du 15 septembre 1914, il écrit :

> Εὐγενικιὰ Κυρία,
> Θα ἤθελα νὰ Σᾶς ἀφιερώσω τὸ ἔργο ποῦ ἀπὸ καιρὸ Σᾶς εἶχα ὑποσκεθεῖ, ἔργο ἄξιο τοῦ ὀνόματός Σας, τῆς καλλιτεχνικῆς ψυχῆς Σας καὶ τοῦ ἄπειρου σεβασμοῦ ποῦ τρέφω γιὰ Σᾶς. [...] Ξέρω, εὐγενικιὰ Κυρία, πόσο συγκινοῦν τὴν τρυφερὴ καρδιά Σας ὅλες αὐτὲς οἱ δυστυχίες, κ' ἔχω γιὰ τοῦτο τὴν ἐλπίδα πῶς θὰ Σᾶς φχαριστήσει λιγάκι τὸ ταπεινό μου διήγημα, ἂν ὄχι σὰν ἔργο τέχνης, ἀλλὰ τοὐλάχιστο σὰν κάτι σύμφωνο ἴσως μὲ τὰ φιλάνθρωπα ἰδανικά Σας, τὴ βαθειά Σας μόρφωση καὶ τὴ λαμπρή Σας εὐφυΐα ποὺ ὅλοι ὅσοι Σᾶς ξέρουν δὲ μποροῦν παρὰ νὰ τὴ θαυμάζουν[53]. [...]

> « Très chère Madame,
> Je voudrais Vous dédier l'œuvre que depuis longtemps je vous ai promise, une œuvre digne de Votre nom, de Votre âme artiste et de l'infini respect que je nourris pour Vous. [...] Je sais, noble Dame, combien émeuvent Votre cœur tendre tous ces malheurs, et j'ai pour cela l'espoir que mon petit récit vous plaira, si ce n'est comme œuvre d'art, du moins comme écho peut-être à Vos idéaux philanthropiques, à Votre dévotion profonde et Votre brillante intelligence que tous ceux qui vous connaissent ne peuvent qu'admirer. [...] »

En revanche, si Théotokis est pour sa part acquis à la cause socialiste en 1909 et qu'il est dès lors à l'épicentre du mouvement de gauche à Corfou[54] (il fonde en 1910 le groupe socialiste de l'île), Irini Dentrinou est moins ostensiblement impliquée et assurément moins politisée que lui. Mais leurs conceptions et idéaux se rejoignent et leurs œuvres respectives abordent des questions similaires, teintées d'une idéologie socialiste. Dentrinou reconnaît d'ailleurs l'orientation socialiste de l'œuvre

52 C. Balaskas, *Κωνσταντίνος Θεοτόκης*, *op. cit.*, p. 145.
53 Constantin Théotokis, *Η Τιμή και το Χρήμα*, Athènes, Élefthéroudakis, 1921, p. 7-8.
54 *Ibid.*, p. 60 et 67.

de Théotokis mais elle la nuance en affirmant qu'il était davantage un artiste qu'un propagandiste[55].

Les questions de l'honneur et de l'argent trouvent une place de choix dans les écrits d'Irini Dentrinou, et constituent chez elle les principaux rouages de l'assujettissement de la femme[56]. La notion d'honneur, centrale dans l'organisation des rapports sociaux dans la Grèce traditionnelle, repose sur un code moral différencié selon le sexe[57]. Pour la femme, l'honneur a trait à sa sexualité, une sexualité sous contrôle masculin, synonyme de discipline sexuelle à même de garantir chasteté, virginité prémaritales et fidélité à l'époux et c'est « la mainmise sur la sexualité et la fécondité des femmes qui a été et demeure le moteur de l'oppression[58]. » Dans ce contexte, la virginité et la fidélité ne sont pas de simples qualités féminines requises mais deviennent définitoires de la femme. À cette discipline vient s'ajouter, en corollaire, un code de conduite qui combine des vertus assignées aux femmes, car de la préservation de la sexualité féminine dépend l'honneur de la famille tout entière. Efi Avdela rappelle à ce sujet que « l'outrage à l'honneur constituait en Grèce le motif principal des crimes interpersonnels, au moins depuis le milieu du XIXe siècle[59]. » Le crime d'honneur était généralement la réponse à la défection d'un fiancé qui abandonnait sa promise après avoir eu des rapports sexuels avec elle. Les auteurs en étaient des hommes, le plus souvent le frère, qui cherchaient ainsi à laver leur famille du « déshonneur ». Des femmes également, abandonnées après un rapport sexuel prémarital, quand elles ne recouraient pas au suicide, commettaient des crimes d'honneur, le cas le plus courant étant celui

55 Irini Dentrinou, « Ὁ Κωνσταντίνος Θεοτόκης σὰν συγγραφέας, σὰν ἄνθρωπος » (« Constantin Théotokis : l'écrivain, l'homme »), dans I. Dentrinou, *Ἡ Κερκυραϊκὴ Σχολή*, *op. cit.*, p. 91 (reproduction du texte d'une conférence prononcée au Lycée des Grecques le 29 avril 1927).

56 Sur le traitement de la question de l'argent par l'école de l'Heptanèse, voir Théodossis Pylarinos, « Το χρήμα στην πεζογραφία των όψιμων χρόνων της Επτανησιακής Σχολής (1880-1920) », dans *Η λάμψη του χρήματος στη νεοελληνική λογοτεχνία. Από την Κρητική Αναγέννηση στην αυγή του 21ου αιώνα*, G. P. Péfanis (dir.), Athènes, Fondation Costas et Éléni Ouranis, 2014, p. 504-517.

57 John K. Campell, *Honour, Family, and Patronage. A Study of Institutions and Moral Values in a Greek Mountain Community*, New York et Oxford, Oxford University Press, 1964.

58 Françoise Héritier, *Masculin/Féminin II. Dissoudre la hiérarchie*, Paris, Éditions Odile Jacob, 2007, p. 393.

59 Efi Avdela, « *Pour cause d'honneur* : violence interpersonnelle et rapports de genre en Grèce dans les années 1950-1960 », dans *Femmes et justice pénale : XIXe-XXe siècles*, Rennes, Presses universitaires de Rennes, 2002.

des « vitrioleuses[60]. » Relations de pouvoir, relations genrées, réputation et sexualité se trouvent donc intriquées dans ce code moral et social rigide qui dépossède les femmes de leur corps et de leur vie sexuelle, en les assignant à la « pureté », l'honneur constituant la pierre de touche de la cohésion familiale et sociale. Toute sexualité libre, c'est-à-dire hors des liens du mariage et des convenances, est immanquablement identifiée à un facteur de désordre. Cette notion d'honneur est en outre très intimement liée à l'institution du mariage et par conséquent à la dot et à l'argent. Et rappelons que le mot grec « *τιμή* » est doté d'une double signification : « honneur » et « prix ».

Dans son roman *L'honneur et l'argent*, Constantin Théotokis a parfaitement décrit la mécanique infernale et cruelle du triptyque honneur – argent – dot[61], illustré par un chantage à l'honneur. Cette question, qu'il aborde également dans d'autres écrits, se trouve par ailleurs au cœur des œuvres de Xénopoulos et de Chatzopoulos. Chez Dentrinou, ce triptyque apparaît parfois dans des formes moins tragiques, puisqu'elle ne développe que rarement le thème du châtiment des femmes transgressives. Elle fustige le système social patriarcal, en particulier l'institution de la dot, qui pervertit les relations sociales, surtout au sein des classes moyennes et supérieures, dans un contexte où la monétarisation de la dot aggrave encore la situation. Les femmes se trouvent au cœur d'arrangements contractuels, via les institutions de la dot et du mariage, et deviennent l'objet de transactions, ainsi que l'exprime la jeune Elli dans *Esprit pratique* (*Μυαλὸ πραχτικό*) :

> Αὐτὸ τὸ βάσανο ἔχουμε μεῖς, [...] ποὺ δὲ μποροῦμε, ἀφοῦ δὲν ἔχουμε περιουσία, νὰ ζήσουμε μονάχες μας, ἀνύπαντρες· πρέπει νὰ παντρευτοῦμε, μ' ἄλλα λόγια νὰ πουληθοῦμε σὲ κάποιον, χωρὶς ἡ καρδιὰ νὰ λαβαίνει κανένα μέρος σ' αὐτὴ τὴν ἐλεινὴ κ' ἐξευτελιστικὴ πουλησία[62].
>
> « Voilà le malheur qui nous frappe [...] : nous ne pouvons, sans fortune, vivre seules, hors mariage. Nous devons nous marier, en d'autres termes, nous vendre à quelqu'un, sans que l'amour n'ait aucune place dans cette transaction abjecte et dégradante. »

Car, pour les classes favorisées, le mariage est intrinsèquement lié au capital et les femmes deviennent dans la deuxième moitié du XIXe siècle

60 *Ibid.*

61 C. Balaskas, *Κωνσταντίνος Θεοτόκης*, *op. cit.*

62 I. Dentrinou, *Τὰ Διηγήματα*, *op. cit.*, p. 129.

un instrument de progrès social[63]. Pour les filles issues de familles pauvres, le mariage est souvent présenté comme la seule alternative à la misère (*Honni soit qui mal y pense*). Dans tous les cas, il n'en constitue pas moins une forme d'esclavage (*Le nom du père* / *Τὸ ὄνομα τοῦ πατέρα*) et aucune femme n'est réputée pouvoir choisir son futur époux. Toute entorse à cette règle se solde par des conséquences tragiques. *Les deux vieillards* (*Οἱ δυὸ γέροι*) évoque ainsi le destin d'une jeune femme qui se suicide après que son père lui a refusé d'épouser l'homme qu'elle aime. *Par la fenêtre* (*Ἀπὸ τὸ παράθυρο*) fait le récit du sort terrible de Chrysso, jeune villageoise coupable aux yeux de son père d'avoir sacrifié son honneur avec un homme qu'elle souhaite épouser et dont elle est enceinte. En réparation à cette double faute, elle est chassée du foyer familial, on lui enlève son enfant et elle est envoyée travailler en ville. Mais Dentrinou ne verse pas dans une vision manichéenne de la femme victime et de l'homme bourreau. Elle présente également des femmes comme victimes consentantes ou sous les traits de calculatrices machiavéliques, expertes en stratégies matrimoniales. On recense également un personnage masculin victimisé, instituteur, dont les ressources modestes ne lui permettent pas d'épouser la femme qu'il aime (*Le jour maudit* / *Ἡ καταραμένη μέρα*) :

> [...] ἐδῶ καὶ δυὸ μῆνες ὁ κὺρ Γιάννης μιλεῖ λιγότερο γιὰ τὸν Ὅμηρο καὶ περισσότερο γιὰ τὴν ἐϋπλόκαμον καὶ λευκώλενον Ἑλένη, ὄχι τοῦ Πάριδος, ἀλλὰ τὴν θυγατέρα ἑνὸς καπνοπώλη, ποὺ μὲ τὰ γλυκά της μάτια τοῦ ἄναψε στὸ στῆθος πυρκαϊά.
>
> Ὢ Ναί ! τὴν ἀγαπάει καὶ μὲ μεγάλη λύπη βλέπει ποὺ οἱ ἑκατὸν εἴκοσι δραχμές, ποὺ ἔχει τὸ μῆνα, δὲν τοῦ φτάνουν γιὰ νὰ ζωντανέψει τὸ ὄνειρό του, γιὰ νὰ γίνει σύντροφος τῆς Ἑλένης του[64].
>
> « [...] Voilà deux mois, le sieur Yiannis parle un peu moins d'Homère et un peu plus de l'Hélène aux belles boucles et aux bras blancs, non pas celle de Pâris, mais la fille d'un marchand de tabac, dont le doux regard a enflammé son cœur.
>
> Pour sûr ! il est amoureux d'elle et constate avec beaucoup de tristesse que les cent vingt drachmes qu'il perçoit chaque mois ne suffisent pas pour réaliser son rêve, devenir le compagnon de sa chère Hélène. »

Irini Dentrinou évoque davantage la question de l'honneur plus qu'elle ne la nomme. Mais la notion d'honneur, telle qu'elle l'utilise, recouvre

63 E. Varikas, *Η εξέγερση των Κυριών*, *op. cit.*, p. 59.

64 *Le jour maudit* (*Ἡ καταραμένη μέρα*), *Éphiméris ton Kyrion*, année 12, nº 526, 29 mars 1898, p. 3-6. Voir aussi I. Dentrinou, *Τὰ Διηγήματα*, *op. cit.*, p. 60.

bien l'acception sexuelle qu'elle revêt d'un point de vue anthropologique et historique, notamment dans des occurrences de prostitution, montrant des jeunes femmes poussées par l'indigence à vendre leur vertu (*Deux choses vues* / *Δυὸ εἰκονοῦλες*[65]). Par ailleurs, elle se réfère à la vertu des femmes plutôt qu'à la notion d'honneur. Elle recourt parfois à l'allégorie, procédé qui lui est cher, et utilise de manière ironique ou emblématique les noms de certains personnages (Aréti, « Vertu », dans *Un souvenir* / *Μιὰ ἐνθύμηση*, Mme Enarétopoulou, « Mme Vertueuse » dans *La vertueuse* / *Ἡ ἐνάρετη*[66]).

Par ailleurs, quand il est question du milieu des salons, les notions d'honneur et d'argent sont indissociables de la question du nom. Les filles portent le nom de leur père avant de prendre celui de leur époux et dans la classe des dominants, il importe, au même titre que la fortune, d'avoir un nom. Dans *Caprices puérils* (*Παιδιαροκάμωμα*), le nom est synonyme d'honneur : un jeune homme des salons, éperdument épris d'une courtisane, est prêt à sacrifier son nom pour l'épouser. Ailleurs Anna, protagoniste du récit *Le nom du père* (*Τὸ ὄνομα τοῦ πατέρα*), incarne l'obsession des parvenus pour la préservation du nom et de la position sociale. Dans la société corfiote que décrit Dentrinou, le mariage est donc pour les femmes la seule porte d'accès à l'honneur, à l'argent et au nom. Irini Dentrinou dénonce, comme Théotokis ou Xénopoulos, les mécanismes d'un système matrimonial coercitif qui asservit les femmes, ce qu'avait déjà fait Andréas Lascaratos en 1856 dans *Les mystères de Céphalonie*. Aux antipodes d'une littérature lénifiante qui perpétuait une vision idéalisée et stéréotypée de la femme, figée dans un rôle prédéterminé, la littérature d'inspiration sociale en développement à la fin du XIXe siècle et au début du XXe siècle vient mettre en cause et condamner en profondeur les mœurs, en offrant en outre un réquisitoire contre l'aliénation des femmes. Dans ce contexte, le positionnement d'Irini Dentrinou est historiquement situé et s'intègre dans un mouvement de mutation idéologique et civilisationnelle. Le thème de la dot devient ainsi un *topos* littéraire, que l'on retrouve par exemple, outre chez Dentrinou, dans les écrits de Théotokis et de Xénopoulos, mais également chez Papadiamantis, Parren, Kondylakis ou Karkavitsas.

65 *Δυὸ εἰκονοῦλες* (*Deux choses vues*), I. Dentrinou, *Τὰ Διηγήματα*, *op. cit.*, p. 161.

66 *Ibid.*, p. 153.

GENRE, CLASSE, ÂGE ET APPARENCE : CRITIQUE CROISÉE DES INÉGALITÉS SOCIALES

La critique sociale revêt chez Dentrinou un caractère assez généraliste et si elle prend rarement la forme d'une analyse sociologique approfondie, elle rend toutefois compte d'une prise de conscience aiguë des problèmes sociaux de son temps. Aussi la Corfiote opère-t-elle des différenciations entre les personnages selon leur appartenance à des strates sociales différentes ou selon qu'ils sont issus du monde rural ou urbain. Mais elle va plus loin et situe les inégalités dans des nuances plus subtiles, en proposant une critique croisée des différents facteurs inégalitaires et mécanismes qui oppriment l'individu.

La première cible de sa critique des inégalités sociales est la répartition des richesses, qui s'exprime à travers la dichotomie entre riches et pauvres. Plusieurs textes contiennent une critique directe de l'injustice liée à l'argent et à la classe (*Rêve*/ *Ὄνειρο*, *Carnaval triste* / *Θλιβερή ἀποκριάτικη ἱστορία*, *Mensonge*). Dans *Le vieux violoniste* / *Ὁ γέρο-βιολιστής*, la dichotomie sociale est matérialisée par une géographie et une architecture différenciée, « contraire à toute idéologie supérieure qui réclame d'égaliser les classes sociales ». Globalement, Dentrinou fait preuve d'une sollicitude à l'égard des indigents qui confine souvent au misérabilisme, ainsi que l'illustre le récit *Dans la masure de Saint Jean* (*Στὴν καλύβα τ' Ἄη Γιαννιοῦ*) où la pauvreté se combine à l'alcoolisme, au handicap et à la violence intrafamiliale. La misère est le plus souvent l'attribut des paysans, mais elle est aussi évoquée à travers les nombreuses figures de mendiants, en milieu urbain (*Deux choses vues* / *Δυὸ εἰκονοῦλες*, *Fichu monde* / *Παλιόκοσμε*, *Insignifiant*/*Ἀσήμαντος*). La question des inégalités sociales n'est en outre pas présentée d'une manière strictement figée, mais Dentrinou l'associe aux mutations sociales de son époque, marquée par l'avènement du capital dans la société grecque et l'omnipotence de l'argent. Il est ainsi souvent question de l'usure qui vient aggraver la précarité des pauvres, endettés, et enrichir les usuriers, incarnations du lucre. L'usure était d'ailleurs un phénomène répandu et courant dans la société corfiote du XIXe siècle, ce dont rend compte la littérature locale, notamment les écrits de Théotokis, de même que, chez Dentrinou, les récits *La robe de bal* (*Τὸ φόρεμα τοῦ χωροῦ*), *La cloche des soupirs* (*Ἡ καμπάνα τοῦ στεναγμοῦ*) ou l'épigramme satirique *À un usurier pieux* (*Σ' ἕνα θρήσκο τοκογλύφο*) :

Στὸν Ἅγιο πᾶς κάθε πρωῒ καὶ κάνεις τὸ σταυρό σου,
Μὰ πίστεψες μὲ προσευκὲς τὰ κρίματα νὰ σβύσεις;
Τί ποῦ κι' ὁ Ἅγιος ἄσφαλτα θὰ τρεμουλιάζει ὀμπρός σου
Μὲ τόκο ἀποζημίωση γι' αὐτοὺς μὴν τοῦ ζητήσεις[67]!

« Tous les matins tu vas faire ton signe de croix devant le saint,
Mais crois-tu que tes prières effaceront tes péchés ?
À coup sûr, le saint tremblera devant toi, mais qu'importe !
Pour eux, ne lui demande nul dédommagement avec intérêts. »

Dentrinou insiste en particulier sur la responsabilité des classes aisées et sur l'incohérence entre leur éthique chrétienne philanthrope et leur cupidité. Il faut rappeler qu'au XIXe siècle, et en particulier à partir des années 1870, les femmes sont engagées dans de nombreuses activités philanthropiques, au cœur du nouveau rôle public qui leur est dévolu. La principale nouveauté, à partir de 1870, c'est que la philanthropie devient aussi une activité de femmes de la classe moyenne, qui s'engagent non en tant que simples chrétiennes, mais comme femmes et comme Grecques[68]. À Corfou, le mouvement se traduit notamment par la création en 1890 d'un comité philanthropique. Dentrinou évoque principalement dans ses fictions des membres des classes supérieures engagés dans de telles activités, et c'est pour elle l'occasion de souligner l'hypocrisie d'une société régie par la ploutocratie. Cette critique est mixte : on trouve des exemples masculins de philanthropes hypocrites dans le poème satirique *Le philanthrope* (*Ὁ φιλάνθρωπος*) ou dans le récit *Morale double face* (*Διπλοπρόσωπη ἠθική*), ainsi que des femmes, riches aristocrates, dont le discours est en totale inadéquation avec leurs actes (*Bons sentiments des aristocrates* / *Ἀριστοκρατικὴ εὐαισθησία*).

Enfin, il est intéressant de noter dans le récit *Le nom du père* (*Τὸ ὄνομα τοῦ πατέρα*) la présence d'un personnage qui incarne l'idéologie socialiste et défend l'idée de l'égalité entre les sexes et entre les classes sociales. C'est là, à notre connaissance, la seule véritable occurrence de discours socialiste d'influence marxiste qu'on relève chez Dentrinou. Le frère de la protagoniste du récit, Pavlos, parti aux États-Unis, souhaite fonder une usine dans le respect de la redistribution équitable des profits :

---

67 Irini Dentrinou, *Σ' ἕνα θρήσκο τοκογλύφο* (*À un usurier pieux*), *Kerkyraïki Anthologia*, I, 1915-1916, *op. cit.*, p. 41.

68 D. Tzanaki, *Women and Nationalism*, *op. cit.*, p. 84. Voir aussi sur le sujet S. Ziogou-Karastergiou, *Η μέση εκπαίδευση*, *op. cit.*, p. 302 *sqq.* (« Φιλανθρωπικοί και Φιλεκπαιδευτικοί Σύλλογοι »).

> [...] ὁ ἐργάτης δὲ θὰ δουλεύει πιὰ γιὰ νὰ κάνει μόνο, μὲ τὸν κόπο του, ἑκατομμυριοῦχο τόν ἐργοδότη, ἀλλὰ καὶ γιὰ δική του ὠφέλεια. [...] Δὲ νομίζεις, πῶς αὐτὸ τὸ χρωστᾶμε, ἐμεῖς οἱ προνομιοῦχοι, ἐμεῖς οἱ μορφωμένοι στὴν ἐργατικὴ τάξη, στὴν μεγάλη αὐτή, καὶ τὸσο ἀδικημένη παραγωγικὴ δύναμη κάθε τόπου[69];
>
> « [...] l'ouvrier ne travaillera plus seulement pour faire de son patron un millionnaire, par son dur labeur, mais aussi pour son propre profit. [...] Ne crois-tu pas que cela, nous le devons, nous les privilégiés, nous les gens instruits, à la classe ouvrière, à cette grande force productive, si injustement traitée, de chaque pays ? »

Outre les inégalités dues à l'argent et à l'appartenance de classe, Dentrinou met en lumière des rapports de pouvoir combinés, plus complexes, entre des facteurs liés au genre, à l'âge ou à l'apparence. Dans ces mécanismes croisés, les femmes sont plus particulièrement exposées à l'oppression. Ainsi, pour les personnages féminins, la vieillesse fait l'objet d'une caractérisation dysphorique (*La fin de la vieille Lambiro* / *Τὸ τέλος τῆς γριᾶς Λαμπίρως*, *Telle doit être la volonté de Dieu !* / *Τέτοιο θα' ναι τὸ θέλημα τοῦ Θεοῦ !*, *La cloche des soupirs* / *Ἡ καμπάνα τοῦ στεναγμοῦ*). La femme âgée ne correspond plus en effet ni aux vertus ni aux rôles féminins assignés : elle n'est donc plus valorisée, socialement ou symboliquement, en tant que mère, ou pour sa beauté, ce qui lui vaut d'être frappée d'ostracisme. Chez Dentrinou, les problèmes liés à la vieillesse sont donc surtout des problèmes de femmes, tandis que les figures masculines de vieillard sont valorisées, synonymes de sagesse et de transmission, en particulier dans *L'étranger et ses jeunes amis (histoires de l'époque des guerres balkaniques)* / *Ὁ ξένος καὶ οἱ μικροὶ του φίλοι (ἱστορίες ἀπὸ τὸν καιρὸ τῶν ἐθνικῶν πολέμων)*. Aux antipodes de la vieillesse, la jeunesse combinée à la pauvreté expose doublement les femmes à l'injustice sociale : en attestent les exemples de mariages où les écarts d'âge sont frappants : dans « Honni soit qui mal y pense ! », Annio, jeune femme de seize ans, épouse M. Gérolymos, âgé de cinquante-cinq ans, pour « gravir trois ou quatre marches de l'échelle sociale ». Ce thème du sacrifice de la jeunesse à la raison matérielle est traité par d'autres auteurs, notamment Galatée Kazantzaki dans *Le Mariage d'Argyroula*.

Le dernier facteur d'inégalités qu'aborde Dentrinou est l'apparence physique. La plupart des personnages féminins qu'elle met en scène sont

69 *Le nom du père* (*Τὸ ὄνομα τοῦ πατέρα*), publié en série dans *Kerkyraïka Néa* entre le 10 février 1969 et le 16 mars 1970.

caractérisés par leur apparence, et selon leur position sociale, la beauté comme la laideur peuvent opérer comme une malédiction. *Beauté bonté* (*Ὀμορφιά Καλοσύνη*) offre un exemple de collusion entre l'apparence physique et l'argent, déterminant dans le destin matrimonial d'une jeune fille. Ailleurs, nombreux sont les personnages de femmes dont la laideur constitue une tare sociale majeure : si elle n'est pas compensée par la fortune, la laideur devient un obstacle au mariage, condamnant ainsi la femme laide à l'exclusion. Ce sont d'ailleurs le plus souvent des vieilles femmes ou des vieilles filles qui sont ainsi caractérisées. Il y a donc, chez Dentrinou, une sollicitude et une empathie pour les défavorisés, pour les êtres vulnérables, qui n'a d'égale que son aversion pour les puissants. Mais c'est la combinatoire des rapports de pouvoir qui présente chez elle le plus d'intérêt, même si elle ne s'exprime le plus souvent que d'une manière assez superficielle.

LES FEMMES ET LE TRAVAIL

L'accès progressif des femmes au travail joue au XIXe siècle un rôle clé dans la progression de la condition féminine en Grèce, qu'il s'agisse de travail salarié dans un champ restreint de professions (ouvrières, domestiques ou institutrices) ou du travail domestique. Si, avant l'indépendance du pays, le travail des femmes est reconnu comme un facteur économique important, avec l'avènement du modèle capitaliste, concomitant de l'urbanisation et de l'industrialisation tardive du pays, le travail des femmes est ensuite soit frappé d'invisibilité, soit dévalorisé, en particulier le travail manuel, déprécié par l'idéologie bourgeoise[70]. Cet accès difficile au travail est une conséquence des conceptions idéologiques essentialistes qui assimilent les femmes au mariage et à la maternité et consacrent la dichotomie entre production et reproduction. La question du travail des femmes se pose par ailleurs de manière différente selon les classes. Irini Dentrinou aborde la question du travail féminin via une vision différenciée binaire entre les travailleuses pauvres ou issues de milieux modestes et les riches oisives. Cette représentation est, à bien des égards, conforme à la réalité sociale de son temps, qu'il s'agisse des pratiques ou des représentations.

Chez Dentrinou, les femmes issues des classes moyennes et supérieures, femmes des salons, sont caractérisées par leur oisiveté, du moins

70 E. Varikas, *Η εξέγερση των Κυριών*, *op. cit.*, p. 49 *sqq.*

par leur pratique d'activités futiles en grande partie liées au soin de leur apparence. En rupture totale avec le modèle précédent, rural et traditionnel, cette représentation est conforme au nouvel idéal féminin, mais contribue largement à l'avènement d'une identité négative des femmes[71]. La vision parasitique de la femme « oisive », corrélée à une représentation dichotomique genrée du travail, est particulièrement visible dans *Pourquoi pas* (*Γιατὶ ὄχι* dans les *Causeries légères* / *Πεταχτές κουβέντες*), dialogue mettant en scène un couple marié. Les valeurs attribuées à l'homme y sont le sérieux, le travail, la capacité à gagner de l'argent, tandis que la femme est caractérisée par son incapacité à toute réflexion profonde, par sa superficialité (qui s'exprime notamment par son obsession de la mode), son goût pour les divertissements, et sa propension à la dépense. Elle est en outre prédisposée à l'adultère, poussée par l'ennui et le désintérêt que lui manifeste son époux. De même, dans le récit *Le nom du père* (*Τὸ ὄνομα τοῦ πατέρα*), Anna, jeune femme issue d'une famille de parvenus particulièrement jalouse de son rang social, considère que le travail n'est pas affaire de femmes mais présente même pour ces dernières un danger de compromission. Elle se complaît donc dans son rôle de maîtresse de maison et incarne ainsi l'intériorisation de la représentation idéologique du féminin oisif, rôle incontesté dévolu aux femmes de son milieu.

Aux antipodes des riches oisives, Dentrinou brosse le portrait de travailleuses, issues de milieux populaires, qu'il s'agisse de paysannes laborieuses, ou de femmes contraintes de gagner leur vie en exerçant des métiers féminins emblématiques de l'époque : gouvernantes et nourrices, couturières, domestiques et, pour celles qui ont eu accès à un niveau d'instruction suffisant, institutrices. Dans la plupart des cas, il s'agit de personnages secondaires, de simples adjuvants ou éléments du « décor » qui viennent renforcer le caractère réaliste du récit. Mais lorsque ces travailleuses se trouvent au cœur du récit dont elles deviennent les protagonistes, c'est toujours pour l'illustration de la critique sociale. Concernant les paysannes, elles sont indéfectiblement décrites comme laborieuses, dévouées, rudes à la tâche, et font majoritairement l'objet d'une idéalisation. Elles incarnent en effet un monde rural perçu, dans la lignée de Politis et du mouvement folkloriste puis de l'*ithographia*, comme authentique et pur (par opposition à la décadence de la vie

71 *Ibid.*, p. 180 *sqq.*

urbaine moderne). Ce type d'idéalisation est fréquent chez les écrivains citadins et sur ce point, Irini Dentrinou ne fait pas exception à la règle. Les autres métiers féminins évoqués sont quant à eux empreints de misérabilisme, et font ainsi l'objet d'une autre forme d'idéalisation. Les femmes laborieuses des villes sont souvent contraintes de recourir à l'activité salariée par des contingences matérielles misérables (la maladie des proches, la faim, le rejet familial consécutif à la « perte de l'honneur »), et leur existence ne connaît pas de bonheur (elles sont seules, commencent très jeunes à travailler). Quelques références à la prostitution viennent encore noircir le tableau. Ce qui est intéressant dans le traitement du thème du travail chez Dentrinou, c'est qu'il est indissociable d'une prise en compte de spécificités féminines des destins décrits et s'accompagne de la dénonciation de formes croisées d'oppression genrée : le poème *Contraste* (*Ἀντίθεση*) insiste sur l'injustice sociale qui frappe une jeune couturière :

Ἐνῷ τὸ φῶς τῆς λάμπας τρεμουλιάζει,
  Ἐκείνη τὰ ὡραῖα δάχτυλα σαλεύει
Καὶ σὲ τοῦλι ψιλό – πῶς δὲ δειλιάζει ! –
  Ἀκούραστα δουλεύει, ὅλο δουλεύει.
Μὲ τὸ βελόνι τὴ ζωὴ ἀγοράζει,
  Μὰ καὶ μ' αὐτὸ τὸ θάνατο ἀγναντεύει·
Στὴν αὐγὴ τῆς ζωῆς ! Μὰ δὲ χαράζει
  Μέρα γι' αὐτούς, ποῦ ἡ Μοῖρα ἀγριοπαιδεύει.
Κι' ὅταν ἀχνὴ ἀπ'τὸν κόπο καὶ σακάτισσα
– Νὰ ζήσει δὲν ἐμπόρεσε ἀκαμάτισσα ! –
  Σὲ ψυχικοῦ θὰ κοίτεται κρεββάτι,
Σὲ πλούσιο, μυριοφώτιστο σαλόνι,
Σὲ ὦμο γυμνὸ κυρᾶς θὰ καμαρώνει
  Τὴ νταντέλλα τοῦ πόνου κᾶθε μάτι[72].

« À la lumière tremblotante de la lampe,
  Elle fait jouer ses jolis doigts,
Sans relâche elle travaille, et travaille encore,
  Et, sur un tulle arachnéen – et sûre d'elle ! –
Elle gagne sa vie grâce à son crochet,
  Mais c'est toujours avec lui qu'elle voit la mort s'approcher.
À l'aube de sa vie ! Mais ceux que le destin malmène
  Ne connaissent jamais de jour heureux.
Et quand, épuisée par le labeur et infirme

72 *Ἀντίθεση* (*Contraste*), I. Dentrinou, *Σονέττα*, *op. cit.*, p. 9.

– Elle ne pouvait pas vivre les bras croisés ! –
Elle sera couchée sur son lit de mort,
Dans quelque riche salon brillamment éclairé,
Chacun pourra admirer, sur l'épaule nue d'une dame,
La dentelle de la douleur. »

Les récits *La chanceuse* (*Ἡ τυχερή*[73]) et *Par la fenêtre* (*Ἀπὸ τὸ παράθυρο*) mettent respectivement en scène deux filles séduites, une jeune domestique dupée par un homme et une fille-mère à qui l'on arrache son enfant. Enfin, toutes les tâches liées à la maternité et à l'éducation des enfants sont identifiées par Dentrinou à une forme de travail, à une époque où le travail domestique, non salarié, des femmes est non seulement invisible mais ne jouit en outre d'aucune reconnaissance.

Force est de constater que le travail des femmes est rarement assimilé dans les textes de Dentrinou à une forme d'émancipation. Quelques rares personnages féminins sont fiers de travailler (*La cloche des soupirs* / *Ἡ καμπάνα τοῦ στεναγμοῦ*) et seule la pièce de théâtre de Dario Niccodemi, *L'Institutrice*, dont Dentrinou publie la traduction de l'italien en 1921, peut être lue comme un récit d'émancipation, autour de la figure hautement symbolique de l'institutrice, qui correspond ici à une déclinaison de la nouvelle femme. Mais dans cette dernière occurrence, il faut pondérer la dimension progressiste du texte qui contient par ailleurs des éléments plus conservateurs, notamment la reprise du stéréotype misogyne de l'institutrice (à travers le personnage de la directrice d'école, vieille fille laide, aigrie et malveillante, qui « n'a rien d'une femme »), ou la trame de l'histoire dont la fin heureuse n'est garantie que par l'intervention providentielle d'un homme, avatar du prince charmant. Dans tous les cas, il s'agit là d'une traduction et non d'une production originale. Il est toutefois intéressant de voir qu'au chapitre des femmes au travail, Irini Dentrinou se soit intéressée à la figure de l'institutrice, et au premier emploi salarié qui permit à des femmes, grâce aux progrès de l'éducation féminine, de s'émanciper et d'accéder à la sphère publique.

Sur la question du travail féminin, l'engagement d'Irini Dentrinou est certes présent, mais reste toutefois relativement discret. Elle est loin sur ce point d'Evgénia Zographou, qui a livré de véritables reportages sur les conditions de travail des ouvrières du Pirée[74], ou d'Avra

73 *Kerkyraïki Anthologia*, année 4, nº 3, 1er mai 1924, p. 12-19.
74 Z. Salimba, *Γυναίκες εργάτριες*, *op. cit.*, p. 55.

Théodoropoulou qui, s'insurgeant contre les crimes d'honneur, voit dans le travail salarié des femmes la seule échappatoire[75] à l'oppression. Là encore, sa sensibilité socialiste est atténuée, voire minimisée, par une forme de distance et parfois de condescendance liée probablement à son milieu d'appartenance (signe de l'extériorité des élites), qui la fait osciller entre la critique la plus cruelle des riches femmes des salons et l'épanchement larmoyant pour les « pauvres ».

« FEMMES EN TROP[76] »

VIEILLES FILLES…

À la fin du XIXe siècle, dans une société où le mariage et la dot acquièrent une importance majeure, les femmes qui ne correspondent pas au rôle qui leur est assigné par le mariage et la maternité sont reléguées à la marge et s'inscrivent dans une forme de dissidence passive. La figure emblématique de ces « femmes en trop » est la « vieille fille », objet de critique ou de pitié. Car la femme non mariée se trouve, de fait, dans une situation socialement répréhensible. Considérée comme un poids pour sa famille, elle n'a pas non plus sa place dans la société qui, hors mariage, ne lui reconnaît aucun statut[77]. D'un point de vue démographique, les femmes célibataires constituent en Grèce une exception puisqu'en 1880 on estime que 97 % des femmes en âge de l'être sont mariées (en moyenne à 23 ans[78]). Avec l'accès des femmes au travail salarié, la situation change considérablement dans les premières décennies du XXe siècle, puisqu'on dénombre par exemple en 1928 78,5 % de célibataires au sein de la population des femmes qui

75 Avra Théodoropoulou, « Τὸ ἐπάγγελμά τους », *O Agonas tis Gynaikas*, 158, 1932.

76 Nous empruntons cette expression à la traduction, par Pierre Coustillas et Suzanne Calbris de *The Odd Women* de George Gissing (Presses Universitaires de Lille, Septentrion, 1982).

77 Cécile Dauphin, « *Femmes seules* », dans *Histoire des femmes en Occident*, Georges Duby, Geneviève Fraisse, Michelle Perrot (dir.), vol. 4, XIXe siècle, Paris, Plon, 1991, p. 445-459.

78 Voir Garifalia Séréléa, *Reconstitution des caractéristiques de la population féminine en Grèce pendant la seconde moitié du XIXe siècle*, mini-thèse en vue de l'obtention du grade de Maître en Démographie, Louvain, 1977, p. 72-79 (cité par E. Varikas, *Η εξέγερση των Κυριών*, *op. cit.*, p. 123).

travaillent comme employées (contre 57 % d'hommes[79]). Cette évolution se traduit d'ailleurs par une hostilité croissante, dans les années 1920, vis-à-vis des femmes célibataires, partout en Europe, sentiment qui vient majoritairement supplanter la pitié qu'elles suscitaient d'abord, probablement en réaction au mouvement féministe et aux avancées de la condition féminine.

Dans un article paru en 1888 dans son Almanach, C. Skokos[80] rappelle la véritable malédiction que constitue pour une femme de ne pas se marier à un âge « socialement respectable » et décrit la déchéance de son statut social : elle n'a sa place nulle part et devient, dans le meilleur des cas, invisible. Selon lui, ce phénomène est lié à l'urbanisation et à la marchandisation du mariage qui ont abouti, dans les villes en particulier, à l'ostracisme de la femme non mariée. En d'autres termes, le célibat « ravale » la femme « au rang de parasite et de paria[81] ».

Personnage social, la vieille fille devient également un personnage de fiction stéréotypé[82]. Dès le début du XIXe siècle, la littérature européenne, notamment française, brosse le portrait de ces femmes non mariées, avec Balzac, qui publie en feuilletons en 1836 *La Vieille fille*, puis *La Cousine Bette*, mais aussi avec Maupassant et Zola. Dans la littérature victorienne également, la « *spinster* » se voit accorder une place de choix. Tant dans des productions originales que dans des traductions, la littérature grecque campe aussi ce nouveau personnage, décliné à travers des *topoï*, dans la veine empathique, dont le plus récurrent pour la poésie est celui de la vieille fille qui trompe sa solitude par des travaux d'aiguille, comme dans le poème *La vieille fille* d'Aggélos Simiriotis[83]. La prose d'inspiration sociale fournit aussi des exemples de femmes célibataires qui traversent les œuvres de Papadiamantis ou Kondylakis. Si elle est d'abord essentiellement objet de pitié dans la production littéraire du XIXe siècle et semble parfois servir de prétexte à l'expression du *pathos* – comme dans la traduction par Anthi Ch. Vassiliadou d'un texte français intitulée *Vieille*

---

79 E. Avdela, *Δημόσιοι υπάλληλοι γένους θηλυκού*, *op. cit.*, p. 120.

80 C. Skokos, « Ή γεροντοκόρη », *Imérologio Skokou*, vol. 3, n° 0, 1888, p. 113-119.

81 S. de Beauvoir, *Le deuxième sexe*, II, *op. cit.*, p. 11.

82 Lucile Joubert, Annette Hayward (dir.), *La vieille fille : lectures d'un personnage*, Montréal, éd. Triptyque, 2005. Pour la littérature grecque, voir Anastasia Papanikolaou, « Η άγαμη γυναίκα στο ελληνικό μυθιστόρημα το πρώτο μισό του 20ου αιώνα : (1900-1950) », thèse de doctorat inédite, Université Panteio, Athènes, 2009.

83 *Imérologion Skokou*, vol. 14, n° 0,1899, p. 128.

fille[84] –, la situation change dès les premières décennies du XXe siècle. La figure de la femme seule suscite désormais des sentiments extrêmement ambivalents et les représentations oscillent entre le *topos* empathique et l'hostilité parfois virulente. À titre d'exemple, on constate cette évolution à travers la comparaison de textes parus dans le même journal, *Boukéto*, où se côtoient des représentations antithétiques qui font de la figure de la vieille fille un objet de pitié ou une cible d'hostilité. Illustration de la veine empathique, le poème *Vieille fille* (*Γεροντοκόρη*) d'Irini Dentrinou y est d'ailleurs publié dans la livraison du 8 décembre 1927 ainsi qu'un autre, non signé, *La Vieille fille*, dans celle du 16 avril 1931. Mais aux antipodes de ces représentations empreintes de commisération, on trouve également dans *Boukéto*, par exemple, un texte au titre emblématique « La vieille fille satanique » (« Ἡ σατανική γεροντοκόρη »). Publié le 19 décembre 1935, cet article rend compte d'un fait divers français mettant en cause une Parisienne jugée pour une affaire de lettres anonymes envoyées dans le but de détruire des couples adultères. On y dresse un portrait littéralement monstrueux de cette figure de paria, « satan », « ange du malheur », femme frustrée, fourbe, animée par sa soif de vengeance face aux hommes. Présentée comme une briseuse de couple, le grief sous-jacent qui lui est fait est la menace qu'elle fait peser sur le mariage, et par là-même, sur l'ordre social patriarcal. Ce texte est d'ailleurs représentatif des représentations dysphoriques de l'époque qui font de la figure de la vieille fille une menace, une briseuse de couple, un cas pathologique que la frustration sexuelle transforme en dangereuse désaxée. Cette oscillation entre des représentations paradoxales montre les passions que déchaîne le personnage social et littéraire de la « vieille fille[85] », dans un contexte social désormais différent. La société a changé et le célibat n'a plus la même signification qu'au XIXe siècle : avec l'accès progressif des femmes au travail rémunéré, certaines revendiquent même le célibat comme un choix. Les années 1930 en Grèce voient se multiplier les textes évoquant des femmes sans hommes, ainsi par exemple *La vieille fille aux mains diaphanes* de Karagatsis (1934), Elli Alexiou (*Sans but*, 1931), Athina Tarsouli (*Madame Aphroula*, 1931) ou Sophia Mavroïdi Papadaki (*L'Institutrice*, 1930).

84 *Éphiméris ton Kyrion*, 20 septembre 1892, p. 263.
85 Voir aussi Cornilia Preveziotou, « Ἡ γεροντοκόρη », *I Vosporis*, t. 4, n° 24, 31 décembre 1902.

Irini Dentrinou n'est pas restée indifférente au sort de ces femmes qui lui ont inspiré la rédaction de plusieurs textes, récits ou poèmes, et dont on trouve les premières occurrences en 1899 avec *Carnaval triste* (*Θλιβερὴ ἀποκριάτικη ἱστορία*), publié dans le journal *Éphiméris ton Kyrion*, et le récit *La vieille fille* (*Τὸ γεροντοκόριτσο*), publié en feuilleton dans *Kathimérini ton Kalamon*[86]. En 1916, elle publie les *Sonnets* (*Σονέττα*)[87] au nombre desquels on trouve plusieurs figures de filles non mariées. En premier lieu, le poème *Vieille fille* (*Γεροντοκόρη*) évoque le sort malheureux d'une vieille fille qui, n'ayant pas connu l'amour, tisse son linceul à défaut de coudre sa robe de mariée. Par la proximité thématique qu'il présente avec ce premier sonnet, il semble que *Contraste* (*Ἀντίθεση*) soit également une référence à une jeune couturière dont la situation financière constitue un obstacle au mariage. Enfin, *Passagère solitaire* (*Στὴ μοναξιώτισα τοῦ διάπλου*) est le troisième sonnet à développer le thème, avec le même *pathos* mis en œuvre dans les poèmes précédents :

Σὲ ξερονῆσι ἀργοκυλάει ἡ ζωή σου,
  Ἐκεῖ ποῦ ἀνθρώπου μάτι δὲ σὲ φτάνει.
Τὰ τρυφερά σου νειᾶτα, συλλογίσου !
  Τοῦ γάμου δὲν ἐγνώρισαν στεφάνι.
Μὰ ποιὸς ξέρει τὰ βάθη τῆς ψυχῆς σου
  Μὴν τἄχει ἀποσκληρύνει κάποια πλάνη
Κ' ἡ μοναξιὰ ποῦ ζώνει τὸ νησί σου
  Τοῦ πόνου σου μὴν ἔγεινε βοτάνι !
Τὰ στήθια σου, ὡϊμέ, δὲν τὰ ξυπνάει
  Ἡ ἠχὼ τοῦ περασμένου ἡ μακρυσμένη,
Κι' ἄχαρη, θλιβερή, ἡ ζωὴ περνάει.
  Ποιὸς ξέρει στὴν καρδιὰ τὴν κοιμισμένη
Σὰν τί νὰ λέγει ὁ ἦχος τοῦ κυμάτου,
  Ἀγάπης λόγια ἢ μοιρολόϊ θανάτου[88];

« Sur un îlot aride ta vie s'écoule lentement,
  Là où nul regard ne t'atteint.
Songe à ta tendre jeunesse !
  À ta jeunesse privée de mariage.
Mais qui sait si le tréfonds de ton âme
  N'a pas été endurci par quelque illusion
Et si la solitude qui encercle ton île

86 Voir I. Dentrinou, *Τὰ Διηγήματα*, *op. cit.*, note 13 p. 20 (introduction de Th. Pylarinos).
87 I. Dentrinou, *Σονέττα*, *op. cit.*
88 *Ibid.*, p. 14.

N'est pas devenue remède à ta souffrance !
Hélas l'écho lointain du passé
Ne réveillera pas ton cœur,
Et la vie passe, ingrate et triste.
Qui sait ce que murmure le clapot de la vague
À ton cœur assoupi,
Mots d'amour ou lamentations funèbres ? »

On retrouve le personnage de la vieille fille dans des récits ultérieurs, notamment *La cloche des soupirs* (*Ἡ καμπάνα τοῦ στεναγμοῦ*), *La chanceuse* (*Ἡ τυχερή*), *Le nom du père* (*Τὸ ὄνομα τοῦ πατέρα*), ainsi que dans la traduction de Dario Niccodemi, *L'Institutrice* (*Ἡ δασκαλίτσα. Δράμα σὲ τρεῖς πράξεις*). Mais ce sont trois textes respectivement publiés en 1924, 1928 en 1930 qui illustrent le mieux chez Dentrinou la malédiction des femmes non mariées : *L'héritage de tante Marina* (*Ἡ κληρονομιὰ τῆς θείας Μαρίνας*), *Le cheval de Saint Georges* (*Τὸ ἄλογο τοῦ Ἄη Γεωργιοῦ*), publié également sous le titre *Le rêve de Despinio* (*Τ' ὄνειρο τῆς Δεσποινιῶς*[89]) et *La faute de madame Martha* (*Τὸ κρίμα τῆς κυρὰ Μάρθας*). À travers ces trois textes, Dentrinou reprend des caractérisations stéréotypées de la figure de la vieille fille : la laideur (associée à la vieillesse, ennemie de la beauté féminine), une vie triste et parfois recluse, et enfin, la frustration, et parfois la culpabilité de ne s'être pas mariée. Ainsi, on découvre à la mort de Marina qu'elle s'était constitué dans le plus grand secret une dot de princesse. Martha, restée vieille fille, avoue sur son lit de mort avoir dérobé à une petite fille sa poupée, pour compenser son « mal d'enfant ». Enfin, Despinio, vieille fille crédule face à la superstition de sa mère, voit en rêve Saint Georges, symbole du prince charmant, et culpabilise de n'avoir pas su saisir sa chance.

Le personnage de la vieille fille est par ailleurs particulièrement éclairant, en ce qu'il définit, par défaut, ce que doit être l'identité féminine, puisqu'elle en constitue le négatif. Stéréotypée à l'extrême, elle n'a en effet pas d'identité propre et aucun des exemples relevés chez Dentrinou ne possède de véritable épaisseur. Tel un bouc émissaire, la vieille fille cristallise par ailleurs tous les attributs dysphoriques de la femme, renforçant sa représentation parasitique et parfois pathologique. Mais il faut reconnaître que si, dans la plupart des occurrences, Dentrinou fait preuve

89 Il s'agit du même texte publié sous un titre différent : *Le cheval de Saint Georges* (*Τὸ ἄλογο τοῦ Ἄη Γεωργιοῦ*) publié dans *Alexandrini Techni* (n° 9, août 1928, p. 327-329) et *Le rêve de Despinio* (*Τ' ὄνειρο τῆς Δεσποινιῶς*) publié dans *Kerkyraïki Icho* (n° 18, 9 octobre 1930).

de compassion vis-à-vis de ces parias, elle n'en reprend pas moins quelquefois des stéréotypes misogynes sans les détourner par aucune stratégie subversive. En outre, la plupart de ces vieilles filles sont chez elle présentées comme victimes de la société et souffrent de l'ostracisme qui les frappe. Enfin, Dentrinou exploite également, de la même manière, le pendant masculin de ce personnage, en mettant en scène un instituteur caricatural, vieux garçon emblématique, dans *Le jour maudit* (*Ἡ καταραμένη μέρα*).

... ET AUTRES PARIAS

L'intérêt que manifeste Dentrinou pour la figure de la vieille fille s'inscrit donc dans une compassion, plus générale, pour les personnages féminins à la marge : femmes sans hommes (non mariées ou veuves), filles-mères, femmes adultères, prostituées et courtisanes, orphelines, indigentes, laides, femmes âgées. Toutes ont en commun de ne pouvoir se conformer au rôle social dévolu aux femmes : être utiles à la société par la maternité et le mariage, dans les cadres stricts des conventions patriarcales et de l'éthique paternaliste régies par les notions de l'honneur et de l'argent. Au-delà de la critique sociale qui émaille l'ensemble de ces références et de l'empathie qui en découle, Dentrinou brosse en creux une réflexion sur l'altérité. Dénonçant le caractère exclusif de la société et la cruauté de ses codes, et réhabilitant par la fiction ces figures hétérodoxes socialement déchues, elle compose une communauté de parias. Les situations énoncées sont contrastées entre les parcours individuels décrits mais un dénominateur commun les unit : aux yeux de la société implacable et hypocrite, ces personnages sont coupables d'une faute et sont frappés par une sanction sociale spécifique.

Les filles séduites et les filles-mères sont ainsi doublement coupables, aux yeux de la famille et aux yeux de la société. Dans *Par la fenêtre* (*Ἀπὸ τὸ παράθυρο*), la jeune Chrysso s'éprend d'un villageois et tombe enceinte. Elle est frappée d'une terrible sanction puisqu'on arrache son enfant à la jeune femme avant de l'envoyer travailler comme domestique dans une famille de riches bourgeois. De même, dans *Bons sentiments des aristocrates* (*Ἀριστοκρατικὴ εὐαισθησία*), une fille séduite par un homme riche se voit contrainte de se prostituer pour subvenir aux besoins de l'enfant né de cette liaison illégitime. Ainsi, la maternité hors du cadre strict du mariage ne s'inscrit pas dans la fonction maternelle assignée aux femmes et condamne les filles séduites à l'ostracisme et au malheur ainsi que l'illustrent également *La chanceuse* (Ἡ *τυχερή*), *Le vengeur* (Ὁ *ἐκδικητής*) ou *De Profundis*, dans lesquels les figures de femmes parias sont respectivement frappées par la mort, la folie et la misère.

La pauvreté vient par ailleurs renforcer la subordination ou la réclusion des femmes. Une fille sans argent est une fille sans dot qui se trouve par conséquent exclue de la perspective du mariage. Le manque d'argent est ainsi un obstacle à l'amour puisque bien des femmes se voient refuser leur désir de mariage du fait de leur indigence ou de celle de leur prétendant (*Caprices puérils* / *Παιδιαροκάμωμα*, *Par la fenêtre* / *Ἀπὸ τὸ παράθυρο*). C'est aussi le cas des nombreuses orphelines qu'Irini Dentrinou dépeint comme vouées à un destin tragique, ainsi la jeune indigente de *Sacrifice sanglant* (*Αἱματοστάλαχτη θυσία*) qui se suicide après que son séducteur l'a abandonnée pour une femme de son rang. Dentrinou utilise souvent la mise en parallèle entre le sort de femmes issues de milieux antithétiques pour mettre en évidence les inégalités sociales genrées et dénoncer les conséquences spécifiques de la pauvreté sur les destins féminins. On retrouve ce procédé dans *Sacrifice sanglant* (*Αἱματοστάλαχτη θυσία*), *Liana* (*Λιάνα*), ou *La plus malheureuse des deux* (*Μεγαλείτερος πόνος*).

Enfin, parmi les indigents, les femmes âgées se trouvent également au rang des parias, ainsi que l'illustrent *Telle doit être la volonté de Dieu !* (*Τέτοιο θα' ναι τὸ θέλημα τοῦ Θεοῦ !*) ou *La cloche des soupirs* (Ἡ *καμπάνα τοῦ στεναγμοῦ*), qui présentent des femmes vieilles et pauvres abandonnées par leur famille et par la société. Dans une seule occurrence, la vieillesse de la femme n'est pas associée à la pauvreté mais fait l'objet d'un traitement ambigu. Il s'agit du récit *Spes ultima dea*, où sont dépeints les espoirs déçus d'une vieille coquette qui rêve encore de séduction. À travers elle, Dentrinou évoque la difficulté pour les femmes à vieillir, et surtout à se voir vieillir, avec la perte de la beauté et l'exclusion de fait de la séduction qui en découle.

LES PARIAS DES PARIAS

Les femmes laides constituent enfin une dernière sous-catégorie des figures de parias. Le récit *Le nom du père* (*Τὸ ὄνομα τοῦ πατέρα*) associe ainsi Anna, jeune femme encore non mariée mais qui présente, en dépit de son jeune âge, toutes les caractéristiques de la vieille fille, et son amie, Madame Morphi, veuve quinquagénaire. Toutes deux femmes sans hommes, elles ont en commun leur laideur :

Δίχως νά' ναι ἄσκημη, μὲ χαρακτηριστικά μάλιστα κανονικά, σὰν τις ἀπόκληρες τῆς μοίρας, δείχνοταν σὰν κάτι παραπάνω ἀπό ἄσκημη. Ἀσήμαντη. Τὰ μικρὰ της μάτια φανέρωναν μικροπονηριά· τὸ στόμα της λίγο πρὸς τὰ κάτου καὶ τραβηγμένο στις ἄκρες, μαρτυροῦσε κακία.

Ἄσκημη μὲ μουστάκι καὶ ἐληές τριχωτές[90].

« Sans être laide, ayant même des traits réguliers, elle paraissait pourtant un peu plus que laide, comme toutes les déshéritées du destin. Insignifiante. De petits yeux respirant la malignité ; une bouche un peu basse et tombante aux commissures, indice de méchanceté.

Laide, avec moustache et grains de beauté pileux. »

Contre toute attente, si elle reconnaît dans le diktat de la beauté une forme d'oppression particulièrement douloureuse pour les femmes, Irini Dentrinou ne fait preuve d'aucune compassion lorsqu'elle évoque de riches laiderons. En effet, la laideur est en général dans ses écrits l'apanage des seules femmes issues des classes moyennes et supérieures, tandis que la beauté s'inscrit dans une idéalisation misérabiliste des femmes pauvres. Sa réflexion sur la condition féminine et la compassion qui caractérise d'ordinaire son propos atteint ici une limite manifeste. Dans la mesure où la laideur féminine peut être compensée par l'argent, Dentrinou s'acharne avec cruauté sur les femmes qui ont à ses yeux le double tort d'être laides et riches (caractéristiques auxquelles elle adjoint souvent la bêtise), en reprenant à son compte bien des stéréotypes misogynes qu'elle ne cesse de réactiver pour stigmatiser les héritières « difformes et boiteuses » (*Le vengeur* / *Ὁ ἐκδικητής*). Deux épigrammes satiriques témoignent de cette attitude hostile et ambiguë de Dentrinou vis-à-vis des femmes riches que leur aisance matérielle protège d'une destinée jamais entravée par la laideur. Il s'agit de *À une laide prétentieuse* (*Σὲ μιὰν ἄσκημη φαντασμένη*) et *À une laide bien dotée* (*Σὲ μιὰν ἄσκημη πολύφερνη*), reproduit ici dans son intégralité :

Ἐμάθαμε πῶς μάγεψε τοῦ θείου παρᾶ σου ἡ γλύκα
Νέο, ποῦ μὲ τὴ μούρη σου δὲν τρόμαξε συμβίωση.
Συχωρεμένος, ἂν ἀντὶς ἀπὸ τὴ λέξη προῖκα
Γραφτεῖ μὲς τὸ συμβόλαιο τοῦ γάμου ἀποζημίωση[91].

« Nous avons appris que la douceur de ton argent divin a charmé
Un jeune homme qui n'a pas craint de partager sa vie avec ta bobine.

90 *Le nom du père* (*Τὸ ὄνομα τοῦ πατέρα*), *op. cit.*

91 *Σὲ μιὰν ἄσκημη πολύφερνη* (*À une laide bien dotée*), *Kerkyraïki Anthologia*, I, 1915-1916, *op. cit.*, p. 41.

> Qu'il soit pardonné si dans le contrat de mariage
> Le mot "dot" est remplacé par "dédommagement." »

Cette attitude entre en profonde contradiction avec la dénonciation de l'injonction de beauté que Dentrinou développe ailleurs et met en évidence la prégnance de la critique sociale qui s'impose souvent avant la critique féministe. Sur le terrain de la beauté, si les indigentes ont droit à sa pitié, elle refuse toute commisération à l'égard des femmes riches qu'elle accable au contraire avec une cruauté jamais interrogée, elle qui fut d'ailleurs si souvent louée par ses admirateurs pour sa beauté.

La critique de la condition féminine fait indéniablement l'objet, chez Dentrinou, d'un regard croisé, qui incorpore la question sociale dans son ensemble, et met en lumière les différents facteurs contribuant à enfermer les femmes dans une position subalterne. Mais le discours n'en reste pas moins marqué par son extériorité et souvent par son caractère superficiel. En particulier, la question du travail des femmes n'y est abordée qu'en surface, par le détour, et n'est pas traitée sous l'angle de la revendication politique. Si sa pensée apparaît nettement influencée par les idées socialistes, le regard qu'elle porte sur les mécanismes inégalitaires reste celui d'une femme issue de l'élite économique et intellectuelle locale, qui ne parvient pas toujours à rendre compte de la subjectivité des opprimées et des exclues. En ce sens, on est tenté, à certains égards, de qualifier sa posture de « féminisme bourgeois[92]. » En effet, si Callirhoé Parren semble plus proche de ce modèle, notamment par son mépris affiché pour les domestiques, filles du peuple qu'elle affuble de tous les maux[93] en les jugeant « immorales, bavardes, intrigantes, dépensières, impertinentes », Dentrinou, en faisant preuve de sollicitude vis-à-vis des femmes asservies, occupe quant à elle une position d'entre-deux, qui résiste à la dichotomie entre féminisme bourgeois et féminisme socialiste.

---

92 Voir Françoise Picq, « Le féminisme bourgeois : une théorie élaborée par les femmes socialistes avant la guerre de 14 », dans *Stratégies des femmes*, Tierce 1984, p. 391-406. F. Thébaud, *Socialisme, femmes et féminisme, op. cit.*, p. 43 *sqq.* Marilyn J. Boxer, "Rethinking the Socialist Construction and International Career of the Concept 'Bourgeois Feminism'", *The American Historical Review*, Oxford University Press, Vol. 112, No. 1, Feb. 2007, p. 131-158.

93 Callirhoé Parren, « Αἱ Παρισιναὶ ὑπηρέτριαι καὶ αἱ ἰδικαί μας », *Éphiméris ton Kyrion*, 3e année, n° 131, 10 septembre 1889. Sur la posture de Parren vis-à-vis des domestiques, voir Maria Korasidou, *Οι άθλιοι των Αθηνών και οι θεραπευτές τους : φτώχεια και φιλανθρωπία στην ελληνική πρωτεύουσα τον 19ο αιώνα*, Athènes, éd. IAEN, 1996, p. 207 *sqq.*

DES FEMMES ET DES HOMMES

PLURALITÉ, POLYPHONIE ET POLYSÉMIE DU GENRE

Au premier abord, la représentation du féminin et du masculin chez Irini Dentrinou peut sembler obéir à une conception binaire figée, à travers la reprise de personnages stéréotypés ou archétypaux, quel que soit leur sexe. Mais une analyse plus détaillée de l'œuvre révèle qu'il n'en est rien. Au-delà de quelques exceptions, cette représentation rend compte d'une multitude de caractérisations croisées, plus conformes à une appréhension du réel qui réponde à l'exigence de vérité, primordiale chez Dentrinou. En particulier, dans la construction des identités genrées qu'elle propose, la Corfiote fait bouger la ligne du genre, en réinterrogeant des évidences millénaires, comme l'instinct maternel, jusqu'à braver parfois la bienséance.

Hommes et femmes sont toujours définis dans une perspective globale, mixte et réciproque, ses écrits s'inscrivant dans une approche relationnelle des sexes. Enfin, les figures féminines et masculines échappent le plus souvent à toute perspective naturaliste puisque les rapports de pouvoir et les relations hiérarchiques entre les personnages ne sont pas uniquement pensés à travers le prisme du genre, mais englobent aussi d'autres facteurs, relatifs à la classe, à l'âge, ou à des situations particulières liées à l'éducation, au caractère ou au vécu. Cette conception ouverte et moderne se construit au fil des textes : multiplication et confrontation de personnages hétéroclites, coexistence et croisement de stéréotypes avec des figures détournées dans une logique subversive, introduction de nuances qui déjouent toute idée reçue et toute caricature apparente. Par ailleurs, Dentrinou n'adopte pas systématiquement le postulat de la domination masculine, pas plus que celui de la supériorité féminine, mais fait éclater la vision essentialiste de la différence des sexes qui attribue des caractéristiques immuables aux hommes et aux femmes, et dénaturalise ainsi les rapports sociaux de sexe. Aussi, convoqué pour l'illustration de situations particulières, le paradigme de la femme victime *versus* l'homme bourreau n'est-il pas érigé en doxa et les représentations des rapports entre les sexes rompent avec tout dimorphisme sexuel entre le masculin et le féminin. Ainsi, chez elle, la femme n'existe pas comme concept opératoire pour penser la condition féminine, et il en va de même pour l'homme. Par l'affrontement des modèles et suivant une stratégie énonciative qui s'inscrit dans la diversité, Dentrinou n'entérine pas le modèle d'opposition entre les sexes, mais sa réflexion se place sous le signe de la mixité et de la fluidité.

INCARNATIONS SINGULIÈRES DU FÉMININ

La lecture des textes de Dentrinou révèle une difficulté frappante, voire une impossibilité, à dresser une typologie des personnages, imputable à une représentation plurielle des femmes et des hommes. Cette résistance à la classification peut être interprétée comme fondatrice de sa vision du monde qui consiste à aborder la complexité humaine en refusant d'en supprimer les paradoxes, les ambivalences et les ambiguïtés. L'ensemble de l'œuvre comporte en effet une prolifération d'histoires vécues, de parcours individuels situés, où hommes et femmes ne sont pas envisagés comme groupes mais bien comme des incarnations singulières de possibilités d'être. Dans le champ des représentations du genre, Dentrinou opte donc pour la pluralité, la polyphonie et la polysémie, rompant en outre avec toute différenciation essentialiste. Elle met ainsi en lumière des « exceptions » aux identités et normes de genre pour mieux les remettre en cause. Ces parcours ou personnages « exceptionnels » se singularisent également par leur écart plus ou moins marqué vis-à-vis du déterminisme social et, à travers eux, Dentrinou dénonce le rôle mal ajusté de la féminité et de la masculinité archétypaux, refusant le plus souvent de faire allégeance à des modèles littéraires préexistants.

Pour ce qui est des personnages féminins, surreprésentés par rapport aux figures masculines (ce qui justifie ici leur examen particulier), il est certes possible de recourir à quelques critères typologiques, qui s'avèrent toutefois très vite insuffisants. Outre la caractéristique du sexe, les personnages sont identifiables par leur appartenance à une classe sociale, à une classe d'âge, à un statut familial et parfois social, ou en fonction de leur situation économique, de leur apparence, de leur caractère propre, de leur vécu. Si l'on rencontre parfois des personnages féminins stéréotypés, caricaturaux en certains cas, leur utilisation est rarement complètement conventionnelle. Dentrinou semble préférer composer ses personnages par croisement, en associant caractéristiques attendues et nuances souvent subversives. Ainsi, une typologie féminine à l'aune du seul statut familial (par exemple, en tant que mère, fille à marier ou vieille fille), ou de la classe sociale (bourgeoisie, aristocratie ou paysannerie), ne permet pas de rendre compte, de manière fidèle, de la galerie des caractères proposée par Dentrinou.

Une vision synoptique de ses personnages de sexe féminin peut malgré tout émerger si l'on recourt au triple critère du « degré d'émancipation », de la situation familiale et de la place sociale. Ce triptyque combine chez Dentrinou des spécifications croisées, indissociables et interdépendantes. À travers ce prisme, on peut distinguer, comme première catégorie, des personnages féminins qui ont intégré leur rôle traditionnel et leur identité assignée par la société patriarcale, et, aux antipodes de ces modèles, des « femmes émancipées ». Cette distinction binaire rappelle la typologie proposée par Nathalie Heinich qui, dans son étude des représentations fictionnelles de femmes dans la littérature[1], distingue l'ordre moderne de la « femme non liée » de celui des « états de femmes » définis par l'articulation du triple critère économique, sexuel et hiérarchique. Nathalie Heinich précise, notamment à travers l'exemple de Jane Eyre, qu'un même personnage « expérimente, évite, vise, refuse ou assume tous les états de femme[2] ». Ces états ne sont donc pas définitoires de l'identité, mais révèlent des espaces des possibles offerts à la carrière féminine et « quoique évolutifs, les états de femmes constituent une configuration organisée selon un petit nombre de figures possibles, dont la description exige une vision d'ensemble, une globalité[3]. »

Néanmoins, tout éclairante qu'elle soit, cette grille de lecture n'est pas sans poser problème. Suivant la logique qui y préside, quel que soit son état, même « non liée » c'est-à-dire « émancipée », la femme y est

1 Nathalie Heinich, *États de femme. L'identité féminine dans la fiction occidentale*, Paris, Gallimard, coll. NRF Essais, 1996.

2 *Ibid.*, p. 12.

3 *Ibid.*, p. 17.

renvoyée à une forme de négativité, à un renoncement[4], perspective sous-tendue par l'idée de la toute-puissance du déterminisme social. Or l'optique de Dentrinou est toute différente, puisque tout en reconnaissant et en illustrant les différents facteurs socio-culturels qui engendrent des relations genrées inégalitaires et nourrissent aussi la facticité de l'existence, elle envisage toujours pour les femmes une possibilité de liberté existentielle. Certes, il est possible de trouver dans ses écrits des figures de « femmes liées », celles qui n'existent qu'à travers des identités et des rôles assignés, souvent parfaitement intériorisés. Pour autant, ces exemples, aussi nombreux soient-ils, ne constituent pas un tout homogène. Par exemple, dans *Les escarpins du bal* (*Τὰ γοβάκια τοῦ χοροῦ*[5]), obnubilée par l'idée de marier sa fille, la corpulente Madame Géorgatou se consacre tout entière à l'apparence de cette dernière, répondant ainsi, sans la questionner, à l'injonction de beauté et de séduction faite aux femmes des salons. Ailleurs, des précieuses ridicules correspondent à des personnages féminins « liés », êtres creux aux préoccupations superficielles (*La robe de bal* / *Τὸ φόρεμα τοῦ χωροῦ*[6]), prises entre ostentation et consommation. D'autres femmes encore s'adonnent à de véritables machinations pour obtenir un bon mariage et acquérir simultanément position sociale et fortune, dont le meilleur exemple est le personnage d'Elli, dans *Esprit pratique* (*Μυαλὸ πραχτικό*[7]), jeune fille absolument machiavélique qui invente un subterfuge fondé sur un mensonge pour épouser, comme elle le dit à sa mère, « les trois millions ». Elli est certes une « femme liée », en ce qu'elle ne pense pouvoir se réaliser hors de l'institution du mariage et par son intériorisation des codes sociaux. Mais dans le même temps, usant de ruse, elle instrumentalise le système pour en tirer avantage et fait de son prétendant, réifié et nié parce que réduit à sa seule fortune, un homme-objet. Ces différents exemples permettent de mesurer les écarts de caractérisations qui résistent à une définition générale.

Les exemples de femmes « non liées » ne sont pas moins hétérogènes. Leur émancipation se mesure en fonction de leur distance vis-à-vis de

4 Voir aussi Nathalie Heinich, « Femmes écrivains : écriture et indépendance », dans Nicole Racine et Michel Trebitsch (dir.), *Intellectuelles : du genre en histoire des intellectuels*, Paris Bruxelles, IHTP-CNRS, Complexe, coll. « Histoire du temps présent », 2004, p. 138.

5 I. Dentrinou, *Τὰ Διηγήματα*, *op. cit.*, p. 143-147.

6 *Ibid.*, p. 147-153.

7 *Ibid.*, p. 127-131.

leurs devoirs sociaux, en premier lieu le mariage (que certaines refusent), et par leur conception de l'amour et de la sexualité. *Figure atypique* (*Ἀσυνήθιστος τύπος*[8]) met en scène une jeune femme atypique du monde des salons qui refuse de se plier au jeu du flirt[9]. Autre exemple, peut-être le plus probant : le récit *Caprices puérils* (*Παιδιαροκάμωμα*[10]), dans lequel Dentrinou campe une jeune femme qui s'est extirpée de sa condition sociale misérable en devenant courtisane. Ayant ainsi gagné sa liberté par l'indépendance financière, elle va jusqu'à décliner une demande en mariage, insensible aux arguments de son prétendant qui lui promet un nom et une position sociale. Toujours fidèle, en son cœur, à son premier amour, elle préfère s'octroyer la jouissance d'une sexualité libre. La liberté de cette femme émancipée, qui agit en conscience, est une liberté sans contrepartie, sans échec, et sans amertume, qui ne souffre aucune minimisation ni aucune négativité.

La difficulté à dresser une typologie féminine chez Dentrinou et à définir des modalités de l'analyse des personnages renvoie à la question de la catégorisation identitaire, problématique en soi. Dans les études consacrées aux représentations littéraires du féminin et de l'identité féminine, le recours à la typologie est une pratique répandue. Ce type d'approche aboutit généralement à l'établissement des mêmes catégories – la jeune fille, la mère, l'épouse, etc. –, qui toutes prennent appui sur des représentations traditionnelles, graduations variables entre les deux pôles antithétiques archétypaux de la vierge/mère et de la putain. Ce faisant, ces catégorisations intègrent, reproduisent et réactualisent des représentations traditionnelles figées, participant ainsi à l'essentialisation du féminin, en niant l'existence de catégories intermédiaires ou superposées, ou en les reléguant à un plan secondaire. Si l'on se place d'un point de vue métacritique, parce qu'elles ont longtemps abordé la question du genre (pensé en fait comme synonyme de « femmes ») à travers l'approche restreinte des représentations du féminin dans la littérature (« image de la femme », « représentation de la femme » etc.[11]), adossée à une caractérologie des personnages de fiction, les études littéraires ont

8 *Ibid.*, p. 108-117.

9 Nous reprenons le terme le plus souvent utilisé par Irini Dentrinou (translittération de l'anglais).

10 *Ibid.*, p. 122-127.

11 Diamanti Anagnostopoulou, *Αναπαραστάσεις του γυναικείου στη λογοτεχνία*, Athènes, Pataki, 2007.

largement emprunté des habitudes herméneutiques stéréotypées. Encore largement représentée dans les études littéraires (en Grèce notamment) puisque son succès ne s'est pas démenti depuis les années 1980, cette posture se trouve paradoxalement prisonnière à la fois de poncifs de la critique littéraire féministe et du système de genre qu'elles prétendent dénoncer mais qu'en réalité elles reproduisent. Critiquer cette posture herméneutique ne revient pas à nier la présence de stéréotypes de genre dans la littérature, ni l'intérêt de les débusquer comme outil opératoire. Par contre, cela revient à pointer que cette posture herméneutique ouvre un horizon critique restreint qui déploie un imaginaire tout aussi restreint assignant l'interprétation à des conclusions *a priori*, qui consisterait par exemple à trouver à tout prix dans les textes des figures clivées de vierges et de putains. Ce mécanisme pervers n'a pas suffisamment fait l'objet de recherches. Claire Joubert l'évoque néanmoins dans une critique de la critique féministe doxologique appliquée à la littérature, qui sombre dans le piège des poncifs qu'elle cherchait initialement à éviter :

> Alors que l'élan initial cherchait à utiliser la force corrosive du féminisme pour saisir les effets d'altérité, ces pratiques de lecture produisent finalement un aplanissement général qui les rendent incapables de lire la différence – y compris sexuelle. La conséquence la plus alarmante est que l'identité féminine, au lieu d'être déconstruite, s'en trouve à nouveau fixée, enfermée dans le culte substantiel, essentialiste, du mythe, et dans l'économie spéculaire de la mimésis et du narcissisme. Lors de l'exploration du fonctionnement de la représentation, le jeu de miroir semble s'être refermé sur lui-même, bornant ainsi le regard critique aux « images de femme » non plus comme masques à faire sauter, mais comme modèles identificatoires[12].

La catégorisation des femmes en fonction de leur « état » aboutit à une spécification des individus dont le statut, devenu définitoire et consubstantiel, est alors envisagé comme fondement de leur identité[13]. Cela revient à poser l'identité féminine, objectivée dans des déclinaisons types, comme un invariant, et à entériner des carcans identitaires normatifs. Par ailleurs, une telle démarche typologique, qui isole les figures

---

12 Claire Joubert, « L'éternel féministe : un discours critique et ses mythes », *Revue Française d'Études Américaines*, n° 65, juillet 1995, La critique littéraire aux États-Unis, p. 456.

13 Ce processus est similaire à celui que décrit Michel Foucault au sujet de l'invention du stéréotype de l'homosexuel au XIXe siècle, *Histoire de la sexualité*, t. I. *La volonté de savoir*, Paris, Gallimard, 1976, p. 59.

féminines dans les identités sociales qui leur sont assignées, ne rend pas compte des nombreuses pistes théoriques proposées notamment par la narratologie ou la sémiotique dans le cadre de l'étude du personnage.

En campant une multitude de personnages féminins, Irini Dentrinou échappe à une représentation monolithique et traditionnelle de « la femme ». Surtout, au fil des textes, elle opère sur un mode kaléidoscopique une dissolution de la catégorie « femmes », perçue comme essence, qui se trouve supplantée par la pluralité des expériences vécues. En outre, elle dépasse le schème de la hiérarchie sexuée : tout en admettant en certains cas le paradigme de la domination masculine comme processus socio-historique, elle souligne que toutes les femmes ne vivent pas leur subordination de la même manière et que, par ailleurs, il existe des relations de pouvoir entre personnes du même sexe, notamment entre femmes (en particulier dans le rapport entre mères et filles). Chez Dentrinou, si les figures féminines malmènent les nomenclatures et échappent à toute tentative de catégorisation globale, c'est probablement pour rendre compte d'identités en crise dans l'époque de mutation socio-culturelle qui est la sienne, mais aussi pour contrer l'illusion d'unicité et de stabilité identitaires genrées. C'est aussi la manifestation d'une herméneutique qui se fixe pour objet d'aller au-delà de tout présupposé et de dépasser les apparences, à partir du constat que « chacun dans sa vie joue plusieurs rôles[14] ». Dentrinou, en présentant des identités féminines plurielles, et en insistant sur le caractère mouvant et composite des individualités qui combinent des identités superposées, palimpsestes ou successives, rejette une vision monolithique du moi remplacée par une identité en mouvement. L'impossible caractérisation du féminin semble donc relever d'une stratégie énonciative à vocation philosophique inscrite dans une perspective phénoménologique qui ne dit pas son nom.

HYBRIDITÉ ET SUBVERSION : ZONES GRISES *VS* CONTINENT NOIR

Ainsi, partant de stéréotypes féminins dont elle brouille les codes, Dentrinou façonne des personnages hybrides. Au début du XXe siècle, ce sont encore essentiellement deux figures stéréotypées antithétiques

14 William Shakespeare, *As you like it*, Acte II, scène 7 : "*All the world's a stage, / And all the men and women merely players : / They have their exits and their entrances ; / And one man in his time plays many parts*".

qui servent à éclairer les représentations de la femme : la vierge et la putain, entre lesquelles vient se glisser la figure de la mère, pour former une triade archétypale qui a toujours dominé la pensée occidentale[15].

Les personnages féminins sont avant tout caractérisés selon leur degré d'adhésion ou leur distance vis-à-vis d'une attitude vertueuse synonyme de sexualité contrôlée d'abord, mais aussi de leur identification ou différenciation à des rôles déterminés et assignés. La fiction littéraire dans son ensemble se fait le véhicule de ces stéréotypes, selon des stratégies et des objectifs variés et cela ne se dément pas durant les premières décennies du XXe siècle où la littérature s'empare de la sexualité féminine[16]. Irini Dentrinou intègre bien, quant à elle, certaines de ces représentations figées, mais elle s'attarde en particulier sur des personnages intermédiaires, figures métastables, interstitielles, qui occupent les zones grises de l'identité. Elle fait ainsi un usage subversif de ces poncifs sclérosants qu'elle n'exploite pas selon une perspective antithétique mais suivant un jeu de superposition qui trouble la caractérisation des personnages. Certes, tous ses écrits, notamment ceux de ses débuts littéraires marqués par la rhétorique maternaliste du journal *Éphiméris ton Kyrion*, ne campent pas de tels personnages hybrides puisque certains se cantonnent à la reprise de stéréotypes. L'ensemble du *corpus* révèle cependant un nombre significatif de personnages féminins « entre-deux », qui méritent un examen attentif, particulièrement intéressants puisqu'à travers eux, les stéréotypes de la mère et de la putain ne sont plus pensés dans un rapport d'opposition binaire. Dentrinou se plaît en effet à donner vie à des personnages féminins ambigus, notamment à des mères désirantes ou adultères ainsi qu'à des courtisanes ou prostituées vertueuses, réunissant ainsi, en une même entité, les stéréotypes de la vierge/mère et de la putain.

Si Dentrinou aborde dans un premier temps l'image de la mère sous l'angle de la *mater dolorosa*, dès 1898 elle interroge cette figure stéréotypée en l'associant, subtilement, à la figure de la mère désirante. Avec le récit *Rêve perdu* (*Χαμένο όνειρο*) publié dans *Éphiméris ton Kyrion* le 20 septembre 1898, elle aborde un sujet très audacieux, en mettant

15 Sur le sujet, voir la typologie de personnages dans le roman-feuilleton grec proposée par Henri Tonnet, *Des Mystères de Constantinople aux Misérables d'Athènes*, Paris, Classiques Garnier, coll. « Perspectives comparatistes », 2018, p. 127, p. 132, p. 140 *sqq.*

16 M. Nikolopoulou, « Γυναικεία σεξουαλικότητα και γραφή », *op. cit.*

en scène une veuve encore jeune et belle qui, au chevet de sa fille malade, se trouve confrontée à l'amour. Le cœur du récit est constitué par le dilemme intérieur de cette femme, déchirée entre ses désirs et son devoir maternel, aspirations qu'elle juge incompatibles. De cette concurrence entre l'amour d'un homme et l'amour de son enfant, doublée d'une rivalité entre son identité de mère et son identité de femme, elle ne s'extirpera, submergée de honte, qu'en renonçant à son amour interdit. Cette jeune veuve est un personnage dissonant, qui se place simultanément du côté de la Vierge (elle s'en remet d'ailleurs à cette dernière dans ses prières) et du côté de la femme charnelle et sensuelle. Si la chute du récit correspond à un renoncement, rien dans le texte ne blâme sa double nature, hormis les reproches qu'elle suppose de la part de son enfant et, surtout, les scrupules et la culpabilité qu'elle ressent, échos de l'intériorisation de l'opprobre social. L'image de la mère/vierge, synonyme de pureté, de chasteté mais aussi de piété et d'abnégation, se trouve donc ici fissurée, désacralisée, par l'évocation des aspirations de sa chair et de ses désirs, prétexte à mettre en exergue la disparité, voire la fracture, entre ce qu'elle est et ce qu'elle doit être, entre son être et sa fonction.

Ce récit de tentation, qui fait vaciller le mythe de la « vocation féminine » (*i. e.* la maternité), est en quelque sorte le préambule à d'autres textes développant le motif de la mère adultère. Dans *La faute de la mère* (*Τὸ κρίμα τῆς μάνας*) publié dans *Noumas* en 1907, un homme fait à sa fille le récit de la « faute » de son épouse, histoire proche de celle narrée dans *In articulo mortis* (1916, *Noumas*), en ce qu'il s'agit là également des aveux et du repentir d'une mère adultère sur son lit de mort. De même, Annoula, protagoniste de *Le nom du père* (*Τὸ ὄνομα τοῦ πατέρα*), découvre simultanément qu'elle est un enfant adultérin et que, derrière son apparente froideur, sa mère était *aussi* une femme dotée de désirs et de sensualité. La figure de la mère adultère ou désirante rencontre également le thème plus général de la femme adultère – moins intéressant mais récurrent –, ou parfois de la seule évocation (théorique ou non) de l'adultère féminin, qui se décline dans la prose (*Purification ! / Ἐξαγνισμός !*, *Meilleurs vœux ! / Νά' ναι μὲ καλὴ ὥρα !…*, *Honni soit qui mal y pense*, *Pourquoi pas / Γιατὶ ὄχι*, *Amères vérités sur tempo joyeux / Πικρὲς ἀλήθειες σὲ χαρούμενο ρυθμό*, *Honnête/Τίμιος*), comme dans les épigrammes satiriques, dont *Le moralisateur* (*Ὁ ἠθικολόγος*) :

Ξεσποῦσε ἐνάντια στὲς ὁρμὲς ποῦ γνώρισμα ἔχει ἡ νειότη,
Μιλῶντας γιὰ οἰκογένεια, τιμὴ καὶ γιὰ σεμνότη·
Καὶ τόν ἐπῆρε ἡ φόρα,
Τῆς πίστης τῆς συζυγικῆς τονίζοντας τὴ χάρη,
Ἀλλὰ τὴν ἴδιαν ὥρα
Γλεντοῦσε ἡ γυναικούλα μ' ἀγένειο παλληκάρι[17].

« Il se déchaînait contre les transports fougueux qui sont la marque de la jeunesse,
Parlant de famille, d'honneur et de décence.
Et, emporté par son élan,
Il insista sur la beauté de la fidélité conjugale,
Mais à la même heure
Son épouse s'en donnait à cœur joie avec un jeune gars encore imberbe. »

À noter également la traduction par Dentrinou d'un poème de Lorenzo Stecchetti, *À l'icône d'une Vierge* (*Στὸ κόνισμα μιας Παναγιάς*), publiée dans *Noumas* en 1906, dans lequel la Vierge Marie est présentée non comme l'incarnation de la pureté, mais sous l'angle de la beauté et de la sensualité, ce qui rappelle sa double nature, à la fois pure et charnelle.

Ces incarnations de mères sensuelles trouvent leur double inversé dans des figures de prostituées ou de courtisanes vertueuses, contraintes par les contingences de leur existence à faire commerce de leur corps, mais qui se trouvent réhabilitées dans et par la fiction littéraire. Dupée et laissée enceinte par un amant malhonnête, commerçant parvenu, une femme se prostitue pour subvenir aux besoins de son enfant dans *Morale double face* (*Διπλοπρόσωπη ἠθική*). Suivant un scénario similaire, c'est-à-dire pour venir en aide à ses proches, une jeune femme sacrifie son honneur à la piété filiale (*Deux choses vues* / *Δυὸ εἰκονοῦλες*). On trouve encore une occurrence de mère prostituée dans *Revanche future* (*Ὁ αὐριανός*, *Néa Épithéorissi*, 1928). D'une certaine manière, ces personnages incarnent les excès de la fonction maternelle poussée à son paroxysme (le sacrifice de soi), renvoyant la femme du côté du *care*. Ces exemples, qui servent essentiellement à illustrer la critique sociale, sont complétés par quelques figures plus subversives, qui incarnent la superposition de la figure de la vierge et de la putain. Le premier exemple, et le plus éloquent, est le récit *Caprices puérils* (*Παιδιαροκάμωμα*, publié en 1905 dans la revue *Noumas*), déjà évoqué, dont la protagoniste est une cocotte révolutionnaire qui rompt avec toute une généalogie de

17 Irini Dentrinou, *Ὁ ἠθικολόγος* (*Le moralisateur*), *Kerkyraïki Anthologia*, I, 1915-1916, *op. cit.*, p. 96.

femmes entretenues. Cet exemple est particulièrement intéressant en ce que Dentrinou transgresse ici l'ordre patriarcal en ne choisissant pas un dénouement cathartique au récit et en se gardant de toute considération liée aux notions de péché et de moralité. La jeune courtisane y est décrite comme une femme indépendante financièrement, sexuellement, sentimentalement, qui a conscience des travers de la société et se refuse à en respecter les codes. Refusant une demande en mariage d'un bon parti, elle lui dit :

> [...] θέλω νὰ μείνω ὅ, τι εἶμαι· τὸ δρόμο τῆς ζωῆς μου ἐχάραξα μονάχη μου, δὲν ποθῶ νὰ λοξοδρομήσω. Αὐτὸ ποὺ σήμερα σὺ μοῦ προτείνεις μὲ παρακάλεσμα, τί ξέρεις, ἂν δὲ μοῦ τό' χουν προτείνει κι ἄλλοι μὲ τὸν ἴδιο πόθο, μὲ τὰ ἴδια λόγια, πλουσιώτεροι ἀπὸ σένα καὶ μὲ μεγαλύτερη ἴσως κοινωνικὴ θέση ; [...] Μὰ τὴν κοινωνία σου τὴν περιφρόνησα πρὶν ἐκείνη νά' χει τὸ δικαίωμα νὰ μὲ περιφρονήσει, καὶ τὴν περιφρονῶ. Ἂν ἤθελα θά' μουν καὶ γὼ τῆς κοινωνίας σου, μὰ μοῦ κάνει ἀηδία, γιατὶ τίποτις ἄλλο δὲν εἶναι παρὰ μιὰ ψευτιά, μιὰ ζωντανή, ὁλοζώντανη καὶ ἐνεργητικιὰ ἀντίθεση τοῦ ὡραίου, τοῦ μεγάλου καὶ τῆς ὀρθῆς σκέψης[18].
>
> « [...] je veux rester telle que je suis ; j'ai tracé ma route toute seule, je n'ai pas l'intention de louvoyer. Ce que tu me proposes aujourd'hui, en me priant de t'écouter, sais-tu si d'autres, plus riches que toi et jouissant d'une position soiale supérieure à la tienne, ne me l'ont pas déjà proposé, animés du même désir, avec les mêmes mots ? [...] Mais cette société que tu allègues, je l'ai méprisée avant qu'elle n'acquière le droit de me mépriser, moi, et je la méprise. Je pourrais si je le voulais lui appartenir, mais cela me répugne, cette société n'est qu'une imposture, l'antithèse vivante, vivante et agissante de la beauté, de la grandeur et de la pensée rationnelle. »

Dentrinou procède ainsi, par le truchement de son personnage, à la démystification de l'univers bourgeois. En outre, elle ne se contente pas de refuser l'ordre établi mais elle propose une alternative, en sapant les normes dominantes et en les inversant – en particulier sont inversées les valeurs morales, par la réconciliation du couple corps sensuel/esprit pur. Abandonnée par un homme à qui elle s'était donnée, et devenue courtisane, la protagoniste du récit reste en effet fidèle en esprit à cet amour passé :

> [...] ἔκλαιγα μῆνες ὁλάκερους, ἔκλαιγα τὸ μοναχὸ τῆς ζωῆς μου ὄνειρο, χαμένο γιὰ πάντα, ἔκλαιγα τὴν ἁγνότη καὶ τὴν παρθενιά μου, μίσησα τὴν κοινωνία κ' ἐγίνηκα ὅ, τι εἶμαι, στὴν ἀρχὴ ἐλπίζοντας νὰ λησμονήσω, ἔπειτα ἀπὸ συνήθεια.

18 *Caprices puérils* (*Παιδιαροκάμωμα*), I. Dentrinou, *Τὰ Διηγήματα*, *op. cit.*, p. 122-127.

> Τὸ παιδιαροκάμωμα κεῖνο ζωντανὸ ἀπόμεινε στὰ στήθια μου καὶ γι' αὐτὸ δὲν ἠθέλησα νὰ παντρευτῶ· μὲ τὴν εἰκόνα ἐκείνου στὴν καρδιά μου δὲν εἶχα δικαίωμα, δὲν ἔπρεπε ν' ἀπατήσω κανένα[19].
>
> « [...] j'ai pleuré des mois durant, je pleurais l'unique rêve de ma vie, à jamais évanoui, je pleurais ma pureté et ma virginité, j'en suis venue à haïr la société et à devenir ce que je suis, avec l'espoir, au début, d'oublier, puis par habitude. Cette pensée puérile est restée, bien vivante, au fond de moi-même et c'est pourquoi je n'ai jamais voulu me marier. Avec dans mon cœur l'image de cet homme, je n'avais pas le droit de tromper quiconque. »

Porteur d'un discours iconoclaste en campant un personnage marginal, ce texte échappe à toute représentation stéréotypée, et plus, il fournit un exemple de ce que la critique postmoderne désigne par le terme d'*agency*. La protagoniste du texte, parvenue à une conscience claire des mécanismes d'oppression de l'idéologie dominante, qu'elle exprime dans une critique construite, passe du statut d'objet à celui de sujet, par un processus d'autodétermination et de réinvention de soi, pour agir en accord avec elle-même.

> [...] σήμερα δὲ φέρνω τ' ὄνομα κανενός, εἶμαι ἐλεύτερη νὰ ξαναζῶ στὸ παλιό μου ὄνειρο, ὅταν θελήσω, εἶμαι ἐλεύτερη νὰ φιλῶ τὴν εἰκόνα του καὶ νὰ βρέχω μὲ δάκρυα τὰ γράμματά του· πόσες φορές, φεύγοντας ἀπὸ τὴν ἀγκαλιὰ τοῦ ἑνὸς καὶ τοῦ ἄλλου, νομίζω πὼς αὐτὸ εἶν' ἡ ἐξάγνιση. Τὸν ἔρωτα τὸν αἰστάνθηκα καὶ γι' αὐτό, φίλε μου, δὲν μπορῶ νὰ γίνω γυναίκα σου· θὰ σ' ἀτίμαζε ὄχι τὸ κορμί, μὰ ἡ σκέψη μου· κείνη μ' ὅλη τὴν ἀκαθαρσία τοῦ κορμιοῦ μου ἔμεινε ἁγνὴ καὶ παρθένα, πιστὴ σὲ μιὰν ἀνάμνηση, στὴν ἀνάμνηση μιᾶς περασμένης ἀγάπης[20]...
>
> « Aujourd'hui, je ne porte le nom de personne, je suis libre de revivre mon ancien rêve, lorsque je le veux, libre d'embrasser son image et de verser des larmes sur ses lettres. Combien de fois, sortant de l'étreinte de l'un ou de l'autre, j'ai pensé trouver là ma purification. J'ai fait l'expérience de l'amour et pour cette raison, mon cher, je ne peux devenir ta femme. Tu ne serais pas déshonoré par mon corps, mais par ma pensée. Malgré toute l'impureté de mon corps, ma pensée est demeurée pure et vierge, fidèle à un souvenir, au souvenir d'un amour qui n'est plus... »

Par un contre-discours, elle échappe ainsi au stéréotype prostitutionnel. En modelant ce personnage rebelle, il ne s'agit pas pour Dentrinou de faire l'apologie de la prostitution, mais d'affirmer, par le retournement

19 *Ibid.*
20 *Ibid.*

du stéréotype, la puissance d'agir de l'individu et de critiquer l'ordre social et moral établi. La putain devient ici un parangon de femme émancipée. Loin d'être une victime, elle est la maîtresse de sa propre existence, l'actrice de son ascension sociale, la négation de toute forme de déterminisme social. Elle s'est affranchie des normes, renonçant simultanément à acquérir un nom, un rang social, se refusant à préserver son honneur, et avant tout, à se soumettre à la protection d'un homme. Dans le même temps, belle, consciente de son pouvoir sur les hommes, elle n'en est pas moins un être sensible, se situant ainsi aux antipodes de la figure de la femme fatale. Et plus que sa beauté ou sa sensualité, le texte souligne son intelligence, comme pour refuser une définition de la femme irrémédiablement associée à son corps. Ce personnage anticonformiste n'est pas le seul fruit d'une utopie littéraire, mais aussi un reflet de la condition sociale de grandes courtisanes du XIXe siècle[21].

Suivant la même stratégie de détournement, Dentrinou convoque le personnage de Marie Madeleine, archétype de la pécheresse, pour composer le poème *Madeleine* (*Μαγδαληνή*), publié en 1916. Bien que Madeleine y soit présentée comme une prostituée[22], incarnation de la chair désirante, il n'est pas question de son repentir vis-à-vis de son existence dissolue : elle est transfigurée par la pureté de ses sentiments, en référence au Christ, ce qui la rapproche de la figure de la Vierge. La grande originalité du poème réside dans la présentation de Marie Madeleine sous les traits d'une vieille femme, dont l'ardeur charnelle se réveille au souvenir de ses élans passés. Comme d'ailleurs dans *Caprices puérils* (*Παιδιαροκάμωμα*), le motif principal de ce poème consiste à opérer une dichotomie entre le corps et l'esprit et à reformuler un système de valeurs qui n'entérine pas le stéréotype dépréciatif de la femme charnelle :

Μάτια σβυστά, σκυφτὴ καὶ ζαρωμένη,
  Μὲ σκισμένο στὶς πλάτες τὸ μαντῆλι,
Τὴν εἶδα σ' ἐρημόκκλησο νὰ μπαίνει
  Καὶ τοῦ Χριστοῦ ν' ἀνάβει τὸ καντῆλι.
Καὶ λὲς ποῦ ἡ θεία μορφὴ τὴν ἀνασταίνει,
  Τ' ἀχνόλευκό της, νά ! σαλεύει χεῖλι

21 Catherine Authier, *Femmes d'exception, femmes d'influence. Une histoire des courtisanes au XIXe siècle*, Paris, Armand Colin, 2015.

22 Dentrinou explore en outre le thème de la prostitution en référence à l'occupation italienne (voir Th. Pylarinos, « Ειρήνη Α. Δεντρινού », *op. cit.*, p. 94).

Καὶ προσευκὴ θερμὴ ἀπ' τὸ στῆθος βγαῖνει.–
Σὰν θύμιζαν τὰ νειᾶτα της Ἀπρίλη,
Στοῦ Ἔρωτα κάθε βράδυ τὴν ἀγκάλη
Πουλοῦσε τὰ πολλά, τρανά της, κάλλη.
Στὸ δρόμο ἐρείπιο τώρα τριγυρίζει,
Νὰ τὴν κυττάζει πειὰ κανεὶς δὲ γέρνει,
Μὰ αὐτή, ποῦ ὁ πόθος τοῦ κορμιοῦ τὴ δέρνει,
Ἀγάπης λόγια στὸ Χριστὸ χαρίζει[23].

« Le regard éteint, courbée et toute ridée,
Un fichu déchiré sur les épaules,
Je l'ai vue entrer dans une chapelle
Allumer la veilleuse du Christ.
Et, comme si la figure divine lui redonnait vie,
Voilà que ses lèvres exsangues frémissent
Et qu'une prière fervente jaillit de son cœur.
Au temps où sa jeunesse évoquait l'Avril,
Chaque nuit, elle vendait ses mille charmes
Dans les bras d'Éros.
Désormais, elle erre telle une épave dans les rues,
Personne ne se retourne plus pour la regarder,
Mais elle, torturée de désir,
Murmure ses mots d'amour au Christ. »

Outre les déclinaisons des figures de la vierge et de la putain, nombre de personnages féminins répondent à cette stratégie de dépassement des stéréotypes. Les caractères entre-deux que donne à voir Dentrinou comprennent ainsi des déclinaisons multiples : mère indigne (*Comme un conte* / *Σὰν παραμύθι*), mère tyrannique (*Purification !* / *Ἐξαγνισμός !*), fausse ingénue (*Esprit pratique* / *Μυαλὸ πραχτικό*), hypocrite vertueuse (*La vertueuse* / *Ἡ ἐνάρετη*). Déjà évoqué, le personnage de la vieille fille fait aussi successivement l'objet de traitements variés, oscillant du *pathos*, lorsqu'il renvoie à l'innocence d'un être ostracisé, à la caricature, quand ce statut renvoie à la frustration sexuelle (en particulier avec Anna, dans *Le nom du père* / *Τὸ ὄνομα τοῦ πατέρα*). C'est que Dentrinou ne campe pas des types, mais des individualités et s'efforce en permanence de dépasser apparences et étiquettes.

En reproduisant partiellement, pour mieux les détourner, des stéréotypes féminins, Irini Dentrinou prend donc le contre-pied de représentations séculaires en en refusant l'ordre hiérarchique et le manichéisme.

---

23 *Madeleine* (*Μαγδαληνή*), I. Dentrinou, *Σονέττα*, *op. cit.*, p. 5.

Elle résiste ainsi aux fictions dominantes et s'attache à montrer les frontières mouvantes et incertaines de l'identité, par la composition d'êtres multiples et complexes. Elle aboutit de ce fait à la désacralisation de la figure de la mère, et remet notamment en question le caractère oblatif de l'amour maternel. Dans le même temps, elle rejette l'anathème jeté sur les femmes « de petite vertu », renversant ainsi les valeurs patriarcales et les règles de la morale courante. En outre, la contribution capitale de Dentrinou consiste à avoir brisé les moules des types, à avoir dépassé toute iconographie monolithique, pour représenter des individus dans la diversité de leurs existences. Elle est parvenue de cette manière à isoler des parcours féminins et parfois des capacités de résistance, même ténues, à la gestion normative de leur corps. Par ce jeu de croisement entre stéréotypes et déconstruction, totalement imperméable à l'arbitraire de la catégorisation, elle produit ce que Homi Bhabha désigne par l'expression « third space », des entre-deux qui fournissent des espaces propices à des stratégies d'élaboration de l'identité[24].

LA PLACE DES HOMMES ET LA MASCULINITÉ HÉGÉMONIQUE EN QUESTION

Dans le champ littéraire, si les analyses des représentations du féminin sont une pratique courante, presque galvaudée et confinant parfois à la saturation, force est de constater que les études portant sur le masculin, notamment chez des auteurs femmes, sont encore moins répandues, quoiqu'en nette progression avec le développement des *men's studies* et *masculinity studies* depuis les années 1980. C'est que la critique féministe, ayant mis en lumière les déséquilibres genrés de l'histoire littéraire et s'étant d'abord fixé pour objectif de démythifier/démystifier le féminin tout en sortant les femmes auteurs du silence, s'est prioritairement attachée à définir la place de ces dernières dans l'histoire littéraire, entreprise légitime s'il en est. Par ailleurs, le masculin semblait jusqu'alors tellement aller de soi que tout questionnement de l'homme constituait un impensé. Il n'en reste pas moins qu'une étude portant sur les représentations des femmes qui ne se focaliserait que sur le féminin et exclurait par conséquent la place des hommes ne serait tout au moins pas équitable, mais surtout

24 « *Those "in-between" spaces provide the terrain for elaborating strategies of selfhood* [...] *that initiate new signs of identity, and innovative sites of collaboration and contestation* [...] », Homi Bhabha, *The location of culture*, London, New York, Routledge, 1994, p. 1-2.

incomplète, tronquée, donc erronée. Proposer ici une telle analyse ne revient pas à réitérer une opposition binaire entre les deux sexes, mais à interroger en miroir leurs représentations, pour élargir ainsi le champ de la réflexion sur la constitution du genre et même espérer en dépasser les antagonismes. Car la masculinité et la place des hommes ne sont pas moins que la féminité et la place des femmes le produit de constructions[25]. Ainsi que le rappelle Élisabeth Badinter dans *XY. De l'identité masculine*[26], l'éternel masculin n'est que l'autre face du mythe de l'éternel féminin. Aussi les études littéraires s'attelant à l'analyse du masculin sont-elles riches de renseignements, comme le démontre par exemple l'ouvrage *Écrire les hommes* qui s'intéresse aux personnages masculins et à la masculinité dans l'œuvre des femmes écrivains de la Belle Époque[27].

Dans le cas de Dentrinou, les hommes ne sont pas absents de la fiction, même si la supériorité numérique des figures féminines est patente. Pour autant, cette dissymétrie n'enlève rien au fait que, par l'inclusion des hommes et des subjectivités masculines, la Corfiote propose un regard mixte et relationnel. En ce qui concerne ses compositions inspirées de l'univers des salons, la présence des hommes dans la fiction rend d'ailleurs simplement compte des espaces mixtes produits par la nouvelle sociabilité qui voit décroître la ségrégation spatiale des sexes à la fin du XIXe siècle. S'ils sont présents dans les textes, dont ils sont parfois même les protagonistes, les hommes sont aussi dotés d'une voix, et leurs représentations, de même que la parole masculine, sont protéiformes. Les personnages masculins et les postures qu'ils incarnent sont tout aussi insaisissables que leurs pendants féminins et le lecteur est frappé par la variété des figures proposées, suivant de multiples variations au gré des caractérisations par l'âge, la classe, etc. Ainsi, au fil des textes se croisent notamment philogynes, féministes ou misogynes, hommes vengeurs et justiciers, princes charmants, copulateurs opportunistes, adultères, fils, pères, frères, hommes amoureux, romantiques mélancoliques et suicidaires, chasseurs de dot, mondains superficiels, maris trompés, dandy efféminé, père alcoolique, jeune premier poupin, vieux garçon, vieillard

25 Voir sur ce point Anne-Marie Sohn, *Sois un homme ! La construction de la masculinité au XIXe siècle*, Paris, Seuil, 2009.

26 Élisabeth Badinter, *XY. De l'identité masculine*, Paris, éditions Odile Jacob, 1992, p. 13.

27 France Grenaudier-Klijn, Élisabeth-Christine Muelsch, Jean Anderson (dir.), *Écrire les hommes. Personnages masculins et masculinité dans l'œuvre des écrivaines de la Belle Époque*, Saint-Denis, PUV, Université Paris 8, 2012.

paternaliste et bienveillant, homme bourreau et homme victime. Comme pour leurs homologues féminins, les personnages d'hommes semblent souvent correspondre chez Dentrinou à des stéréotypes, mais c'est par l'examen de l'ensemble des représentations du masculin qu'il convient de chercher à saisir la vision globale de la Corfiote. Les masculinités sont composées en mosaïque et rendent compte de sa vision éclatée et dénaturalisée des hommes, dans laquelle, pour reprendre la cartographie proposée par Raewyn Connell, la « masculinité hégémonique » côtoie les masculinités « complices », « subordonnées » ou encore « marginalisées[28] ». Dans l'imaginaire collectif et les fictions dominantes de l'époque, l'idéal masculin se place du côté de la virilité, vertu assignée (supposée naturelle), et la masculinité (au singulier) se trouve associée aux valeurs normatives de la force, de la raison, de l'activité, du travail, qui imprègnent l'idéologie des sociétés patriarcales occidentales.

Mais les fictions du masculin peuvent discorder avec cet idéal, et c'est en partie ce que l'on observe chez Dentrinou. Chez elle, comme pour les fictions de femmes, les personnages masculins sont constitués pour certains grâce au recours à des caractéristiques stéréotypées mais ce sont leurs différentes configurations qui font sens plutôt que ces éléments figés isolés. La masculinité, comme la féminité, fait donc essentiellement l'objet d'une caractérisation globale par l'ambiguïté. Les compositions de Dentrinou présentent des doubles masculins aux figures féminines. Ainsi par exemple, les chasseurs de dot (*Figure ordinaire* / *Συνηθισμένος τύπος*) sont le pendant masculin des « madames du capitalisme » du monde des salons, et sont décrits avec une férocité égale. Dentrinou vise en effet en premier lieu à dénoncer les tares d'une société frivole et hypocrite, où hommes et femmes sont renvoyés dos à dos, ainsi que l'illustre *La monnaie de sa pièce* (*Μὲ τὸ ἴδιο νόμισμα*) :

> Κεῖνος χαριτωμένος, ντιστεγκὲς Ἀθηναῖος, μ' ὅλη τὴ φαντασία καὶ τὴ μεγάλη ἰδέα γιὰ τὸν ἑαυτό του, ποὺ χαρακτηρίζει τοὺς ἀνόητους νταντῆδες, ὅταν ἡ ἰδέα αὐτὴ στηρίζεται μονάχα στὸ κανονικὸ δέσιμο τῆς γραβάτας, τῆς ὥρας τὸ ντύσιμο καὶ γάντι καὶ σ' ὅλες τὶς ἄλλες τιποτένιες ἐξωτερικὲς λεπτομέρειες, μοναχὴ φροντίδα καὶ μοναχὴ σκέψη τῶν περσότερων νέων, ποὺ συχνάζουν στὰ σαλόνια. Κείνη,

28 Raewyn Connell, *Masculinités. Enjeux sociaux de l'hégémonie*, édition établie par Meoïn Hagège, Arthur Vuattoux, Paris, Éditions Amsterdam, 2014. Voir aussi Raewyn Connell, "Hegemonic Masculinity : Rethinking the Concept", *Gender & Society*, vol. 19 n° 6, décembre 2005, p. 829-859.

> Κερκυραία δεσποσύνη, ποὺ δὲν ἀφήνει οὔτε χορὸ οὔτε ἀπογεματιανὴ, τύπος κοινός, μὲ μόρφωση σαλονιοῦ, χωρὶς κανένα βάθος, μὲ τὴν ἐπιπολαιότη στὴν κουβέντα καὶ τὸ χωρὶς νόημα ὥς ἐπὶ τὸ πολὺ γέλιο. Ὄχι πολὺ ὄμορφη, ζωηρὴ περσότερο καὶ χαριτωμένη[29].
>
> « Lui, bien fait de sa personne, Athénien distingué, avec toutes les illusions et la haute idée de lui-même qui caractérisent les dandys stupides, lorsque cette idée se fonde uniquement sur une cravate nouée dans les règles de l'art, des habits et des gants adaptés aux circonstances, et sur tous autres détails de leur apparence extérieure, unique souci et seule préoccupation de la plupart des jeunes gens qui fréquentent les salons. Elle, jeune femme de Corfou, qui ne manque ni bal ni soirée, personnage banal, maîtrisant les règles de la vie de salon, sans aucune profondeur, à la conversation superficielle et riant à tout propos. Pas très belle, plutôt vive et gracieuse. »

Ailleurs, les personnages masculins convoqués pour nourrir la critique sociale, en particulier les figures de mendiants, sont incarnés tant par des hommes (comme dans *Insignifiant*/*Ἀσήμαντος*) que par des femmes. Dans *Fichu monde* (*Παλιόκοσμε*), Pétros et Anna incarnent tous deux une condition sociale misérable. Qu'ils soient hommes ou femmes, si certaines modalités de leur condition diffèrent – en premier lieu la menace de la prostitution –, les indigents sont présentés comme des victimes de la société, sans que le critère du sexe soit déterminant. De même, le malheur n'épargne pas les personnages masculins. Nombre d'hommes sont dépeints comme victimes de l'amour (*Les paroles de la magicienne* / *Τὰ λόγια τῆς μάγισσας*) et parfois victimes des femmes, quand ces dernières les rejettent ou les trompent (*Lettre ouverte* / *Ἀνοιχτὸ γράμμα*, *La faute de la mère* / *Τὸ κρίμα τῆς μάνας*, *In articulo mortis*). L'amour malheureux se solde dans certains cas par une issue fatale : la mort consécutive à la maladie (*La chanson inchantée* / *Τὸ ἀνείπωτο τραγούδι*, *Fou ?* / *Τρελός;*) ou le suicide (*La vie en rose* / *Ὅλα ρόζ!...* [*sic*]).

Un texte en particulier est intéressant, en ce qu'il met en scène une figure de vieux garçon, à certains égards caricaturale, l'instituteur M. Giannis, en le présentant comme une victime du système patriarcal et de la vénalité attachée au mariage. Derrière la farce, on peut lire les conséquences néfastes d'un système social où le mariage est interdépendant de la question de l'argent. N'ayant pas les ressources nécessaires, il ne peut en effet épouser la femme qu'il aime. Autre exemple éclairant :

29 *La monnaie de sa pièce* (*Μὲ τὸ ἴδιο νόμισμα*), I. Dentrinou, *Τὰ Διηγήματα*, *op. cit.*, p. 135-137.

Purification ! (*Ἐξαγνισμός!*) évoque la situation de trois frères dont le destin matrimonial est dicté par la voix tyrannique de leur mère, veuve davantage préoccupée par la prospérité familiale que par le bonheur de ses fils. Par ailleurs, par-delà la question de l'argent ou du rang social, les hommes sont également soumis au diktat de l'apparence : la laideur peut constituer, pour la masculinité aussi, un obstacle, que seule la fortune peut transcender (*Beauté bonté* / *Ὀμορφιά Καλοσύνη*, *Esprit pratique* / *Μυαλὸ πραχτικό*, *Le jour maudit* / *Ἡ καταραμένη μέρα*).

Ainsi, comme les femmes, les hommes qui ne correspondent pas au rôle qui leur est dévolu sont également frappés d'ostracisme. Ce sont, aux yeux de l'idéologie dominante, des faibles, qui se voient souvent dotés de caractéristiques supposées féminines : émotifs et sensibles, soumis, passifs. *Pourquoi pas* (*Γιατὶ ὄχι*) synthétise et critique la définition de l'homme idéal à travers la peinture oxymorique de deux types d'hommes. Il y a d'un côté, l'homme, le vrai, incarnation de la masculinité hégémonique, qui se place du côté de la virilité, du sérieux et du travail, et de l'autre, le mondain, sorte d'*homo effeminatus*, que toutes ses caractérisations placent du côté du féminin (élégant, incapable de pensée sérieuse, épris d'activités « décoratives » féminines, comme le théâtre, les réceptions ou le tennis). Par son inadéquation aux valeurs viriles dévolues au masculin, ce dernier est taxé de « femmelette » (« γυναικούλα »), ce qui renvoie à la dépréciation réitérée *de facto* des femmes et à la négativité du féminin, même incarné dans un corps d'homme. Voici la description qu'en fait son double inversé :

> Δὲ μοῦ ἀρέσουν οἱ ἄντρες, ποῦ περνοῦν τὴ ζωή τους τόσο ἀνόητα καὶ τόσο ἄδεια, ποῦ τὸ ἡμερήσιό τους πρόγραμμα εἶναι οἱ τουαλέττες τους, τὸ τέννις, οἱ ἀπογεματιανές, τὸ θέατρο καὶ ἡ κατάχτηση μιᾶς ὄμορφης κυρίας. Τί τὰ θέλεις; Αὐτοὺς τοὺς ἀνθρώπους – μολονότι τοὺς βλέπω νὰ μετρᾶνε πολλὲς ἐπιτυχίες στὴ ζωὴ – δὲ μπορῶ νὰ τοὺς ἐχτιμίσω, ἴσως ἐπειδὴ ἀπὸ μικρὸς εἶδα μὲ ἄλλα μάτια τὴ ζωή. Ἐπίστεψα πάντα, ποῦ τὴν ἱκανοποίηση, ποῦ δίνει ἡ ἐργασία στὸν ἄνθρωπο, τίποτα ἄλλο στὸν κόσμο δὲ μπορεῖ νὰ τὴ δώση[30].

> « Je n'aime pas les hommes qui passent leur vie si sottement et de façon si vaine, dont le programme quotidien se résume aux soins consacrés à leur tenue vestimentaire, au tennis, aux soirées, au théâtre et à la conquête de quelque belle dame. Que veux-tu ? Ces hommes – bien que, je le constate, ils obtiennent dans la vie nombre de succès –, je ne peux pas les estimer,

30 Irini Dentrinou, *Γιατὶ ὄχι* (*Pourquoi pas*), *Kerkyraïki Anthologia*, I, 1915-1916, *op. cit.*, p. 23.

> peut-être parce que depuis mon enfance j'ai appris à voir la vie autrement. J'ai toujours cru que rien ne peut remplacer la satisfaction que le travail procure à l'être humain. »

Le texte explicite par ailleurs que cette identité masculine hégémonique figée dans son unicité est intériorisée par la plupart des hommes de la bonne société corfiote, sans qu'aucune remise en question ne vienne s'y opposer.

Chez Dentrinou l'exemple le plus extrême de masculinité marginalisée se trouve dans *Purification !* (*Ἐξαγνισμός!*) qu'elle publie en 1923 pour le compte des éditions Grammata d'Alexandrie. Ce long récit se distingue par son audace thématique puisqu'il aborde des sujets hétérodoxes, comme l'anticléricalisme, et des sujets tabous, notamment les pulsions sexuelles, l'adultère et l'infanticide. Dentrinou y met en scène un jeune garçon frappé de handicap mental à la suite d'une méningite et littéralement torturé par les élans lascifs de sa chair qu'il espère juguler en prenant l'habit de moine. Du fait de sa différence, il est ostracisé et raillé au sein de sa famille et par la société. Dans un autre registre, l'épigramme satirique *À un prétentieux* (*Σ'ἕνα φαντασμένο*) illustre cette inversion des rôles en évoquant un homme dont la seule ambition consiste à devenir « le mari de sa femme », se voyant ainsi attribuer, en filigrane, le caractère parasitique traditionnellement associé au féminin. Si un homme peut se voir attribuer des caractéristiques féminines, ce processus est également possible dans l'autre sens, et plusieurs textes reposent précisément sur un jeu d'inversion des rôles sexués et genrés qui vient troubler l'ordre patriarcal traditionnel. Ainsi, dans *Figure atypique* (*Ἀσυνήθιστος τύπος*), le narrateur est un homme qui se trouve totalement désarçonné lorsqu'il rencontre une jeune femme des salons qui se distingue plus par son esprit et son intelligence que par sa beauté et sa tenue.

Si çà et là, les personnages masculins de Dentrinou sont des reprises de stéréotypes (nous pensons en particulier à l'image de l'époux ou du père ivrogne dans *Purification ! / Ἐξαγνισμός!* ou, dans *Dans la masure de Saint Jean / Στὴν καλύβα τ'Ἄη Γιαννιοῦ*, à la déclinaison de l'homme brutal qu'on trouve par ailleurs chez Théotokis), l'œuvre dans son ensemble recèle davantage des caractérisations nuancées qui ébranlent la masculinité hégémonique, de la même manière qu'elle sape les fondements de l'idéal féminin.

Les modalités de construction des personnages sont sous-tendues, en filigrane, par l'idée selon laquelle ce n'est pas à l'aune de la différence des sexes qu'on juge les individus, et par la conviction de la facticité des rôles dévolus aux hommes et aux femmes. Et bien que se focalisant sur la question des femmes, le fait que Dentrinou se penche simultanément sur la question des hommes est la preuve de son ouverture d'esprit et de sa maturité intellectuelle qui, tout en la soustrayant au piège d'un discours masculiniste, lui permirent de dépasser tout manichéisme genré essentialiste. Si elle réfute l'idée de la supériorité masculine, elle n'adhère pas davantage à la thèse de la domination masculine et montre combien « les masculinités ne sont pas un équivalent des hommes » mais « concernent la position des hommes dans un ordre genré[31] ».

GENRE, INDIVIDUATION ET MÉTASTABILITÉ

L'étude de la construction sociale de la féminité et de la masculinité a donné lieu à des grilles d'interprétation des codes de genre[32], méthodologie à laquelle les études littéraires se sont également employées dans le but de comprendre le champ des représentations genrées. Ces approches typologiques aboutissent généralement à l'identification, dans les textes, de traits genrés et de stéréotypes féminins et masculins, supports d'analyses classificatoires qui comportent toutefois des risques. S'il est en effet utile d'isoler des critères genrés dans la constitution des personnages, il ne s'agit pas de les utiliser autrement que comme de simples marqueurs ou cas limites spécifiables, et encore moins de les interpréter comme constitutifs de l'identité pensée comme stable. Une herméneutique qui se caractérise par une trop grande adhésion au modèle typologique reproduit un système normatif, en réitérant *ad libitum* des stéréotypes qui sont, par définition, présupposés et figés.

Une certaine distance critique s'avère donc nécessaire face au recours aux typologies, afin de ne pas assigner aux personnages des identités préexistantes mais de pouvoir au contraire rendre compte des modèles

31 Sur le site internet de Raewyn Connell http://www.raewynconnell.net/p/masculinities_20.html (consulté le 6/11/2019).

32 Voir par exemple Anne-Marie Rocheblave-Spenlé, *Les rôles masculins et féminins. Les stéréotypes, la famille, les états intersexuels*, Paris, Presses universitaires de France, 1964 ; Marc Préjean, *Sexes et pouvoirs. La construction sociale des corps et des émotions*, Montréal, Presses de l'Université de Montréal, 1994.

nuancés que propose, le cas échéant, la fiction littéraire. Si en effet l'examen de l'œuvre de Dentrinou révèle qu'elle casse les moules des types, il ne s'agit pas, dans la démarche interprétative, de partir du postulat erroné de l'existence obligatoire et omniprésente des stéréotypes. Car même si l'emploi du terme constitue un anachronisme, c'est bien du *genre* qu'il s'agit chez Dentrinou. Elle interroge en effet, pour les remettre en question, les catégories femmes et hommes, les rôles dévolus à chaque sexe dans un système social patriarcal, le jeu entre les multiples relations de pouvoir, et les valeurs et imaginaires attribués au féminin comme au masculin. Ce faisant, elle dénaturalise et déconstruit, avant l'heure, toute pensée binaire et stéréotypée, et invite le lecteur à faire de même. En outre, elle suggère que la hiérarchie genrée recèle des nuances complexes que ne saurait éclairer la seule opposition entre les femmes et les hommes. Dans ses textes, les rapports de pouvoir, plus ou moins visibles (intériorisés, exercés ou fantasmés) se trouvent non seulement intriqués avec d'autres facteurs (notamment l'âge, la classe, l'apparence physique), mais peuvent en outre exister entre des personnes du même sexe. Les représentations genrées font donc l'objet d'une analyse subtile qui ne se départit jamais de l'idée de la capacité d'agir des individus, pensés dans leur multiplicité et dans leurs identités palimpsestes, hybrides, mouvantes et labiles.

Ce constat amène deux réflexions qui ont à voir avec la démarche herméneutique face à l'objet littéraire et au champ des représentations, notamment genrées, et concernent aussi la responsabilité de toute tentative d'interprétation face aux catégories pré-pensées. Dans son commentaire de Michel Foucault, Paul Veyne souligne en ce sens l'invitation du philosophe français à « Non pas passer les universaux à la râpe de l'histoire, mais faire passer l'histoire au fil d'une pensée qui refuse les universaux », ce qu'il explicite de la manière suivante :

> Ontologiquement parlant, il n'existe que des variations, le thème transhistorique n'étant qu'un nom vide de sens [...] Heuristiquement, il vaut mieux partir du détail des pratiques et faire l'effort intellectuel d'en expliciter le discours. C'est plus fécond (mais plus difficile pour l'historien mais aussi pour ses lecteurs) que de partir d'une idée générale et bien connue, car on risque alors de s'en tenir à cette idée, sans apercevoir les différences ultimes et décisives qui la réduiraient à néant[33].

33 Paul Veyne, *Foucault, sa pensée, sa personne*, Paris, Albin Michel, 2008, p. 19.

Si tout est singulier dans l'histoire universelle, cela infléchit notre appréhension de l'humain qui doit rompre avec le cadre rassurant des idées générales auquel il convient de substituer un « art de capter l'individualité en effaçant les poncifs ». C'est précisément de cette démarche que doit s'inspirer l'analyse littéraire, lorsqu'il s'agit en particulier de l'étude des personnages au prisme du genre. Si les « voies de l'aventure humaine nous semblent balisées par de grands mots qui sont autant de poncifs », l'humanité n'en est pas moins « composée d'hommes en chair et en os, et non de marionnettes au service d'un schéma dogmatique[34] ». Suivant ce mouvement de pensée, l'analyse des personnages, des individus et plus généralement des représentations d'un point de vue genré ne doit pas chercher à servir une idée préconçue. Répétons-le : dans les études littéraires, une démarche trop largement répandue consiste à faire correspondre l'objet d'étude à des catégories préétablies comme les stéréotypes de genre. Or, à chercher des stéréotypes de genre, des femmes fatales, des mères vertueuses ou des hommes bourreaux, il y a fort à parier qu'on parvienne à en trouver. Ce faisant, sont réitérées, sans être ébranlées ou simplement interrogées, des catégories figées, pensées comme universelles et transhistoriques, qui nient toute possibilité d'individuation et de nuance.

Une alternative à ce paradigme identitaire figé consisterait à suivre le schéma de pensée de la métastabilité développé par Gilbert Simondon[35] qui semble offrir des perspectives intéressantes pour les sciences humaines et en particulier dans son application à l'analyse des représentations littéraires, notamment du point de vue du genre. Empruntant le terme à la thermodynamique dans une optique spécifique accolée à l'idée de préindividuel, Simondon propose une théorie générale de l'individuation (physique, biologique, psychologique) à partir de la notion de métastabilité. Proposant du même coup de réformer notre regard sur l'être, il invite à penser l'individu et l'individuation non de manière rétrospective, à partir de concepts préexistants (le sens de sa pensée est comparable sur ce point à celui de Foucault) : « connaître l'individu à travers l'individuation plutôt que l'individuation à partir de l'être[36]. »

34 *Ibid.*, p. 33.
35 Gilbert Simondon a développé cette notion de métastabilité dans *L'individu et sa genèse physico-biologique*, Grenoble, Million, 1995 (rééd.).
36 *Ibid.*, p. 22.

Cette théorie de l'individuation permet de relativiser la notion d'identité pensée en termes de stabilité et d'unité puisque Simondon offre de saisir les individualités non selon des pré-catégories identitaires normatives et statiques, mais à travers le prisme de la métastabilité :

> [...] l'état originel de l'être est un état qui dépasse la cohérence avec soi-même, qui excède ses propres limites : l'être originel n'est pas stable, il est métastable ; il n'est pas un, il est capable d'expansion à partir de lui-même ; l'être ne subsiste pas par rapport à lui-même ; il est contenu, tendu, superposé à lui-même, et non pas un. L'être ne se réduit pas à ce qu'il est ; il est accumulé en lui-même, potentialisé. Il existe comme être et aussi comme énergie[37]. [...]

La défiance de Simondon vis-à-vis du paradigme de la stabilité et devant l'être *déjà donné* est inspirante pour la démarche interprétative des représentations littéraires, et plus généralement de notre perception/représentation du monde. En extrapolant sa réflexion féconde, qui ne cherche pas à inventorier les qualités de l'individu mais s'attache à analyser le processus par lequel l'individu se constitue (individuation), et en suivant le mouvement de pensée auquel il nous invite, on renvoie le présupposé des stéréotypes du côté de l'illusion de la stabilité. En outre, le paradigme de la métastabilité est irréductible à l'ordre de l'identité, de l'unité et de l'altérité et permet de dépasser le dualisme entre les catégories du stable et de l'instable, de l'être et du devenir, par une synthèse d'éléments *a priori* incompatibles. Le paradigme de la métastabilité résout ainsi les tensions entre l'exigence d'identité et les évidences de l'expérience, entre l'un et le multiple, en pensant le devenir de l'individu, sans le réifier. Aussi cet outil conceptuel permet-il non seulement de repérer les poncifs et autres stéréotypes identitaires sous-tendus par l'opposition binaire du Même et de l'Autre, mais offre en outre la possibilité de les analyser, et, le cas échéant, de les déconstruire.

Dans le champ du genre, qu'il s'agisse d'appréhender des êtres de chair et d'os ou des êtres de papier (personnages de fiction), le paradigme de la métastabilité est opérant puisqu'il permet de se soustraire au prêt-à-penser et de renoncer à la pensée de la différence pour considérer les potentialités offertes à la carrière des individus, quels que soient leur sexe et orientation sexuelle, en échappant ainsi aux carcans d'une vision binaire, stable et immuable. Appliqué à l'analyse littéraire, il permet

37 *Ibid.*, p. 238.

ainsi de mettre en lumière l'épaisseur des personnages que révèle la multiplicité des caractérisations possibles dans le processus d'individuation, dont le seul but est d'échapper aux « fausses enveloppes de la persona[38] » et aux images archétypales.

En outre, le paradigme de la métastabilité inclut la pluralité de l'individu non seulement pensé dans le temps chronologique mais aussi dans son caractère palimpseste. Autrement dit, un même personnage peut, successivement ou simultanément, être une suite ou une superposition de plusieurs facettes. Par exemple, ainsi qu'on l'a vu chez Dentrinou, un même personnage peut être mère et femme désirante, victime et bourreau, putain et vertueuse, et surtout endosser des caractérisations intermédiaires et nuancées qu'offre le *continuum* entre ces cas limites spécifiables. Enfin, il faut souligner la portée performative du paradigme de la métastabilité qui possède la valeur d'une réinterprétation ontologique en offrant notamment de dépasser la négativité d'identités fixes intériorisées et de poser la question du sujet multiple. Ainsi pensé à la lumière du schéma de métastabilité, l'être est éternellement en devenir, qu'il s'agisse d'une personne réelle ou d'un personnage de fiction, dans un « flux héraclitéen des vécus » (Husserl) en renouant avec une perception ancienne de l'être éternellement en devenir. Ce paradigme alternatif permet aussi de rompre avec une caractérologie classique qui, jusqu'à la fin du XVIIIe siècle dans la pensée occidentale, assigne aux individus une identité fixe, et de renouer avec une temporalité du devenir, tout en offrant la possibilité de contrer la difficulté de penser des groupes ou des individus minorisés comme un *tout*, perspective perméable au risque d'un effet de réification, d'altérité radicale[39] ou de fétichisation identitaire.

38 Carl Gustav Jung, *Dialectique du Moi et de l'inconscient*, traduction par Roland Cahen, Paris, Gallimard, Folio Essais, 1964, p. 117.

39 Sur le sujet, voir Maria Eleonora Sanna, Eleni Varikas, « Genre, modernité et "colonialité" du pouvoir : penser ensemble des subalternités dissonantes. Introduction », *Cahiers du Genre*, 2011/1 (n° 50), p. 5-15.

AMBIGUÏTÉS SEXUÉES DU DISCOURS

De par la variété des instances énonciatrices qu'elle convoque, soumises à un incessant jeu de masques, et du fait de son caractère protéiforme qui rend compte d'une pensée en mouvement et parfois de contradictions internes, l'œuvre de Dentrinou ne révèle pas facilement le point de vue de son auteur. De plus, elle se trouve marquée dans son ensemble par des ambiguïtés qui font s'interroger le lecteur sur la posture littéraire et idéologique de Dentrinou, en tant qu'auteur, dans ses discours sur les femmes et les hommes, où la frontière n'est parfois pas nette entre féminisme et misogynie, progressisme et conservatisme. En particulier, nombre de questions émergent quant à la place de l'humour dans son œuvre, à la définition de l'émancipation féminine ou au nouvel ordre social qui modifie en profondeur les relations entre hommes et femmes et leurs identités respectives.

LES ÉQUIVOQUES DU RIRE

L'humour occupe une place centrale dans l'œuvre d'Irini Dentrinou et revêt des formes très diverses : autodérision, ironie subtile, farce grotesque, satire sociale de ses contemporains, parodie, retournement carnavalesque des valeurs, comique de mots, de situation, de caractères. C'est là un des traits distinctifs de l'œuvre et ce qui fonde, en grande partie, son intérêt et son originalité. En cela, la Corfiote vient démentir le mythe selon lequel le rire serait le propre de l'homme, et non de la femme (et encore moins des féministes[40]), et vient compléter une généalogie de l'humour au féminin que l'histoire littéraire n'a entrepris que tardivement de considérer. Partant du présupposé que le rire était inconvenant pour les femmes, ou que ces dernières n'y étaient naturellement pas prédisposées, l'humour littéraire au féminin s'est longtemps trouvé oblitéré dans les études littéraires, oubli entériné parfois par un interdit[41], avant d'être mis en lumière et étudié par la critique féministe, surtout à partir des années 1980, notamment avec les travaux de Gloria Kaufman,

---

40 Voir Nancy Walker, "*Do Feminists Ever Laugh?* Women's Humor and Women's Rights", *International journal of Women's Studies*, 4.1, janvier-février 1981, p. 1-9.

41 C. Planté, *La petite sœur de Balzac*, *op. cit.*, p. 197.

Nancy Walker, Regina Barecca, Emily Toth[42]. Pourtant l'humour des femmes est partout présent dans l'histoire littéraire occidentale. Les commentateurs et autres exégètes, sans doute trop imprégnés du mythe de la femme dépourvue d'humour, ne s'y sont simplement pas attardés prioritairement. Ainsi par exemple, la critique n'a redécouvert qu'assez tardivement la dimension centrale du rire[43] dans l'œuvre de Virginia Woolf (dans ses œuvres de fiction comme dans ses essais), longtemps cantonnée dans une réception majoritairement focalisée sur une vision pathologique de cette auteur considérée comme neurasthénique[44].

Dans les lettres grecques, Dentrinou ne fut pas la seule femme en son temps à emprunter au registre du rire. On retrouve cette tendance notamment chez Alexandra Papadopoulou, Maria Michanidou (*L'extrême dénuement. L'aristocratie grecque et le vampire*), ou encore, plus tard, Lilika Nakou (*Madame Doremi*), exemples qui nous invitent à reconstituer, pour les lettres grecques, une tradition du rire au féminin. En ce qui concerne la Corfiote, cette inclination est aussi contextuelle, puisqu'elle s'inscrit dans la tradition satiriste de l'Heptanèse et trouva par ailleurs une émulation supplémentaire à travers sa collaboration avec la revue *Noumas* et son engagement dans la revue *Kerkyraïki Anthologia*. L'influence sur Irini Dentrinou de la tradition satiriste des îles Ioniennes, et en particulier de l'École de Corfou, a déjà été montrée[45] et ce n'est pas tant cette filiation qui nous intéresse ici que la question du rire abordée d'un point du vue genré. D'une manière générale, le rire n'a pas une signification univoque et soulève nombre de questionnements[46]. Chez Dentrinou, faut-il nécessairement l'interpréter comme une stratégie ironique au service d'une militance féministe ? Ou au contraire, à travers les hiatus qu'on relève dans le discours, Dentrinou est-elle prisonnière

42 En France également, on peut signaler *Création au féminin, Les humeurs de l'humour* (vol. 4.), textes réunis et présentés par Marianne Camus, Dijon, Éditions universitaires de Dijon, coll. « Kaléidoscopes », 2010 ; *Rire et émancipation féminine*, sous la direction d'Ariane Bayle, Paris, L'Harmattan, coll. « Identités, Genres, Sexualités », 2013.

43 Voir Virginia Woolf, *Rire ou ne pas rire*, textes traduits de l'anglais et présentés par Caroline Marie, Nathalie Pavec et Anne-Laure Rigeade, Paris, La Différence, coll. « Littérature étrangère », 2014.

44 Christine Reynier, « Virginia Stephen (Woolf) et le rire comme horizon », *Études britanniques contemporaines*, 40 | 2011, p. 5-18.

45 Th. Pylarinos, « Ειρήνη Α. Δεντρινού », *op. cit.*, p. 38 et p. 41, et en particulier, Chapitre VIII, « La satire chez Dentrinou », p. 88 *sqq*.

46 Voir notamment le poème *Le rire* (*Tò γέλοιο*) que publie Dentrinou dans *Éphiméris ton Kyrion* le 12 septembre 1899.

de topiques littéraires misogynes, le rire n'étant pas nécessairement la marque d'une parole libérée ? Enfin, dans son œuvre, quelles tensions apparaissent entre les modalités du rire (rire auctorial et celui des personnages), ses destinataires et ses cibles ? En d'autres termes, le rire de Dentrinou exprime-t-il une connivence avec ses cibles féminines, et cherche-t-il, dans une visée didactique, à éduquer les femmes au rire et à l'autodérision ?

Dans la production de la période qui nous intéresse[47], le recours au registre du rire apparaît dans *Le monde des salons* (*Ἀπὸ τὸν κόσμο τοῦ σαλονιοῦ*), mais surtout dans les épigrammes satiriques publiées dans *Kerkyraïki Anthologia*, dans les dialogues *Causeries légères* (*Πεταχτές κουβέντες*), mais aussi dans certains de ses articles et textes de conférence[48], où se côtoient satire, farce, ironie subversive, comique de situation, comique de mots, autodérision, recours à la caricature. Lorsque le rire est utilisé comme un outil de dénonciation des comportements humains, ses cibles sont multiples et ne sont pas exclusivement des personnages féminins, loin s'en faut. Dentrinou raille indistinctement des personnages inspirés de la société de son temps, hommes et femmes du monde qui ont en commun leur hypocrisie et leur médiocrité. Bien souvent d'ailleurs, plus que de la comédie de caractères, ses textes empruntent davantage à la comédie de mœurs. La première satire publiée paraît en 1900 dans *Éphiméris ton Kyrion* : *Figure ordinaire* (*Συνηθισμένος τύπος*), première mouture du texte qui deviendra ensuite le premier des récits du recueil *Le monde des salons* (*Ἀπὸ τὸν κόσμο τοῦ σαλονιοῦ*), portrait au vitriol d'un dandy des salons. Dans la lignée de cette première composition, *Le monde des salons* (*Ἀπὸ τὸν κόσμο τοῦ σαλονιοῦ*) est l'occasion pour Dentrinou de développer la veine satirique et l'ironie subversive, même si l'ensemble du recueil ne se caractérise pas par une unité de ton. Elle s'y essaie au comique de mots, en jouant notamment sur les noms de personnages, et au comique de situation, sans toujours maîtriser l'art de la chute.

Parodie et traits d'esprit caractériseront davantage la satire sociale des *Causeries légères* (*Πεταχτές κουβέντες*), où le recours au rire s'enrichit

47 Cette tendance se manifeste également dans la production ultérieure, notamment dans les *Conversations mondaines* et dans les poèmes satiriques de la période de l'Occupation, voir Th. Pylarinos, « Ειρήνη Α. Δεντρινοό », *op. cit.*, p. 93 *sqq.*

48 En particulier, dans le texte d'une conférence donnée à l'Institut britannique de Corfou et intitulée « La conférence – le public – le conférencier », I. Dentrinou, *Ἡ Κερκυραϊκὴ Σχολή*, *op. cit.*, p. 126-129.

de procédés et de ressorts plus théâtraux, compte tenu de la prédominance de la forme dialogique dans ces saynètes qui évoquent quelquefois le vaudeville ou la farce, et tissent des affinités avec les écrits de la Française Gyp. À partir de 1915, Dentrinou publie dans *Kerkyraïki Anthologia* des épigrammes satiriques, genre en vogue à cette époque (succès dû notamment à la revue *Noumas*) et particulièrement apprécié par les représentants de l'École de Corfou et les écrivains de l'Heptanèse. Au service de la critique sociale, les sujets abordés par Dentrinou sont variés : la morale et la sexualité, la cupidité, le mariage, quelques sujets anticléricaux ; et ses cibles sont diversifiées : snobs, usuriers, hypocrites, dandys, faux altruistes, êtres vaniteux et superficiels, mais aussi, ponctuellement, critiques littéraires, membres de son entourage, ou sa propre personne. L'usage du rire sert dans bien des cas une critique amusée et joviale, sans virulence aucune mais toujours avec un esprit mordant ou avec malice. Ainsi dans l'un des dialogues publiés dans *Kerkyraïki Icho*, intitulé *Quelle chanceuse !* (*Τί τυχερή !*), elle raille une « Comtesse qui connaît toutes les langues… et n'en connaît aucune », parodiant ainsi les prétentions linguistiques des classes favorisées, en décalage avec leurs capacités réelles, rendues ici par le français assez approximatif qu'elle prête au personnage :

> Ce sont des monstres au cœur doûr, pour soûr, sans coultoûre et sans litteratoure, que la natoure, toutte poûr nous procoure[49]. [*sic*]

Elle accorde toutefois une importance particulière aux relations entre hommes et femmes dans la société, sans pour autant cibler spécifiquement l'un ou l'autre sexe. Néanmoins, derrière la légèreté de ton se loge souvent une critique profonde des rôles sociaux sexués, comme dans l'épigramme satyrique *À un prétentieux* (*Σ'ένα φαντασμένο*) :

> Ἤθελε νὰ γίνει κάτι
> Μὰ οὔτε αὐτὸς δὲν ξέρει τὶ·
> Μὴ Νομάρχης ; – Μπᾶ !'ς πολλάτη !
> Πρέσβυς ; – Ἴσως… μά γιατί,
> Ποῦ αὐτὸς νὰ τὸν διευθύνει
> Μόνο δέχεται ὁ ἑαυτός του
> Κι' ἀποφάσισε νὰ γίνει…

49 *Kerkyraïki Icho*, numéro 9, 7 juillet 1930, p. 1.

– Γιὰ νὰ ἰδῶ, μαντεύετε; –
Σύζυγος τῆς γυναικός του!
Δὲ μοῦ τὸ πιστεύετε[50];

« Il voulait devenir quelque chose
Mais lui-même ne savait pas quoi :
Préfet ? Merci bien !
Ambassadeur ? Peut-être… mais à quoi bon,
Lui qui n'accepte d'ordre
De personne excepté de lui-même
Et il décida donc de devenir…
– Voyons, vous ne devinez pas ? –
Le mari de sa femme !…
Vous ne me croyez pas ? »

Cependant, une ambiguïté caractérise certains textes satiriques. D'abord, l'humour est le plus souvent le fait du narrateur et seuls quelques rares personnages, notamment féminins, sont dotés d'humour. Ensuite, dans son entreprise de critique sociale, Dentrinou reprend parfois des stéréotypes misogynes, comme la vieille fille de *La chanceuse* (*Η τυχερή*) ou les précieuses ridicules de *Vivre et laisser vivre !*. Dans le contexte de l'époque, où l'émancipation féminine est l'un des thèmes privilégiés de la comédie, la lecture isolée d'un texte ne permet pas toujours de ranger Dentrinou dans les rangs de la misogynie, du féminisme ou de l'antiféminisme. Cela est notamment vrai pour des compositions où pointe une critique sur la liberté des mœurs nouvellement acquise (*O tempora o mores !*). Enfin, à l'exception du recueil *Le monde des salons* (*Ἀπὸ τὸν κόσμο τοῦ σαλονιοῦ*) dont la dédicace précise qu'ils sont destinés aux « filles de Grèce qui fréquentent les salons », les destinataires des textes de Dentrinou ne sont pas nécessairement des femmes. Protéiforme, parfois éminemment équivoque, le rire suppose en tout cas chez elle une connivence avec son lecteur, qui se trouve invité à prendre part à la construction du sens de l'œuvre. Le rire n'y est qu'occasionnellement gratuit, mais revêt le plus souvent une fonction politique, puisqu'il s'assortit d'une critique de la société et révèle une intention de changement du paradigme social inégalitaire, qu'il s'agisse d'envisager la question des classes ou celle des sexes. Par la satire, le sarcasme et l'ironie subversive, Dentrinou vise ainsi à déconstruire des discours sociaux autoritaires,

50 *Kerkyraïki Anthologia*, I, 1915-1916, *op. cit.*, p. 124.

à malmener les normes de la bienséance en déstabilisant la hiérarchie sexuelle de la société. Elle utilise ainsi l'humour pour affirmer une vérité qui transcende l'opposition hommes femmes.

Les ambiguïtés inhérentes à l'usage du rire chez Dentrinou trouvent un écho dans l'écriture et la réception d'œuvres qui abordent, à la même époque, la question de l'émancipation féminine. Ainsi, la pièce de théâtre de Georgios Souris, *L'émancipation*, rencontra une certaine confusion interprétative, œuvre perçue par Parren comme antiféministe, avis que Kondylakis ne partage pas et met sur le compte de la posture ultra-féministe de cette dernière[51]. Dans le même ordre d'idées, l'exemple d'Alexandra Papadopoulou est également particulièrement intéressant, puisqu'elle fut simultanément considérée comme antiféministe, à Athènes, d'abord par Parren, et comme féministe à Constantinople[52]. Rien dans l'œuvre de Dentrinou ne permet d'invoquer le postulat d'un rire proprement féminin, pas plus d'ailleurs que celui d'une écriture féminine.

FÉMINISME, ANTIFÉMINISME ET MISOGYNIE

Les tensions qui apparaissent entre féminisme, antiféminisme et misogynie dans les discours, notamment littéraires, à la fin du XIXe siècle et au début du XXe, sont la plupart du temps abordées sous l'angle du paradoxe ou de l'antithèse. Pourtant, si l'on considère le foisonnement des œuvres littéraires qui abordent les questions des rapports entre les sexes et du statut des femmes, il n'est pas toujours aisé de distinguer les argumentaires, entre les tendances misogynes, antiféministes ou philogynes[53]. Ainsi par exemple, la satire misogyne comme la littérature philogyne exploitent le type de l'institutrice qui, dans les deux postures, incarne la femme qui ne tient pas sa place[54]. De même, les représentants les plus illustres de la littérature philogyne ne sont pas exempts d'ambivalences. Cela est perceptible par exemple chez Grigorios Xénopoulos qui, de *Stella Violanti* à *La femme aux trois visages*, dénonce certes la cruauté de la société patriarcale, mais sans toutefois parvenir à dépasser une vision déterministe

51 K. Pétrakou, « Η εμφάνιση του φεμινισμού στο νεοελληνικό θέατρο », *op. cit.*

52 G. Papakostas, *Η ζωή και το έργο της Αλεξάνδρας Παπαδοπούλου*, *op. cit.*, p. 118.

53 Sur la question, voir les travaux de Voula Lambropoulou, notamment *Αντιφεμινιστικά και φεμινιστικά*, Athènes, édition privée, 1983 ; *Το βιβλίο των αντιφεμινιστών*, Athènes, Ermeias, 1994.

54 E. Varikas, *Η εξέγερση των Κυριών*, *op. cit.*, p. 244.

qui entérine l'image de la femme victime ou celle de la femme dépravée. Dans la littérature et la pensée occidentales, il est fréquent de trouver de tels exemples, qui nous rappellent que la ligne de démarcation entre ces différentes tendances est parfois insaisissable, et que l'antiféminisme n'est pas nécessairement misogyne[55]. Les tensions qui habitent ainsi la littérature sont donc le signe de la relation dialogique qu'entretiennent l'histoire du féminisme et celle de la misogynie. Susan Gubar a ainsi proposé une lecture « féministe misogyne » de Mary Wollstonecraft[56], tout en évoquant la reprise de cette tradition chez des héritières plus ou moins inattendues, parmi lesquelles Kate Millet et Simone de Beauvoir. Derrière la provocation apparente de l'expression oxymorique de « féminisme misogyne », Susan Gubar est parvenue à questionner la validité des termes et des catégories « féminisme » et « misogynie ».

Si la misogynie est la haine des femmes, l'antiféminisme correspond à la lutte contre l'égalité des sexes ou son refus. Dentrinou ne verse jamais ni dans l'un ni dans l'autre, mais certaines de ses postures sont pour le moins ambiguës. Le lecteur peut être surpris de la virulence de ses attaques, voire de la cruauté et parfois du mépris apparent dont elle fait montre, lorsqu'il s'agit pour elle d'éduquer les dames des salons (*Le monde des salons* / *Ἀπὸ τὸν κόσμο τοῦ σαλονιοῦ*). Certains de ses portraits féminins auraient pu être le fait d'écrivains misogynes. Il est tout aussi surprenant de voir sous sa plume des textes traversés par des élans de commisération cohabiter avec des critiques au vitriol. Autour d'un sujet commun, celui de la figure de la vieille fille, comment ne pas s'étonner en effet de l'écart entre la compassion et le *pathos* du poème *Vieille fille* (*Γεροντοκόρη*) et les traits grossiers d'Anna dans *Le nom du père* (*Τὸ ὄνομα τοῦ πατέρα*) ? Lorsqu'elle reprend des caractérisations archétypales dont elle affuble ses personnages féminins (superficiels, stupides, incultes, etc.), ses desseins ne sont pas toujours nettement identifiables.

Quant à l'égalité des sexes, si elle la revendique en filigrane dans l'ensemble de son œuvre, Dentrinou se montre toutefois réticente sur quelques aspects inhérents à l'émancipation des femmes. En particulier, la liberté des mœurs nouvellement acquise par les femmes comme par

55 Christine Bard (dir.), *Un siècle d'antiféminisme*, Paris, Fayard, 1999.

56 Susan Gubar, "Feminist Misogyny : Mary Wollstonecraft and the Paradox of *It Takes One to Know One*", *Feminist Studies*, 20 (3), 1994. Sur le sujet, voir aussi Adeline Gargam et Bertrand Lançon, *Histoire de la misogynie de l'Antiquité à nos jours*, Paris, Arkhê, coll. « Histoire des femmes », 2013.

les hommes heurte manifestement sa sensibilité romantique puisqu'elle évoque l'idée selon laquelle la liberté a tué l'amour (*O tempora o mores !*), qui correspond par ailleurs à un poncif antiféministe. Chez Dentrinou, ces ambivalences se cristallisent aussi dans son choix, pour le moins étonnant, de traduire *Mon curé chez les riches*, roman qui rencontra un succès phénoménal à sa parution avant d'être adapté pour le théâtre. Le texte original est signé par Clément Vautel, l'un des auteurs et journalistes les plus antiféministes de l'époque, qui s'acharna contre l'émancipation des femmes, et diffusa tout aussi largement des préjugés antisémites[57]. La traduction par Dentrinou de l'adaptation théâtrale du texte par André de Lorde et Pierre Chaine est attestée par Théodossis Pylarinos, sous le titre *Ὁ παπὰς μου ἀνάμεσα στοὺς πλουσίους*, et la pièce aurait été présentée au théâtre municipal de Corfou les 23 et 28 mai 1931[58].

Ces ambiguïtés sont avant tout celles d'une époque de transition qui voit émerger un nouvel ordre social bouleversant les rôles et prérogatives distincts jusque-là dévolus aux deux sexes. Il ne faut donc pas nécessairement interpréter les tensions et ambivalences qui traversent l'œuvre comme la marque d'une posture paradoxale ou incohérente propre à un auteur. Cela est d'autant plus vrai dans la période qui va de l'entre-deux-guerres aux années 1950, marquée par un « backlash » qui n'est pas « un pur et simple retour en arrière, mais un déplacement de frontières recomposées de manière plus subtile[59] ». Dans ce contexte – qui est aussi celui de la Grèce –, ce que Virginia Wolf appelle « l'arôme du sexisme » « est une odeur pénétrante et pourtant de plus en plus difficile à identifier et, si puissante bien qu'insaisissable, que l'antiféminisme prend souvent les traits du féminisme ; il s'en donne parfois même le nom[60] ». Ces tensions et les limites ténues entre féminisme, antiféminisme et misogynie ressurgissent dans la littérature, ainsi chez Émile Zola, Octave Mirbeau ou même Colette[61].

On ne saurait donc conclure qu'Irini Dentrinou fut féministe, misogyne ou antiféministe. Ce qui est certain, c'est que, bien que femme, elle

57 Christine Bard, *Les filles de Marianne, Histoire des féminismes, 1914-1940*, Paris, Fayard, 1995, p. 21.

58 Th. Pylarinos, « Ειρήνη Α. Δεντρινού », *op. cit.*, p. 145.

59 Michelle Perrot, Préface, dans C. Bard, *Un siècle d'antiféminisme*, *op. cit.*, p. 9.

60 Carolyn J. Dean, « Christine Bard (sous la dir. de), *Un Siècle d'antiféminisme*, Paris, Fayard, 1999 », *Clio. Femmes, Genre, Histoire*, 11 | 2000.

61 C. Bard, *Un siècle d'antiféminisme*, « De la fin du XIXe siècle aux années folles », *op. cit.*, p. 41-166.

osa diriger sa critique à l'encontre de son sexe, sans précaution aucune, et que l'argument didactique qui préside à la plupart de ses écrits semble justifier à ses yeux le recours à la satire. Fondamentalement, même lorsqu'elle reprend à son compte certains clichés (femmes jalouses ou vaniteuses) qu'on pourrait accuser de nourrir un rire misogyne, c'est pour répondre à une stratégie non dénuée de provocation : figures édifiantes et figures repoussoirs se mêlent et s'affrontent, mais dans tous les cas, Dentrinou se refuse à l'angélisme ou à tout discours lénifiant qui consisterait à ménager les femmes en leur épargnant la critique. Dentrinou ne renonce pas à mettre en lumière l'implication, voire la responsabilité, des femmes dans l'ordre social genré inégalitaire, comme le fera d'ailleurs Simone de Beauvoir dans le *Deuxième sexe*, au risque de se voir accuser de misogynie. C'est là la marque d'un esprit libre ayant une horreur égale pour l'esprit de chapelle et l'esprit de sérieux. On pourrait appliquer à Dentrinou les arguments rétorqués par Simone de Beauvoir aux accusations de misogynie dont elle fut la cible :

> Des lecteurs plus subtils ont considéré que j'étais misogyne et que, prétendant prendre le parti des femmes, je les exécutais ; c'est faux : je ne les exalte pas et j'ai décrit les défauts qu'engendre leur condition, mais j'ai montré aussi leurs qualités et leurs mérites[62].

En tout cas, l'œuvre de Dentrinou met en lumière la difficile interprétation de l'écriture littéraire prise dans des tensions entre propositions féministes, philogynes, antiféministes et misogynes, particulièrement prégnants dans les textes de la Belle époque qui oscillent entre *statu quo* et remise en question du paradigme social[63].

CRITIQUE DE LA « FEMME ÉMANCIPÉE » ET DU NOUVEL ORDRE DES CHOSES

Dans la droite ligne de ces tensions et ambivalences entre féminisme et misogynie, l'œuvre de Dentrinou invite également à interroger la notion d'émancipation féminine. S'il est clair que la Corfiote s'applique

62 Cité dans *Le Deuxième sexe de Simone de Beauvoir*, textes réunis et présentés par Ingrid Galster, Paris, Presses de l'Université Paris-Sorbonne, 2004, p. 291.

63 Sur cette question, voir Miriam Wallraven, *A Writing Halfway Between Theory and Fiction : Mediating Feminism from the Seventeeth to the Twentieh Century*, Würzburg, Königshausen & Neumann, 2007 (en particulier "Genre hybridities and ambivalent feminism : Approaching Margaret Cavendish by analysing theory and fiction").

à dénoncer les inégalités sociales, notamment celles qui créent une condition féminine infériorisée, elle n'adhère pas pour autant aveuglément au modèle de la « nouvelle femme », produit du nouvel ordre social des débuts du XXe siècle, et elle raille même ponctuellement les femmes dites « émancipées ». Là encore, Dentrinou s'inscrit pleinement dans son temps et cristallise dans ses écrits une double aspiration contradictoire à l'émancipation, liberté simultanément désirée et redoutée. C'est là l'expression de la difficile conciliation entre des paradigmes hétérogènes.

À la suite des changements sociaux amorcés après la Première Guerre mondiale, la question essentielle se pose en effet chez elle en ces termes : comment concilier pour les femmes indépendance financière, accès aux droits civiques, liberté de cœur et de corps, sans sombrer dans la dissolution morale des mœurs et le désenchantement consécutif à la destruction de l'amour ? Cette inquiétude, d'ordre moral, va de pair avec la question de l'émancipation féminine, notion que Dentrinou interroge à plusieurs reprises, sans concession aucune, avec la volonté de dépasser les seules apparences. Au fil de son itinéraire créateur, la dénonciation du *statu quo* social assignant aux femmes une position sociale subordonnée laisse toujours plus de place à la critique du nouvel ordre social, qu'elle semble assimiler à une dissolution des mœurs, évolution déjà identifiée par Théodossis Pylarinos à travers le changement de posture morale que manifeste Dentrinou entre *Le monde des salons* (*Ἀπὸ τὸν κόσμο τοῦ σαλονιοῦ*) et les *Causeries légères* (*Πεταχτές κουβέντες*)[64]. Le nouvel ordre social qui accompagne l'aspiration nouvelle des femmes à la liberté est incarné par Loletta, protagoniste de *Agnès* (*Ἀγνή*). Cette dernière souhaite épouser Cléarque, mais lui impose ses propres conditions : elle veut son propre espace privé (une chambre à coucher, un bureau, un salon), disposer de son temps pour jouir de sa vie sociale et de ses divertissements (tennis, théâtre, bal), avoir une voiture à disposition pour circuler librement, et refuse de devenir mère.

Cette liberté nouvelle devient progressivement pour Dentrinou synonyme de dissolution des mœurs et de dislocation de la famille, ce dont rendent compte notamment les textes *O tempora o mores !*, *Dislocation* (*Ξεχαρβάλωμα*) et *La plus malheureuse des deux* (*Μεγαλείτερος πόνος*), en montrant que l'émancipation des femmes s'accompagne de nouveaux travers : les couples se séparent, l'adultère devient une pratique courante,

64 Th. Pylarinos, « Ειρήνη Α. Δεντρινού », *op. cit.*, p. 50.

la maternité et le sentiment maternel se trouvent contestés, l'amour a disparu.

Suite à la publication de *O tempora o mores !*, une lectrice d'Irini Dentrinou lui adresse un courrier, étonnée des réticences que la Corfiote, supposément féministe, manifeste vis-à-vis de l'émancipation des femmes. Dentrinou lui répond en publiant en 1930 dans *Kerkyraïki Icho* le texte *Femme d'aujourd'hui…* (*Συγχρονισμένη…*) dont le contenu et la teneur sont très révélateurs de sa posture et de sa définition de la femme émancipée (elle utilise surtout le terme « femme moderne/contemporaine »). Elle commence par imaginer cette lectrice et en dresse un portrait pour le moins caricatural :

> Δὲν τὴ γνωρίζω, ἀφοῦ δὲν ὑπογράφεται. Μοῦ φανερώθηκε ὅμως ἀρκετὰ πίσω ἀπὸ τὸ γράμμα της. Κλειῶ τᾶ μάτια καὶ θαρρῶ, πῶς τὴ βλέπω. Εἶναι ζωηρή, πεταχτή, ἔχει τὰ χείλη βαμμένα, ἴσως καὶ τὰ μάτια. Τὰ μαγουλάκια της εἶναι πάντα ρόδινα. Φορεῖ σουτιέν. Εἶναι πάντα ντυμμένη τῆς ὥρας. Μὲ πόση προσοχὴ σκύφτει ἐπάνω στὴ Femmina, κάθε φορά ποῦ θὰ παραγγείλει μιὰ καινούργια τουαλέττα, γιὰ νὰ μὴν καθυστερήσει. Τὰ νυχάκια της γυαλίζουν. Καπνίζει. Τὸ πρωί παίρνει οὐζάκι της στα βόλτα τῆς Πλατείας. Στὸ τέννις, στὴ Λέσχη, στὰ ντάνσιν, θὰ τὴ βρῆτε παντοῦ, δὲ λείπει ἀπὸ πουθενά, οὔτε κι' ἀπὸ τὸν Κινηματογράφο, καὶ πάντα συντροφημένη με καβαλλιέρους. Ἴσως παίζει καὶ μπρίτζ. Θετικὰ προσπάθησε νὰ τὸ μάθει. Κάνει ἐκδρομὲς μὲ αὐτοκίνητο καὶ λέει, πῶς θαυμάζει τὴν Κερκυραϊκὴ φύση[65].
>
> « Je ne sais pas qui elle est puisqu'elle n'a pas signé sa lettre. Mais derrière ses mots elle m'est apparue assez clairement. Je ferme les yeux et crois la voir. Elle est vive, pétillante, elle a les lèvres maquillées, les yeux aussi peut-être. Ses pommettes sont toujours roses. Elle porte un soutien-gorge. Elle est toujours habillée à la mode. Avec quelle attention elle se penche sur Femmina [*sic*], chaque fois qu'elle commande une nouvelle toilette, pour rester à la page. Ses petits ongles brillent. Elle fume. Le matin elle boit un petit ouzo sur les promenades de la Place. Au tennis, au Club, dans les dancings, vous la trouverez partout, car elle est partout, au cinéma, et toujours escortée par des cavaliers. Elle joue peut-être même au bridge. En tout cas elle a essayé d'apprendre. Elle fait des excursions en voiture et dit qu'elle admire la nature de Corfou. »

À travers ce portrait ironique, Dentrinou énonce que les femmes qui, comme sa jeune destinataire, se disent émancipées parce qu'elles ont adopté un style de vie moderne sont dans l'erreur. Si la vie de ces émancipées a subi de profondes mutations dans la forme, le fond reste selon elle inchangé.

---

65 Irini Dentrinou, *Συγχρονισμένη…* (*Femme d'aujourd'hui…*), *Kerkyraïki Icho*, 24, 28 novembre 1930, p 1.

Μικρούλα μου, πόσο γελιέσαι, ἄν ἀληθινὰ πιστεύεις στὸ συγχρονισμό σου. Ἡ φόρμα μπορεῖ νἆναι σύγχρονη, ἀλλὰ τὸ βάθος, ἡ ἐσωτερικότητα, ἡ ἀντίληψη, ὁ τρόπος ποῦ βλέπεις καὶ ἀντιμετωπίζεις τὴ ζωή ; Ἄν θελήσω νὰ ρίξω μιὰ ματιὰ στὸ βάθος, ὤ τὶ βᾶθος εἶναι κεῖνο ! Κάλλιο νὰ ξέθαφτα μιὰ μούμια Αἰγυπτιακή. Ἀντικειμεινικός σου σκοπός, ἄν μάλιστα εἶσαι ἄπροικη, ἢ μὲ ἐλάχιστη προῖκα, ὁ γάμος. Ναί, καὶ ὁ γάμος, ὄχι γιατί ἀγάπησες καὶ συγκεντρώνεις ὅλη σου τὴν ὕπαρξη στὴν ἀγάπη, ἀλλὰ σὰν… βιοποριστικὸ ἐπάγγελμα. Τὸ ὄνειρό σου ; ἕνα αὐτοκίνητο, μία ζιμπελλίνα, τὸ ταξίδι κάθε χρόνο στὴν Εὐρώπη[66].

« Ma petite, comme tu te trompes si tu crois vraiment être moderne. La forme est peut-être moderne, mais le fond, l'intérieur, la perception, la manière dont tu vois et affrontes la vie ? Si je décide de jeter un coup d'œil au fond, quel fond trouverai-je ! Mieux aurait valu que je déterre une momie égyptienne. Ton but objectif, à plus forte raison si tu n'as pas de dot, ou seulement une maigre dot, c'est le mariage. Oui, et le mariage, non que tu sois amoureuse et te focalises tout entière sur ton amour, mais comme métier alimentaire. Ton rêve ? une automobile, une zibeline et un voyage annuel en Europe. »

Sur un ton particulièrement péremptoire, elle affirme que le seul objectif de cette jeune lectrice, et sa seule carrière, reste le mariage, avec ou sans dot. Son unique rêve : avoir une voiture, une zibeline et faire un voyage annuel en Europe, synonymes de confort matériel superflu et de divertissement. Elle l'accuse ensuite de n'avoir aucune considération pour les problèmes sociaux, et aucun intérêt pour les sujets littéraires ou scientifiques, se rendant ainsi doublement coupable d'absence de vie intellectuelle comme de conscience politique.

Ἀλλὰ στὸν ἴδιον καιρό, πές μου, ποιὸ ἀπὸ τὰ σύγχρονα κοινωνικὰ ζητήματα, ποῦ συνταράζουν σήμερα τὴν ἀνθρωπότητα, σ' ἔχει – ἄς εἶναι καὶ ἀνάλαφρα – ζυγώσει ; Ποιὰ προβλήματα καλλιτεχνικὰ κ' ἐπιστημομικὰ σοῦ εἶναι γνωστά ; Ποιὰ προσπάθεια ἀνθρωπιστικὴ σ' ἔχει συγκινήσει ; Ποιὰ τάση, ἢ ποιὰ ἐνέργεια, γιὰ τὴ χειραφέτηση – τὴν ἀληθινὴ – τοῦ ἐργαζόμενου, τῆς γυναῖκας καὶ γενικὰ τῆς κοινωνίας, ἔχει κινήσει τὴν προσοχή σου[67] ;

« Mais dans le même temps, dis-moi quelle question sociale contemporaine, parmi toutes celles qui agitent l'humanité, te touche, ne serait-ce qu'un peu ? Quels problèmes artistiques ou scientifiques connais-tu ? Quelle entreprise humanitaire t'a émue ? Quelle position, ou quelle tentative en faveur de l'émancipation (de l'émancipation véritable) du travailleur, de la femme et en général de la société a suscité ton attention ? »

66 *Ibid.*
67 *Ibid.*

En somme, Irini Dentrinou considère que les nouveaux artifices apportés par la modernité n'ont en rien contribué à l'émancipation féminine, indissociable à ses yeux de l'égalité juridique et sociale comme de l'indépendance économique des femmes :

> Χειραφέτηση, μικρούλα μου, δὲ σημαίνει ἐλαφρότητα καὶ ξετσιπωσιά, κάτου ἀπὸ τὸ πρόσχημα μιᾶς ἐλευθερίας δίχως νόημα. Τὴ χειραφέτηση καὶ τὴν ἀληθινὴ ἐλευθερία, τὴ δίνει ἡ νομικὴ καὶ κοινωνικὴ ἰσότητα καὶ ἡ οἰκονομικὴ ἀνεξαρτησία. Ἂν δὲν ἔχεις τὴν πρώτη – καὶ σήμερα δὲν τὴν ἔχεις – πρέπει ν' ἀγωνιστεῖς, γιὰ νὰ τὴν ἀποχτήσεις, ὅση πίκρια κι' ἂν σὲ ποτίσει ἡ λυσσασμένη ἀντίδραση. Ἂν δὲν ἔχεις καὶ τὴν ἀπαραίτητη οἰκονομικὴ ἀνεξαρτησία καὶ λίγες γυναῖκες – οἱ θυγατέρες τῶν ἑκατομμυριούχων – τὴ χαίρονται, μονάχα στὴν ἐργασία θὰ τὴ βρεῖς, ἀλλὰ καὶ γι' αὐτὴν πάλε χρειάζεται σήμερα μιὰ δυνατὴ ἀτομικότητα καὶ μιὰ πραγματικὴ καὶ πλέρια μόρφωση[68].
>
> « Ma petite, émancipation n'est synonyme ni de légèreté ni d'impudeur, sous le prétexte d'une liberté dépourvue de sens. L'émancipation et la vraie liberté sont le fruit de l'égalité juridique et sociale et de l'indépendance économique. Si tu n'as pas la première – et aujourd'hui tu ne l'as pas – tu dois te battre pour l'acquérir, aussi amères que soient les réactions enragées auxquelles tu t'exposes. Si en outre tu ne jouis pas de l'indépendance financière indispensable dont bénéficient bien peu de femmes – filles de millionnaires –, ce n'est que par le travail que tu l'obtiendras, mais une fois encore, cela nécessite de nos jours une forte personnalité et une éducation solide et véritable. »

Elle brosse de manière prédictive et implacable le destin de cette jeune lectrice, fausse émancipée, qui finira, c'est certain, par déployer tous ses efforts pour se trouver un mari, au prix de sa liberté et dans l'oubli de soi :

> Δίχως αὐτὰ τὰ ἐφόδια θὰ περνᾶς τὴ ζωὴ σου, ὅπως τὴν περνοῦσε κ' ἡ ... Γιαγιά σου. Θὰ περιμένεις, μ' ἄλλα λόγια τὸν πλούσιο γαμπρό, καὶ ὅταν θ' ἀργεῖ, γιατὶ πολὺ συχνὰ ἀργεῖ ὁ ἄθλιος περιμενόμενος, θὰ μεταχειρίζεσαι ἀπάνου κάτου τὰ ἴδια μέσα τῆς παληᾶς ἐποχῆς καὶ τῆς παληᾶς σχολῆς, γιὰ νὰ τὸν πιτύχεις. Θὰ προσποιεῖσαι τὴν ἐρωτευμένη. Ἂν αὐτὸς εἶναι ζηλιάρης, θά κάνεις τὴ φρόνιμη. Ἂν τοῦ ἀρέσουν οἱ ζωηρές, θὰ γελᾶς δίχως κέφι. Ἂν προτιμάει τὶς σοβαρές, θὰ διώχνεις τὸ χαμόγελο ἀπ' τὰ χείλη σου. Θὰ πηγαίνεις, (ἔχω τὴν ἰδέα, ποῦ ἄρχισες ἀπὸ τώρα... μάντεψα ;) στὶς χαρτορρήχτρες, νὰ σοῦ διαβάσουν στὸ βᾶθος τοῦ καφέ, γιὰ νὰ σοῦ ποῦν, ἄν θὰ παντρευτεῖς στὸ χρόνο[69].
>
> « Sans ces armes, ta vie ne sera guère différente de celle de ta... Grand-mère. En d'autres termes, tu attendras le riche mari, et s'il tarde à venir,

68 *Ibid.*
69 *Ibid.*

car ce misérable tant désiré tarde très souvent à venir, tu useras, pour le conquérir, plus ou moins des mêmes moyens que jadis les filles de la vieille école. Tu feras l'amoureuse. S'il est jaloux, tu feindras la sagesse. S'il aime les femmes vives, tu riras, même si tu n'en as pas envie. S'il préfère les femmes sérieuses, tu chasseras tout sourire de tes lèvres. Tu iras consulter (j'ai dans l'idée que tu le fais déjà… n'est-ce pas ?) les cartomanciennes, pour te faire tirer les cartes. Tu demanderas qu'on lise dans le marc de café, pour savoir si tu te marieras dans l'année. »

Expression de son esprit ironique souvent corrosif, qui confine ici à la malice, Irini Dentrinou parachève l'exposé de cette vie de renoncement et de désillusion qu'elle prédit à sa jeune destinataire en lui assénant un verdict cruel, incompatible avec l'idée de son émancipation :

Καὶ ὅταν μὲ τὸ πέρασμα τοῦ καιροῦ ἀντιμετωπίσεις μερικὲς ἀποτυχίες, ὅταν ἰδεῖς, ποῦ καὶ τὰ ὄνειρα κουρελλιάζονται, τότες θ' ἀρχίσεις νὰ κάνεις ἀβαρία στοὺς πόθους σου. Ἀντὶς τοῦ ἑκατομμυριούχου γαμπροῦ, θὰ συμβιβάζεσαι καὶ μ' ἕναν ὑπαλληλίσκο. Ἔτσι γεννώντανε καὶ στὸν καλὸ παληὸ καιρό. Καὶ ξέρεις τί συλλογίζομαι; Πῶς εἶσαι λιγότερο συγχρονισμένη ἀπὸ τὴ Γιαγιά σου. Κείνη τουλάχιστο ζοῦσε σύμφωνα μὲ τὴν ἐποχή της. Ἐνῶ ἐσύ[70]; …

« Et avec le passage du temps, une fois que tu auras essuyé quelques échecs, une fois que tu auras vu que même tes rêves partent en charpie, alors tu commenceras à en rabattre sur tes ambitions. À la place du mari millionnaire, tu te contenteras d'un simple petit employé. C'est ainsi que cela se passait au bon vieux temps. Et sais-tu ce que je pense ? Pour moi, tu es moins moderne que ta Grand-mère. Elle au moins vivait en accord avec son temps. Tandis que toi… »

Ce texte est très éclairant puisqu'il constitue un témoignage rare de la pensée féministe de Dentrinou, parce qu'il restitue sa voix personnelle en direct, hors du champ de la fiction littéraire. Elle y développe explicitement sa propre définition de l'émancipation féminine qui requiert l'égalité civile et sociale entre les sexes, l'indépendance financière des femmes par le travail, ainsi qu'une solide éducation. Selon elle, les artifices de la modernité et la liberté dénuée de sens ne correspondent pas à l'émancipation réelle. En somme, elle renvoie dos à dos les jeunes Grecques des salons et les jeunes femmes modernes, qu'elle considère conjointement comme des parangons de ravissantes idiotes. La nouvelle sociabilité, qui coïncide avec la modernité, n'a créé pour les femmes

70 *Ibid.*

qu'une liberté illusoire et superficielle. Notamment, elle suppose que la liberté de circuler de la destinataire de son texte est une simili liberté, sous surveillance, puisque la jeune femme se trouve « toujours escortée par des cavaliers ». Pour Dentrinou, l'émancipation des femmes doit au contraire trouver son fondement dans une prise de conscience tant politique qu'individuelle. Dans cet objectif, les femmes doivent être des actrices volontaires, pugnaces et courageuses et non se contenter des miettes d'un simulacre de liberté.

Autre point saillant : Dentrinou place sur le même plan l'émancipation des femmes, l'émancipation ouvrière et l'émancipation de la société en général. Ainsi, sans reprendre la vision marxiste de la hiérarchie des contradictions du capitalisme, elle en retient cependant l'association entre rapport de sexe et rapport de classe, témoignant ainsi de sa perméabilité aux idées socialistes. Au sein des arguments qu'elle avance dans ce texte, on peut néanmoins s'étonner de l'absence des revendications politiques précises qui caractérisent le mouvement féministe grec après 1920. Si la critique de Dentrinou reste générale, elle correspond néanmoins à un engagement féministe, à distinguer cependant des revendications spécifiques portées par exemple, en matière de droit de vote ou d'engagement collectif, par Alkis Thrylos (pseudonyme d'Eleni Négroponti-Ourani) ou Athina Gaïtannou-Gianniou. De ce point de vue, la Corfiote incarne une transition de l'histoire du féminisme : elle s'inscrit parfaitement dans l'époque des « écrivantes », période durant laquelle la seule activité d'écriture constituait en elle-même une attitude subversive, mais apparaît dans le même temps sensible aux nouvelles revendications politiques du féminisme grec de l'entre-deux-guerres[71].

Si elle défend un modèle de femme émancipée éduquée, citoyenne et indépendante financièrement, et qu'elle n'exalte plus, comme dans sa première manière, la maternité comme principale vocation féminine, Dentrinou exprime paradoxalement, à partir de 1916, une certaine crispation vis-à-vis de la liberté des corps, alors que dans le même temps elle compose des textes où elle semble l'exalter. Elle composa ainsi et publia deux poèmes de teneur érotique parus dans la revue alexandrine *Grammata*, organe principal du renouveau de la littérature « sarcolatrique » grecque, où son nom figure aux côtés de celui de la poétesse Myrtiotissa. Mais cette ambivalence s'inscrit encore une fois dans son

71 E. Avdela, A. Psarra, *Ο φεμινισμός στην Ελλάδα του Μεσοπολέμου*, *op. cit.*, p. 35.

époque puisqu'au début du XXe siècle, la représentation de la sexualité féminine dans l'espace grec connaît une évolution chiasmique, notamment au sein des discours en faveur de l'émancipation féminine. Une première tendance assimile la sexualité féminine à la négativité, perçue comme une menace. La femme est en la matière victime de l'homme, alors qu'elle est naturellement pure, discours différentialiste véhiculé par exemple dans le journal constantinopolitain *Vosporis*. Par ailleurs, l'assouplissement (relatif) des mœurs sexuelles, dont semblent désormais bénéficier les deux sexes, est perçu comme la source d'une décadence qui pourrait aboutir à une nation sans morale. En ce sens, Dentrinou rend compte d'une peur, généralisée en Europe depuis la fin du XIXe siècle mais surtout au début du XXe siècle, face aux modifications profondes de la société et à l'ébranlement des rôles traditionnels, dans un contexte où la sexualité s'émancipe progressivement de la reproduction. Ce phénomène s'accentue en Europe à partir de la Première Guerre mondiale où l'émancipation féminine, qui coïncide avec la mise à distance de la norme matrimoniale, est perçue comme un risque de sécession du couple et, au-delà, à une mise en danger de la nation. Parallèlement, à partir des années 1910, une seconde tendance se fait jour qui, s'appuyant sur une dichotomie entre sentiments et sexualité et revendiquant une égalité des sexes en matière de sexualité, produit des textes littéraires audacieux qui contribuent à intégrer la revendication de la liberté sexuelle dans l'argumentaire de l'émancipation féminine[72].

Irini Dentrinou participe donc des deux tendances. Mais elle n'est pas la seule à cristalliser, d'une manière quelque peu paradoxale, des réserves quant à l'émancipation sexuelle des femmes, puisqu'on retrouve des postures similaires dans les écrits d'autres écrivaines grecques de l'époque comme Galatée Kazantzaki[73], chez qui la sexualité féminine est perçue comme une menace potentielle. La différence notoire qu'affiche Dentrinou dans l'expression de ses réticences, c'est qu'elle aborde la question par le biais de l'humour et que sa critique ne vise pas spécifiquement la sexualité féminine mais touche au même titre les deux sexes. Il ne faut donc probablement pas voir là le signe d'un interdit intériorisé portant sur la sexualité proprement féminine, mais davantage

72 M. Nikolopoulou, « Γυναικεία σεξουαλικότητα και γραφή », *op. cit.*

73 Aggela Kastrinaki, « *Με κομμένα τα μαλλιά.* Η Γαλάτεια Καζαντζάκη και η γυναικεία χειραφέτηση », *Thémata Logotechnias*, juillet-octobre 1998.

l'expression d'une forme de pudibonderie ou un sursaut romantique, et une inquiétude face à la menace de la possible dislocation de la famille traditionnelle. C'est en tout cas ce que semble révéler le texte *Dislocation* (*Ξεχαρβάλωμα*) qui met en scène, à une heure tardive, un frère, une sœur et leur père, jouissant tous trois à leur manière d'un style de vie moderne synonyme de débauche.

Dans des compositions des années 1920, la critique de l'émancipation est au cœur de plusieurs textes de Dentrinou, notamment publiés dans la deuxième période de la revue *Kerkyraïki Anthologia*. Ce qui occupe visiblement la Corfiote dans ces compositions, ce n'est pas la remise en question *en soi* d'une liberté accrue nouvellement acquise par les femmes, mais davantage celle des mœurs nouvelles qui ne sont selon elle que le signe d'une « fausse indépendance ». Elle y décrit des femmes supposées modernes[74], essentiellement des jeunes filles, qui portent les cheveux courts, jouissent d'une sociabilité mixte (donc d'une proximité désormais permise avec les hommes) et s'adonnent à des activités à la mode. Dans *Patrizio Volgo*, *Le lendemain du bal* (*Τὴν ἐπομένη τοῦ χοροῦ*), *Meilleurs vœux !* (*Νά' ναι μὲ καλὴ ὥρα !...*), tous trois publiés en 1924 dans *Kerkyraïki Anthologia*, Dentrinou campe des personnages de jeunes femmes toutes issues du monde des salons qui incarnent ce nouveau modèle. Ces filles s'encanaillent et ne répondent plus à l'injonction de docilité qui leur était faite jusqu'alors. Cette situation nouvelle s'accompagne d'un choc générationnel qui s'exprime dans *Patrizio Volgo* entre fille et mère, incarnations respectives d'un ordre social en profonde mutation : Anna et Dzéni sont du côté du badinage, de la frivolité, du dévergondage qui sont l'apanage de l'émancipation, face à leur mère, gardienne du foyer, défenseuse de la pudeur et de la vertu, qui ne parvient plus à jouer son rôle de chaperon. Par ailleurs, l'ancien ordre social est assimilé au monde rural tandis que le nouveau est associé au monde citadin, et au fond, le cœur de ce choc générationnel, de la rupture entre ces deux modèles, concerne la sexualité, dont la maîtrise est mise à mal par la nouvelle sociabilité mixte, perçue par la mère comme un danger.

Mais le rejet du nouvel ordre social n'est pas clivé entre les sexes. Dans *Le lendemain du bal* (*Τὴν ἐπομένη τοῦ χοροῦ*), publié également en 1924, c'est un homme qui s'offusque de la liberté des femmes et du

74 D'un point de vue terminologique, Dentrinou assimile systématiquement « modernité » et « émancipation ».

badinage amoureux intempestif auquel elles se livrent. Des mères et des pères sont également « dévoyés » et se détournent de la fidélité conjugale ou du foyer (*Honnête*/*Τίμιος*, *Meilleurs vœux ! / Νά' ναι μὲ καλὴ ὥρα !...*). Malgré tout, le mariage et le maintien des apparences restent le but ultime des uns et des autres, en dépit du désir tous azimuts qui anime chaque individu. C'est d'ailleurs là le sens premier de *Civil ou religieux* (*Πολιτικός ἢ θρησκευτικός*, 1930) que l'on débusque derrière le prétexte d'une discussion sur le mariage civil. Si, une fois encore, Dentrinou ne semble pas trancher entre l'ancien et le nouvel ordre des choses, ses écrits cristallisent les tensions qui traversent la société et les individus autour de la question de l'émancipation. Quoi qu'il en soit, elle décrit le nouveau modèle d'émancipation féminine comme un leurre d'une part, et comme un effet de mode (« Aujourd'hui à Athènes, les filles de la classe supérieure sont émancipées. [...] C'est la mode aujourd'hui, et quiconque souhaite vivre dans le monde doit s'y plier. », *Patrizio Volgo*). Les mêmes réticences apparaissent également dans des compositions ultérieures, parues entre les années 1930 et les années 1960, dans lesquelles Dentrinou se montre toujours plus critique face au modèle de la femme émancipée, optant pour une posture conservatrice. Elle exprime notamment une nostalgie de la femme traditionnelle des campagnes, par exemple dans *Ma voisine madame Panoria* (*Ἡ γειτόνισσά μου ἡ κυρὰ Πανώρια*[75]).

Après avoir longtemps critiqué l'ordre social sexué et la posture infériorisée des femmes, c'est précisément au moment où émerge la figure de la femme émancipée qu'Irini Dentrinou exprime sa déception. Tout comme Simone de Beauvoir[76], elle semble considérer que cette évolution des mœurs n'a fait naître pour les femmes qu'une émancipation de façade. Seules les apparences ont changé et le nouvel ordre des choses n'a donné naissance qu'à une fausse femme indépendante, sujet clivé, toujours prisonnière de l'exigence de séduction. Dentrinou semble regretter que l'émancipation politique et économique ne s'accompagne pas d'une émancipation en conscience et elle se tourne progressivement vers un idéal antérieur à cette aspiration.

---

75 Publié dans *Kerkyraïkon Vima* (30 juillet 1933). Sur les textes de la période ultérieure, voir Th. Pylarinos, « Ειρήνη Α. Δεντρινού », *op. cit.*, p. 147.

76 Voir Naomi Schor, « La femme indépendante », dans Ingrid Gaster (dir.), *Simone de Beauvoir : Le Deuxième sexe. Le livre fondateur du féminisme moderne en situation*, Paris, Honoré Champion, 2004, p. 465-477.

AFFINITÉS BEAUVOIRIENNES

Si elle ne fut pas philosophe au sens où elle n'énonça pas de doctrine ou de théorie construite, Irini Dentrinou n'en forma pas moins une vision singulière des relations entre les hommes et les femmes et de leurs identités propres, dans une optique qui oscille entre une forme d'existentialisme et de phénoménologie. Quoique relevant de la fiction, ses écrits sont en effet traversés ou sous-tendus par un substrat théorique, une conception idéologique et philosophique dont on peut débusquer les fondements conceptuels, suivant en cela le mot de Merleau-Ponty selon qui

> La vraie philosophie est de rapprendre à voir le monde et, en ce sens, une histoire racontée peut signifier le monde avec autant de « profondeur » qu'un traité de philosophie. [...] la phénoménologie se laisse pratiquer et reconnaître comme manière et comme style, elle existe comme mouvement, avant d'être parvenue à une entière conscience philosophique[77].

Les frontières disciplinaires, pourrait-on dire, entre littérature et philosophie sont d'ailleurs relatives, surtout dans la pensée existentialiste inspirée par la phénoménologie, et Simone de Beauvoir elle-même s'est définie à plusieurs reprises comme écrivaine plutôt que comme philosophe, puisque « la pensée existentialiste est un effort pour concilier l'objectif et le subjectif, l'absolu et le relatif, l'intemporel et l'historique[78] ».

De la réflexion qui guide Dentrinou dans ses écrits sur les relations entre les sexes et la question des femmes ressortent des affinités, pourrait-on dire, avec Simone de Beauvoir, et en tout cas, apparaît une conceptualisation originale pour son époque qui anticipe des idées développées surtout après les années 1950. À notre connaissance, aucun document ne peut attester la lecture par Dentrinou du *corpus* beauvoirien et les points de rencontre chez la Corfiote avec la pensée de Beauvoir sont par ailleurs antérieurs à la publication du *Deuxième sexe*. En tout cas, les différents axiomes que révèle l'examen de l'œuvre d'Irini Dentrinou

---

77 Armand Cuvillier, *Anthologie des philosophes français contemporains*, Paris, Presses Universitaires de France, 1962, p. 98 et 92 (Maurice Merleau-Ponty, *Phénoménologie de la perception*, Paris, Gallimard, 1945).

78 *Les femmes de Platon à Derrida. Anthologie critique*, textes réunis et présentée par Françoise Collin, Evelyne Pisier, Eleni Varikas, Paris, Dalloz, 2011^2, p. 485.

trouvent un éclairage stimulant à travers une lecture beauvoirienne du texte. Il ne s'agit pas d'affirmer ici qu'Irini Dentrinou fut une Simone de Beauvoir grecque : trop de différences émaillent leurs parcours respectifs et la nature même de leur production intellectuelle. Il n'en reste pas moins que par le discours qui s'inscrit en creux dans les fictions de la Corfiote, on décèle des tressaillements conceptuels que théorisera Simone de Beauvoir, quelques décennies plus tard, essentiellement avec ses deux essais philosophiques *Pour une morale de l'ambiguïté* (1947) et *Le deuxième sexe* (1949), dans un système de pensée que la critique contemporaine désigne parfois sous le terme de phénoménologie féministe[79].

DÉFAIRE LES MYTHES : L'EXIGENCE PRIMORDIALE DE VÉRITÉ

L'une des clés de l'œuvre de Dentrinou réside dans son exigence primordiale de vérité qui lui permet de nourrir la critique de la société et des individus en dépassant notamment tout intérêt corporatiste de sexe. Elle s'attache, comme Beauvoir, à défaire les mythes (en particulier le mythe de la femme) et refuse la « fausse objectivité » à laquelle elle oppose la vérité de la condition humaine, pensée dans sa subjectivité et sa métastabilité, sur laquelle elle fonde ses récits de parcours individuels. D'une manière générale, la dialectique entre mensonge et vérité constitue un *leitmotiv* de l'œuvre et apparaît d'abord dans le texte programmatique *Mensonge* (*Ψέμα*), publié pour la première fois en 1900 dans *Imérologio tis Éphiméridas ton kyrion* (*Almanach du journal des dames*), dans lequel Dentrinou renvoie dos à dos tous les individus, indépendamment de leur sexe, de leur classe ou de leur âge. L'humanité tout entière est soumise au fléau ontologique du mensonge :

> Κάθε ἄνθρωπος πλούσιος ἢ φτωχός, νέος ἢ γέροντας, ἄντρας ἢ γυναίκα, τεχνίτης ἢ ἐπιστήμονας, ὅλοι, ὅλοι, μὲ τὸ ψέμα ζοῦν ἀπὸ τὴν στιγμὴ ποὺ θὰ γνωρίσουν τὸν κόσμο[80].
>
> « Tout être humain, riche ou pauvre, jeune ou vieux, homme ou femme, artiste ou scientifique, tous, oui tous, vivent dans le mensonge à partir du moment où ils connaissent le monde. »

79 Linda Fisher, « La phénoménologie féministe de Beauvoir », dans Christine Delphy et Sylvie Chaperon (dir.), *Cinquantenaire du Deuxième Sexe*, Colloque international Simone de Beauvoir, Paris, Syllepse, coll. « Nouvelles Questions féministes », 2002, p. 130-138.

80 I. Dentrinou, *Τὰ Διηγήματα*, *op. cit.*, p. 93.

Si elle compare dans ce texte le mensonge à une belle femme fardée, ce n'est pas pour dénoncer une inclination spécifiquement féminine au mensonge (c'est-à-dire pensée comme naturelle) et exprimer ce faisant une pulsion misogyne. Ainsi qu'elle l'énonce dans la *Dédicace* du *Monde des salons* (où le thème du mensonge est d'ailleurs très largement développé), Dentrinou reconnaît simplement que, parce qu'elles ne jouissent que d'une éducation limitée, les femmes sont davantage exposées à l'emprise de la superstition. Plus tard, en 1931, elle se ressaisit de ce thème alors qu'elle donne une conférence en 1931 intitulée *Le mensonge* (*Τὸ ψέμα*[81]), qui apparaît comme la reprise partielle et le prolongement du texte de 1900. Sorte de digression philosophique, le texte aborde la question du mensonge sous ses différents aspects, dans ses manifestations ontologiques, politiques, économiques, religieuses ou sociales, le propos s'appuyant en partie sur *Les mensonges conventionnels de notre civilisation* de Max Nordau. Concernant les relations entre les sexes, Dentrinou ouvre une réflexion sur le mensonge dans ses manifestations matrimoniales, arguant que la vérité est impossible dans les relations entre les sexes puisque contraintes par les règles du mariage. Elle réitère là l'entreprise de désacralisation de la vision romantique de l'amour, incompatible avec le mariage, en l'opposant à la réalité sèche des stratégies matrimoniales et de la dot. De même, elle détruit le mythe de l'amour éternel, « mensonge incomparable », et pour appuyer son propos, elle se réfère à la pièce *Roméo et Juliette* qu'elle détourne avec humour, en imaginant ce qu'il serait advenu si Shakespeare n'avait pas choisi pour issue la mort des protagonistes :

> Ἂν τοὺς ἄφηνε στὴ ζωὴ καὶ ἀψυχολόγητα καὶ νοικοκυρίστικα τοὺς πάντρευε, τὴν ὄμορφη καὶ τόσο ποιητικὴ σκηνὴ τοῦ μπαλκονιοῦ, θὰ ἀκολοθοῦσε ἡ πεζὴ αἴτηση τοῦ διαζυγίου στὸ Δικαστήριο, ἢ ἂν ὄχι, τότε θὰ βλέπαμε ἔπειτα ἀπὸ καιρὸ τὸν Κὺρ Ρωμαῖο νὰ ξετρέχη στὸ δρόμο κάποιο στρουμπολό, πεταχτό, τσαχπίνικο καὶ προκλητικὸ μοδιστράκι, καὶ τὴν Ἰουλιέττα νὰ ξεκινάη γιὰ τὴν γκαρσονιέρα κάποιου νεαροῦ καλοφτιαγμένου Βερονέζου[82].
>
> « S'il leur avait laissé la vie et les avait mariés au mépris de la psychologie élémentaire et conformément aux mœurs bourgeoises, à la scène du balcon, si belle et si poétique, aurait succédé la banale demande de divorce au tribunal, ou sinon, peu de temps après, nous aurions vu Monsieur Roméo courir

81 *Le mensonge* (*Τὸ ψέμα*), I. Dentrinou, *Ἡ Κερκυραϊκὴ Σχολή*, *op. cit.*, p. 117-125.
82 *Ibid.*

après quelque petite modiste rondelette, vive, malicieuse et provocante, et Juliette se rendre dans la garçonnière de quelque jeune Véronais bien fait de sa personne. »

Tout en le reconnaissant comme fondement de la civilisation et caractéristique ontologique de l'humanité, Dentrinou n'a pourtant de cesse de fustiger dans tous ses textes l'omniprésence et l'omnipotence du mensonge qui régit l'ensemble des interactions entre individus et puise un pouvoir accru dans les relations entre les sexes biaisées par l'argent. Malgré tout érigée en Idéal, inaccessible, la vérité est également posée comme projet littéraire, puisqu'au travers de ses fictions, mue par une quête de lucidité, elle cherche à saisir une forme d'authenticité qui s'érige en faux contre tous les mythes. Paradoxe apparent, elle ne parvient à comprendre les individus et le monde qu'à partir de leur facticité. Irini Dentrinou ne prétend pas échapper au mensonge, à titre personnel, mais elle cherche à énoncer sa vérité qui semble reposer sur la reconnaissance de l'ambiguïté ontologique des êtres.

ENTRE PHÉNOMÉNOLOGIE ET EXISTENTIALISME

Cette quête d'authenticité prend essentiellement forme dans l'opposition entre les mythes et l'expérience vécue, explicitement formulée chez Beauvoir et que révèle également l'examen de l'œuvre de Dentrinou sous une forme implicite. Il faut souligner que Simone de Beauvoir ne s'est pas elle-même présentée comme une phénoménologue féministe[83], mais *Le deuxième sexe* décrit et analyse l'expérience vécue des « femmes », dans sa diversité et sa complexité. Dentrinou, comme Beauvoir, est une penseuse de l'ambiguïté de la condition humaine, en ce qu'elle refuse de supprimer les paradoxes de l'expérience. Elle est aussi, comme Beauvoir, une mythologue puisqu'elle refuse de valider la catégorie « Femme », statique, et dénonce l'existence supposée d'une essence féminine transhistorique, faisant ainsi acte d'anti-essentialisme (« La société humaine est une anti-physis[84] »). Avant la révolution intel-

83 Sur la phénoménologie féministe, voir Linda Fisher, Lester Embree (dir.), *Feminist phenomenology*, Dordrecht, Kluwer, 2000 ; Eva-Maria Simms, Beata Stawarska, "Introduction : Concepts and Methods in Interdisciplinary Feminist Phenomenology", *Janus Head*, vol. 13, numéro 1, 2013, p. 6-16.

84 Simone de Beauvoir, *Le deuxième sexe*, I, Paris, Gallimard, NRF, coll. « Idées », n° 152, 1972 (1949[1]), p. 67.

lectuelle que provoquera la parution du *Deuxième sexe* dans tout le monde occidental, la Corfiote détruit le « mythe de la Femme », anticipe l'idée selon laquelle il est aussi absurde de parler de « la femme » en général que de « l'homme éternel » et rompt avec une vision naturalisée des rapports entre les sexes. Ainsi, à travers sa peinture de caractères masculins et féminins, reflets d'identités métastables, ambigus ou hybrides, et par la multiplication de récits d'expériences singulières qu'elle développe, Dentrinou remet en question le poids des obstacles extérieurs (liés à l'appartenance à une classe ou à un sexe). Ce faisant, elle dépasse le postulat du déterminisme social et rejette tout différentialisme essentialiste biologisant, tout en reconnaissant que la culture est structurée suivant un modèle hiérarchique binaire, et rejoignant, là encore, la pensée de Simone de Beauvoir avec laquelle se tissent des affinités :

> [...] ce n'est pas l'homme impersonnel, universel, qui est la source des valeurs : c'est la pluralité des hommes concrets, singuliers, se projetant vers leurs fins propres à partir de situations dont la particularité est aussi radicale, aussi irréductible que la subjectivité elle-même[85].

Cette tension dialectique entre le particulier et l'universel, entre l'exposé des expériences des femmes et celui de la condition des femmes, trouve une résolution dans le caractère phénoménologique de la pensée féministe de Beauvoir qui se fonde sur les spécificités de l'expérience sans occulter les schémas généraux (à distinguer de paradigmes universels), points communs qui permettent une description de rapports hiérarchiques[86].

Par ailleurs, Beauvoir recourt dans son œuvre au cadre conceptuel de l'existentialisme et dans *Pour une morale de l'ambiguïté*, étayant son propos par la description de plusieurs types moraux, elle rejoint l'éthique existentialiste en substituant le devenir à l'être et en affirmant le primat de la liberté individuelle[87]. Cette même conception préside en filigrane à l'éthique de Dentrinou qui vise une possible liberté de l'individu via une réalisation singulière de chaque sujet. Mais dans la perspective de Beauvoir, pour reprendre l'expression sartrienne, la « liberté en situation » n'est

85 Simone de Beauvoir, *Pour une morale de l'ambiguïté*, Paris, Gallimard, Folio Essais, 2003, p. 24.
86 L. Fisher, « La phénoménologie féministe de Beauvoir », *op. cit.*, p. 134.
87 Sonia Kruks, *Simone de Beauvoir and the Politics of Ambiguity*, Oxford and New York, Oxford University Press, Studies in Feminist Philosophy, 2012.

malgré tout pas la même pour un homme et pour une femme, puisque cette dernière reste assignée à la position d'Autre du sujet paradigmatique, l'universel étant assimilé au masculin (« Il est le Sujet, il est l'Absolu : elle est l'Autre[88] »). Cependant, cela n'annihile pas la liberté de choix offerte à la carrière des femmes (et des hommes), pour transcender leur situation, leur facticité, puisqu'à l'instar de Beauvoir, Dentrinou prône l'égalité ontologique entre les hommes et les femmes, pour en appeler à une fraternité par-delà leurs spécificités. Elle aborde dans ses textes la liberté, la sexualité, l'expérience vécue, la subjectivité, l'intersubjectivité, la responsabilité et développe ainsi une éthique fondée sur une phénoménologie existentielle. Bien des personnages qu'elle campe dans ses récits ne subissent pas leur sort mais échappent à une punition tragique et s'emparent au contraire de leur liberté. À travers eux, Dentrinou met en avant le libre-arbitre et exhorte son lecteur au refus de la passivité et à l'action. De cet objectif commun de liberté découle un dernier point de rencontre saillant entre les deux systèmes de pensée, déjà souligné : comme Simone de Beauvoir, Dentrinou n'hésite pas à critiquer avec véhémence les femmes (ou plutôt certaines femmes) et, le cas échéant, à les mettre en cause, pour dépasser le postulat réifiant de la femme victime. Elle évoque elle aussi la complicité des femmes dans un système oppressif et met par ailleurs en perspective plusieurs rouages qui forment ensemble une société inégalitaire, sans pour autant focaliser son propos sur la situation spécifique des femmes. En concentrant son attention sur des destins individuels, et en admettant que le particulier et la contingence sont le propre de l'homme, Dentrinou ne théorise par le caractère collectif de l'émancipation, ce qui la coupe, comme Beauvoir, du champ du politique.

AU-DELÀ DE LA GUERRE DES SEXES

Irini Dentrinou propose une conceptualisation, originale pour son époque, des relations entre les sexes. Paradoxalement elle ne croit pas à l'égalité, comme notion générale, qui est selon elle un mensonge :

> Ἀλλὰ καὶ ἡ περίφημη Ἰσότητα, ποὺ μᾶς ὑπόσχονται τὰ πολιτεύματα, τί ἄλλο εἶναι παρὰ ψέμα ; Ἐνόσῳ οἱ ἄνθρωποι εἶναι ἀνόμοιοι – καὶ τέτοιοι θἆναι πάντα στὴ ζωὴ – καὶ στὴν διανοητικὴ καὶ στὴν φυσικὴ καὶ στὴν οἰκονομικὴ τους κατάσταση – πῶς εἶναι δυνατὸν νὰ χαροῦν τὴν ἰσότητα ; Θὰ μοῦ πῆτε, πὼς

88 S. de Beauvoir, *Le deuxième sexe*, I, *op. cit.*, p. 16.

> πρόκειται γιὰ τὴν ἰσότητα μπρὸς στὸ νόμο, μπρὸς στὴ Δικαιοσύνη. Ἀστειεύεστε; Μὰ τοὺς νόμους τοὺς γράφουν οἱ ἄνθρωποι καὶ τὴν δικαιοσύνη ἄνθρωποι τὴν ἔχουν στὰ χέρια τους[89].
>
> « Mais même la fameuse Égalité que nous promettent les régimes politiques, qu'est-ce d'autre qu'un mensonge ? Tant que les humains sont dissemblables – et il en ira toujours ainsi dans la vie – dans leur statut intellectuel, naturel et économique – comment pourraient-ils jouir de l'égalité ? Vous me direz qu'il s'agit d'égalité devant la loi, devant la Justice. Vous plaisantez ? Mais les lois, ce sont les humains qui les écrivent et les humains qui tiennent la justice entre leurs mains. »

Si l'égalité n'est pas ici abordée comme un concept spécifiquement genré, le propos mis en perspective avec le reste de l'œuvre de Dentrinou fait écho aux inégalités multiples qu'elle dénonce, qu'il s'agisse d'inégalité sociale ou entre les sexes. On constate dans cet extrait que Dentrinou confond égalité et identité, inégalité et différence, ce qui semble entrer en contradiction avec sa posture habituelle. Ce hiatus s'explique par l'absence dans son œuvre de théorie construite et présentée dans une formulation claire et ne pose pas, selon nous, de problème majeur, puisqu'il s'agit d'une assertion isolée. En revanche, si elle ne croit pas à l'égalité réelle, elle prône l'égalité ontologique entre les individus, sans que le critère du sexe déroge à cette règle. C'est en renvoyant dos à dos hommes et femmes, et en analysant leurs rapports à travers le prisme de facteurs croisés et pas uniquement par un regard genré, qu'elle réfute le modèle de la guerre des sexes. Dentrinou n'aboutit jamais à une valorisation unilatérale d'un sexe par rapport à l'autre mais davantage à une forme de neutralisation des deux sexes dans le genre humain, qui coïncide avec une conception universaliste proche de celle de Simone de Beauvoir. Se situant au-delà de la guerre des sexes, elle ne réitère pas le modèle de la hiérarchie sexuée puisque chez elle, l'homme et la femme ne sont pas des ennemis irréductibles mais peuvent se rencontrer dans des relations d'amour ou d'amitié. Si l'amour semble, chez elle, incompatible avec le mariage puisque celui-ci constitue la clé de voûte de l'édifice social, l'amour vrai est possible même si voué à la mort, suivant une conception romantique évidente. Quant à l'amitié, elle est également possible entre les sexes ainsi que l'illustrent plusieurs textes, à l'instar d'*Amour éternel* (*Ἀτέλειωτη ἀγάπη*). Loin d'adopter une logique de l'exclusion fondée

89 *Le mensonge* (*Τὸ ψέμα*), I. Dentrinou, *Ἡ Κερκυραϊκὴ Σχολή*, *op. cit.*, p. 117-125.

sur la différence des sexes, Dentrinou semble animée par l'idée d'une harmonie possible entre les sexes, et rejoint encore Simone de Beauvoir qui clôt le *Deuxième sexe* sur un espoir de réconciliation :

> C'est au sein du monde donné qu'il appartient à l'homme de faire triompher le règne de la liberté ; pour remporter cette suprême victoire il est entre autres nécessaire que par-delà leurs différenciations naturelles hommes et femmes affirment sans équivoque leur fraternité[90].

Mais à la différence de Beauvoir, cette fraternité est rendue possible chez Dentrinou par un déplacement de la question de l'altérité. La femme n'est pas chez elle l'Autre du sujet paradigmatique qu'est l'homme, et ce n'est pas le sexe qui prédétermine l'identité ou l'altérité. Les personnages dissidents que croise le lecteur au fil de son œuvre incarnent des possibilités plurielles d'altérité. Ainsi l'Autre peut-il s'incarner dans un sujet masculin, hétérodoxe donc marginalisé, parce que sorti du cadre du modèle viril de la masculinité hégémonique : l'homme pauvre et laid (vieux garçon emblématique, dans *Le jour maudit* / *Ἡ καταραμένη μέρα*), ou sensible et dépourvu de raison (tel le jeune moine souffrant de handicap mental de *Purification !* / *Ἐξαγνισμός !*). Irini Dentrinou semble être parvenue à sortir de l'ordre patriarcal qui se nourrit d'opposition et de manichéisme.

La prise en considération conjointe et parallèle de destins d'hommes et de femmes inscrit l'œuvre d'Irini Dentrinou dans une optique relationnelle des sexes. Par ailleurs, la stratégie énonciative à l'œuvre dans ses écrits et en particulier dans la constitution des personnages aboutit à une désacralisation et à une subversion de figures stéréotypées, et coïncide avec une attitude de défi face aux catégories pré-pensées, en particulier eu égard au genre. L'être est ainsi pensé comme labile, protéiforme et palimpseste, les individus affirmés dans leur singularité, leur diversité et leur métastabilité ontologique. Et ainsi que Beauvoir, Dentrinou pense la femme en ces termes : « En vérité, il s'agit d'un être humain comme vous et moi. Il s'agit d'une multiplicité d'êtres humains fort divers entre eux », et semble considérer qu'il est oiseux « de comparer indéfiniment la Femme à l'Homme[91] ». Dans sa conception universa-

---

90 S. de Beauvoir, *Le deuxième sexe*, II, *op. cit.*, p. 504.

91 Cité par Ingrid Galster (dir.), *Le Deuxième sexe : le livre fondateur du féminisme moderne en situation*, Colloque Simone de Beauvoir, Paris, Honoré Champion, 2004, p. 203.

liste, elle rejoint à certains égards l'idée du *mitsein* beauvoirien[92]. Et c'est dans cette attention qu'elle porte au singulier, plutôt qu'au général, que réside l'un des traits distinctifs de la Corfiote, spécificité qui lui permet simultanément d'affirmer la pluralité des possibilités d'être et d'inscrire également dans son écriture en mouvement l'ambiguïté et la métastabilité de l'être.

92 Sur le sujet, voir Eva Gothlin, « Lire Simone de Beauvoir à la lumière de Heidegger », traduction par Michel Kail, *Les Temps Modernes*, 2002, n° 619, p. 53-77.

CONCLUSION

GENRE ET REPRÉSENTATIONS CHEZ IRINI DENTRINOU

La réflexion sur la question des femmes et l'analyse des procédures d'articulation des rapports hiérarchiques entre les sexes constituent le fil rouge de l'œuvre d'Irini Dentrinou. Chez elle, les représentations genrées font vaciller de nombreux tabous et stéréotypes véhiculés par les images dominantes au tournant des XIXe et XXe siècles et offrent une réflexion féconde sur les rapports sociaux entre les sexes et sur les femmes en particulier. Cette optique s'intègre par ailleurs dans une critique globale de la société de son temps dont Dentrinou dénonce les travers en empruntant au féminisme et au socialisme la voix d'un militantisme discret mais joyeux, tout en procédant à des analyses croisées qui s'inscrivent, en dépit de l'anachronisme, dans une forme d'intersectionnalité.

Si elle ruse avec les assignations et rôles sociaux de sexe, posture qui signe sa spécificité première, la Corfiote se distingue également sur d'autres plans, tant au niveau de la forme que du fond. D'abord, du point de vue générique, elle est l'une des premières femmes, pour les lettres grecques, à adopter le « *diigima* » (récit ou nouvelle), genre littéraire en développement à partir de 1880 qui favorise en outre l'accès massif des femmes auteurs à la prose. Ensuite, sa prédilection pour le style direct et la forme dialoguée dans ses écrits qui entrent notamment en résonance avec le roman dialogué de ses contemporains français – genre hybride mêlant prose et théâtre qu'elle semble avoir introduit dans les lettres grecques – n'est probablement pas étrangère à la portée critique, didactique et morale de son œuvre.

Sur le plan formel toujours, une autre spécificité de Dentrinou est l'usage de la langue démotique qu'elle est l'une des premières femmes de lettres à employer à l'oral comme à l'écrit, du fait notamment de son implication dans le mouvement démoticiste particulièrement vivace dans l'Heptanèse. De la tradition heptanésienne, Dentrinou hérite également un trait distinctif majeur : l'humour et l'esprit railleur, ironique voire satirique. Sur ce point encore, elle mérite de plein droit d'être classée parmi les pionnières des lettres grecques à s'être affranchie des normes de la bienséance en puisant largement dans le registre du rire, tant pour la prose que dans ses épigrammes satiriques. Certes, nombreuses sont les ambivalences que soulève cette propension à l'humour et elle ne fut en outre pas la seule femme à emprunter cette voie dans les lettres grecques. Mais la majorité de sa production s'inscrit dans cette veine, qu'elle maîtrise remarquablement, ce qui mérite d'être souligné.

En ce qui concerne son itinéraire créateur, plus que par de véritables étapes successives, on peut l'éclairer par quelques tendances ou options générales. En dépit d'une adhésion précoce au premier féminisme dit de la première vague et en particulier à la ligne de Callirhoé Parren, qui puise sa légitimité dans les arguments maternalistes messianiques du discours nationaliste, Dentrinou opte très rapidement pour une idéologie non essentialiste. Sans jamais renoncer à l'idéal patriotique, elle refuse très tôt l'idée que les femmes doivent assumer un rôle d'auxiliaire à travers les seules fonctions d'épouse et de mère définies comme « naturelles ».

De même, si dès ses premiers textes l'inspiration romantique est prégnante, progressivement, sous l'influence conjuguée du féminisme et du socialisme, elle se tourne vers une littérature d'inspiration sociale plus à même d'exprimer ses idéaux égalitaires et d'alimenter sa réflexion sur l'émancipation de l'individu. Sur ce point, il faut cependant apporter, croyons-nous, trois nuances. D'abord, la question des femmes semble globalement être reléguée chez elle au second rang, le primat étant toujours attribué à la question sociale et à la comédie humaine : ce n'est pas la femme en tant que telle qui l'intéresse, mais la dénonciation de tout rapport social hiérarchique qui infériorise des individus en fonction de leur sexe, de leur classe, de leur âge ou de leur apparence. Quant à l'influence des idées socialistes sur ses écrits, elle n'aboutit qu'à une forme de socialisme de posture où coexistent idéalisation de la ruralité, vision misérabiliste des défavorisés et mésestime des classes moyennes et supérieures qui confine au mépris quand elle évoque la bourgeoisie. Sur ce dernier point, Dentrinou ne parvient jamais à contenir une attitude distante et hautaine, voire condescendante, face à l'émergence de la classe bourgeoise, probablement du fait de ses origines aristocratiques. Cela est d'ailleurs manifeste à travers l'ambiguïté récurrente dans ses textes de l'instance énonciatrice, derrière laquelle on devine la voix de Dentrinou qui semble se tenir à l'écart des groupes sociaux décrits et revendique ainsi en creux sa non-appartenance aux catégories évoquées (défavorisés, bourgeois, nouveaux-riches ou classes supérieures caractérisées par leur médiocrité intellectuelle). Enfin, elle ne semble pas croire à l'utopie d'une société meilleure où vérité, liberté et harmonie régiraient la société des humains. Le rire cache quelquefois à peine un pessimisme de fond. De là aussi une remise en question sous-jacente d'une temporalité linéaire accolée aux idées de progrès, de modernité et d'émancipation qui, chez Dentrinou, apparaissent en filigrane comme des mythes à questionner.

Dans cette forme de scepticisme viennent également se nicher des ambivalences idéologiques qui font surgir parfois dans les textes des accents plus conservateurs voire réactionnaires. Cette évolution est particulièrement visible dans la rupture entre la critique sociale du *Monde des salons* et les *Causeries légères* (*Πεταχτές κουβέντες*) composées dans les années 1910, où domine l'amoralisme du nouvel ordre social[1]. C'est que la Corfiote témoigne par ses écrits de l'évolution de la condition féminine entre la fin du XIXe siècle et les premières décennies du XXe, période de bouleversements sans précédent qui voit les relations entre les sexes se modifier en profondeur.

Témoin de son temps, observatrice critique, elle propose dans ses écrits, en direct, des instantanés de la vie quotidienne qui nous renseignent sur les mœurs de son temps, tout en livrant ses impressions parfois confuses qui provoquent chez elle des télescopages idéologiques irrésolus. Proche en cela de Simone de Beauvoir, son enthousiasme sincère et précoce pour l'égalité des sexes n'aura d'égal que sa déception face à ce qu'elle perçoit comme une fausse émancipation des femmes, liberté nouvelle des mœurs ayant simplement modernisé l'aliénation, forme superficielle très en-deçà d'une véritable liberté en conscience. Néanmoins, cette déception n'est pas synonyme de renonciation, puisqu'elle ne cessera pas de dénoncer des formes intériorisées du système de genre inégalitaire. C'est ainsi

1 Théodossis Pylarinos a déjà souligné cette rupture, « Ειρήνη Α. Δεντρινού », *op. cit.*, p. 50. Sur la posture conservatrice de Dentrinou, voir également p. 17.

qu'il faut interpréter les tensions palpables chez elle entre féminisme et philogynie d'une part, et d'autre part entre antiféminisme et misogynie.

D'ailleurs, ces tensions et ces ambivalences ne correspondent pas à une spécificité de la Corfiote, mais sont le propre d'une époque qui coïncide avec un moment clé de l'histoire dans l'espace grec et ailleurs : l'accession des femmes à une identité propre, phénomène que Norbert Elias assimile à la plus grande révolution de la société occidentale[2]. La période examinée dans cette étude se situe en effet au tournant du siècle et couvre la fin du XIXe siècle jusqu'à l'entre-deux-guerres. Les écrits de Dentrinou encapsulent cet âge de transition et expriment les ébranlements d'une culture marquée par la crise du sujet, se faisant ainsi l'écho d'une époque. La coexistence chez elle d'éléments traditionnels et novateurs, conservateurs et progressistes, qui confère à son discours un caractère hybride, traversent d'une manière globale les représentations de l'époque, notamment la littérature, que l'on se place du côté de la création ou de la réception – on observe aussi par exemple de telles oscillations chez Constantin Théotokis. Finalement cette ambivalence exprime un espace de transition qui trouve un éclairage intéressant dans le concept du « penser-double » formulé par l'historien Pierre Laborie pour saisir des représentations ne correspondant pas à des grilles d'analyse formatée (qui finissent par structurer les esprits) et permet de dépasser un régime d'oppositions binaires pour lui préférer une analyse des zones grises. En ce sens, l'ambivalence n'est pas placée sous le signe de la négativité mais de la richesse d'interprétation. Par ailleurs, on peut avancer que chez Dentrinou, l'ambivalence du discours genré correspond à l'ambiguïté ontologique des individus : son écriture en mouvement renvoie donc également au paradigme de la métastabilité.

Au terme de cette étude, quels enseignements peut-on retenir des représentations genrées dans les écrits d'Irini Dentrinou ? D'abord, imperméable aux figures littéraires stéréotypées et aux représentations binaires figées, la Corfiote emprunte à des figures métastables du genre et nuance ses portraits. Aussi s'attache-t-elle à montrer des femmes, au pluriel, et plus précisément des expériences vécues, parvenant à dénaturaliser et à désessentialiser « la » femme. C'est là le résultat de la

2 D'après une note de Nathalie Heinich, dans Norbert Elias, « Les transformations de la balance des sexes. Étude sociologique d'un processus à travers l'exemple de l'État romain antique », *Politix*, vol. 13, n° 51, Troisième trimestre 2000, p. 16.

création de personnages hybrides ou de cas « hétérodoxes » qui endossent simultanément ou successivement des rôles *a priori* incompatibles. Ainsi, la critique de Dentrinou aboutit au détournement de certaines valeurs sociales et à la démythification de stéréotypes sociaux et littéraires, en évoquant du même coup des thèmes très audacieux en lien avec la liberté individuelle face à la société, l'éducation des filles ou encore l'amour et la sexualité. En réconciliant la sexualité et les sentiments, la démythification et la subversion de l'image de la mère, de la maternité, du mariage, de la féminité, accompagnent une critique sévère de la société régie par l'hypocrisie et l'omnipotence de l'argent.

Si elle montre des personnages qui peuvent échapper à des rôles et identités assignés, Dentrinou campe des personnages de femmes qui ne sont pas nécessairement synonymes de passivité et d'échec. Elle échappe ainsi au paradigme de l'oppression propre au XIXe siècle. Chez elle, les femmes sont invitées à être actives et à se saisir de leur destin, perspective qui signe une de ses caractéristiques majeures. Surtout, elle dépasse la dichotomie femme soumise / femme rebelle en isolant des parcours féminins qui révèlent leur capacité d'agir, hors des carcans identitaires normatifs.

Et Dentrinou va même plus loin puisqu'elle ne rive pas son propos à la seule question des femmes, mais élargit sa problématique aux individus en général, produisant une réflexion sur le genre qui inclut aussi, dans une optique relationnelle des sexes, la démythification du masculin et des interactions entre les sexes, ainsi que la remise en question des rôles traditionnels assignés aux hommes, au sein de la famille comme au sein de la société. Les hommes sont donc montrés dans leur diversité, souvent à rebours des représentations dominantes : ils peuvent tout comme les femmes être présentés comme victimes du système patriarcal. Dentrinou dépasse ainsi le clivage entre femmes et hommes et ne souscrit pas au schéma de la guerre des sexes.

Il y a finalement très peu de manichéisme chez Dentrinou dans les représentations genrées, dans la mesure où l'ennemi principal n'est ni l'homme, ni la femme, qu'elle renvoie systématiquement dos à dos, mais un système social injuste, androcentrique et patriarcal certes, mais dont la responsabilité incombe aussi aux femmes, au moins partiellement, et dont les hommes peuvent également souffrir. En dépit de quelques collaborations féminines, Irini Dentrinou évolua dans un milieu intellectuel essentiellement masculin. Elle fut la seule femme de la Société des neuf (« Syntrophia ton ennia ») et on peut s'étonner du nombre limité de références féminines publiées dans la revue *Kerkyraïki Anthologia* qu'elle dirigea.

Enfin, Irini Dentrinou ne fut certes pas philosophe à proprement parler, néanmoins son œuvre se prête à un éclairage philosophique et contient en tout cas, sous-jacente, une réflexion philosophique. Si l'on s'en tient à la définition d'Anatole France qui voyait en Gyp « un grand philosophe », en ce qu'elle s'appliquait « à l'étude de l'homme et de la société[3] », cette idée prend tout son sens puisque Dentrinou fut de fait une fine observatrice des mœurs de son époque. Par ailleurs, la conception de l'individu qui se forme au fil de ses écrits et finit par en constituer l'armature philosophique invisible la rapproche de l'existentialisme et de la phénoménologie. Elle ne fixe pas de limites normatives à sa réflexion, s'autorisant à interroger les notions d'émancipation et de liberté individuelle. La Corfiote a ainsi développé, dans une œuvre originale, tant par la forme que par le fond, une philosophie pionnière, loin du féminisme radical, qui ignore toute logique essentialiste, et se trouve toujours plus proche d'une conception de l'égalité que l'on rencontrera chez Simone de Beauvoir.

Quant à savoir si Irini Dentrinou peut être qualifiée de féministe, la réponse à cette question doit, au terme de cette étude, être contrastée. Préalablement, si l'on considère avec Elsa Dorlin que le féminisme est une « tradition de pensée, et par voie de conséquence » correspond aux « mouvements historiques, qui, au moins depuis le XVIIIe siècle, ont posé selon des logiques démonstratives diverses l'égalité des hommes et des femmes, traquant les préjugés relatifs à l'infériorité des femmes ou dénonçant l'iniquité de leur condition[4] », Irini Dentrinou peut certes être qualifiée de féministe. Il est en effet évident qu'elle se distingua par sa participation au mouvement des femmes et par sa collaboration à des journaux d'orientation féministe, à commencer par *Éphiméris ton Kyrion*. Dans ce contexte, son adhésion, au moins partielle ou temporaire, au premier féminisme grec est incontestable.

Cela dit, dès lors qu'on compare son œuvre littéraire avec celle de ses contemporains, afin d'en mesurer la teneur féministe, certaines nuances

3 A. France, « La sagesse de Gyp », *op. cit.*

4 Elsa Dorlin, *Sexe, genre et sexualités. Introduction à la théorie féministe*, Paris, PUF, coll. « Philosophies », 2008, p. 9.

doivent être apportées. En effet, on repère aisément l'absence de thèmes clés qu'on retrouve généralement sous la plume des féministes de son époque. Ainsi par exemple, si elle évoque les questions du travail des femmes ou du droit de vote, c'est uniquement par le détour, et en ce sens Dentrinou ne s'inscrit pas dans une tradition de revendication, son propos ne renvoyant pas véritablement à cet égard au champ du politique. On ne peut la comparer à Callirhoé Parren, dont les idées sont par ailleurs infiniment plus conservatrices, ni à Evgénia Zographou dont l'adhésion aux idées socialistes est plus ostensible, en particulier via l'intérêt qu'elle manifesta pour la condition des ouvrières. Il est sans doute plus pertinent de rapprocher Irini Dentrinou de Lora Daphni[5] ou d'Alexandra Papadopoulou, en ce que toutes trois ont concentré l'essentiel de leurs textes sur les femmes issues des classes moyennes et supérieures. Ce qui est certain, c'est que l'intérêt de Dentrinou porte davantage sur l'intime et la vie privée que sur la vie publique. Cela dit, il faut rappeler que « le personnel est politique », pour reprendre le célèbre slogan du féminisme américain de la fin des années 1960, à la différence près que le discours de Dentrinou n'en appelle jamais à une action collective et préfère se concentrer sur les expériences vécues et l'action individuelle. Du point de vue du féminisme, Irini Dentrinou est donc en même temps typique et atypique pour son époque mais en tout état de cause, il est certain que sa contribution aux débats de son temps fut suffisamment importante pour mériter d'être rappelée.

Cette étude sur Irini Dentrinou aurait pu trouver un prolongement dans une analyse plus large du *corpus* comprenant les œuvres ultérieures à la période étudiée, c'est-à-dire composées après l'entre-deux-guerres. On sait notamment que la question des femmes et celle des rapports entre les sexes sont au centre de textes inédits composés pendant la période allant des années 1940 jusqu'aux années 1960, notamment les *Conversations mondaines* (*Κοσμικοί διάλογοι*), poèmes satiriques datés de 1941 à 1942. Simplement, ces textes ne révèlent pas de réelles nouveautés dans la réflexion de Dentrinou qui semble s'enliser avec le temps dans

5 Nina Paleou, « Στα ίχνη μιας χειραφετικής φωνής των αρχών του 20ού αιώνα : η περίπτωση της Λώρας Δάφνη », dans *Continuities, Discontinuities, Ruptures in the Greek World (1204-2014) : Economy, Society, History, Literature*, Actes du 5e Congrès des études néo-helléniques, Thessalonique, 2014, Constantin A. Dimadis (éd.), Athènes, Société Européenne des études Néo-helléniques, 2015, p. 451-467.

ses sujets de prédilection rebattus et dans un conservatisme qui croît avec les années. En revanche, une analyse approfondie de l'érotisme dans sa poésie constituerait un prolongement intéressant à cette étude, notamment dans les poèmes inédits composés en 1926[6].

ÉPILOGUE THÉORIQUE

Dès l'introduction cette étude s'annonçait sur le plan théorique sous le signe de l'autoréflexivité, parti pris dont il s'agit à présent d'expliciter les conclusions générales. L'un des principaux écueils rencontrés dans la présente analyse concernait l'emploi de termes et de concepts qui constituent si l'on peut dire l'arsenal de prêt-à-penser d'une partie des études littéraires et de la critique féministe et obéissent à une conceptualisation unitaire abstraite. Ainsi, du point de vue de l'analyse des personnages d'abord, le recours systématique et répandu à des figures archétypales ou stéréotypées, même lorsqu'il s'agit de les dénoncer, reproduit, réactualise et valide des carcans identitaires normatifs. Ce faisant, l'interprétation se trouve figée dans la référence à des types réifiés présentés comme des universaux et ne peut rendre compte des spécificités propres à chaque texte ou à chaque parcours individuel décrit. Il semble donc utile dans toute entreprise d'interprétation littéraire de répondre à l'invitation formulée par Paul Veyne à exercer « un scepticisme systématique à l'égard de tous les universaux[7] », et d'essayer de s'extraire d'une lecture au seul prisme des stéréotypes genrés et en tout cas, de n'avoir recours à ces derniers que comme des cas limites spécifiables utiles pour éclairer tous les schémas interstitiels possibles.

Ensuite, suivant la même logique, on a vu la difficulté que présente le recours à la typologie proposée par la critique pour circonscrire les multiples courants théoriques au sein des mouvements féministes. Dans le cas d'Irini Dentrinou, les tensions idéologiques et le mouvement d'une pensée qui n'exclut pas ambivalences et parfois contradictions trouvent difficilement un éclairage à travers des catégories stables comme celles

6 Th. Pylarinos, « Ειρήνη Α. Δεντρινού », *op. cit.*, p. 150.
7 P. Veyne, *Foucault*, *op. cit.*, p. 32-33.

définies par exemple par les expressions « féminisme socialiste » et « féminisme bourgeois ». S'il est évident que sous la bannière commune du féminisme se range une pluralité de conceptions, la typologie qui en est faite nourrit parfois une logique binaire ignorante des nuances qui peine à rendre compte de parcours singuliers. Les oscillations et les zones grises de la réflexion deviennent ainsi des impensés tandis que les lignes de démarcation entre différentes tendances idéologiques apparaissent à tort comme rigides et semblent répondre à une logique de dichotomie.

Pourtant ces interstices de la pensée constituent « une critique qui n'est pas nommée[8] » et confortent l'idée selon laquelle les féminismes sont bien plus que des « paradoxes » ou des « contradictions logiques », idée développée par Karen Offen dans son étude comparative des féminismes européens, dans laquelle elle invite à démêler « un enchevêtrement d'idées fausses et démystifie certaines polémiques contemporaines : le débat sur les Lumières, et les oppositions nature et culture, raison et émotion, égalité et différence, public et privé[9] ». Il est donc important de résister à la tentation des catégories stables d'analyse et de réintégrer dans l'historiographie féministe les incohérences et les va-et-vient de la pensée.

De même, la prise en compte des hommes et du masculin est fondamentale pour comprendre l'articulation des rapports entre les sexes et la construction du genre et à ce titre, une mise en perspective globale du genre ne doit pas être occultée, qu'il s'agisse du social ou du culturel, au profit de l'examen isolé d'un *corpus* pensé comme « féminin » qui ne s'attacherait qu'aux femmes. Aussi la constitution du *corpus* des études de genre doit-elle répondre à une approche mixte et relationnelle, en outrepassant le féminin et les femmes (d'où ce champ de recherche est certes issu), pour dépasser la logique binaire d'un clivage homme/femme. Suivant cette logique, une remise en question du postulat féministe de l'écriture féminine, qui coïncide par ailleurs avec une vision différentialiste, permet de rendre visible la diversité des postures et des pratiques d'écriture, indépendamment du sexe des auteurs, et de détacher le propos de tout argument naturaliste. En tout état de cause, comme l'a souligné Françoise Collin, les tensions inhérentes au féminisme devraient

8 Karen Offen, *Les féminismes en Europe. 1700-1950*, Préface et traduction Yvonne Knibiehler, Rennes, Presses Universitaires de Rennes, 2012, p. 67.

9 *Ibid.*

être considérées au-delà de toute « logique des contraires » qui fige la réflexion théorique, mais plutôt au gré d'une « pensée exploratoire[10] », questionnement incessant qui invite à être « hétérodoxes et hérétiques, erratiques, nous laissant glisser librement sur l'erre de la pensée, et rouvrant dans le genre l'hétérogène[11] ».

Or cette pensée exploratoire ne saurait mieux s'exprimer que dans un décloisonnement disciplinaire qui prenne appui sur une approche transculturelle et diachronique comparatiste, c'est-à-dire une approche qui n'occulte pas la production d'aires culturelles marginalisées parce que tacitement jugées périphériques et ne rechigne pas non plus à l'examen du passé. Ce décloisonnement doit aussi permettre d'intégrer, ou de réintégrer, des textes exclus du *corpus* de la critique féministe ou de celui de la « grande littérature » – relégués, du fait de critères qualitatifs arbitraires, à un rang secondaire, comme c'est notamment le cas des œuvres rangées sous la bannière de la paralittérature. Les voix les plus discrètes ou largement ignorées ont en effet leur place au sein des études de genre.

De la même manière, la littérature et les analyses littéraires sont d'une importance cruciale pour compléter notre compréhension du genre et de son histoire comme pour explorer et interroger la réflexion théorique en la matière. Ainsi par exemple, en utilisant des outils théoriques développés à partir de la deuxième moitié du XXe siècle pour éclairer la lecture de textes bien antérieurs (comme ici entre 1890 et l'entre-deux-guerres), on réalise la prétention de la critique féministe postmoderne à avoir inventé des concepts comme l'*agency*, l'intersectionnalité ou l'hybridité, qui ne font pourtant que recouvrir des idées préexistantes qu'elle ne fait que nommer et théoriser. C'est en somme ce que souligne Jean-François Lyotard dans son ouvrage *Le Postmoderne expliqué aux enfants* lorsqu'il contourne le sens diachronique du postmoderne en qualifiant aussi de postmoderne l'essai à la façon de Montaigne[12].

En ce qui concerne le genre, l'examen d'œuvres littéraires du début du XXe siècle nous invite en tout cas à réaliser que la volonté de dépasser

---

10 Françoise Collin, « Penser/agir la différence des sexes. Entre insurrection et institution », dans *Transmission(s) féministe(s) – Penser/agir la différence des sexes. Avec et autour de Françoise Collin*, Sophia (Réseau belge des études de genre), « Transmission(s) féministe(s) », n° 1, 2011, https://cdn.atria.nl/epublications/IAV_B00107136.pdf (consulté le 31/05/2019).

11 Françoise Collin, « Ces études qui sont "pas tout". Fécondité et limites des études féministes », dans *Les Cahiers du GRIF*, n° 45, 1990. Savoir et différence des sexes, p. 81-94.

12 Jean-François Lyotard, *Le Postmoderne expliqué aux enfants*, Paris, Galilée, 1988, p. 27.

un système de pensée binaire n'est pas l'apanage de penseurs de la deuxième moitié du XXe siècle. Dès 1929 par exemple, Joan Rivière propose ainsi une réflexion très intéressante à propos de la sexualité féminine dans *Féminité mascarade* (*Womanliness as a Masquerade*). Elle y expose sous l'angle de la psychanalyse une réflexion sur la résistance d'une catégorie de femmes aux classifications traditionnelles et conventionnelles relatives à l'orientation sexuelle (hétérosexuelle et homosexuelle) et s'intéresse ainsi aux situations intermédiaires, aux femmes « entre-deux ». À la même époque, dans ses autoportraits photographiques ou dans ses écrits, notamment *Aveux non avenus* et *Héroïnes*, Claude Cahun réfléchit à l'identité de genre et à l'arbitraire des catégories identitaires. En produisant une contre-tradition subversive, dans une perspective *queer*, elle écrit en 1930 « Masculin ? Féminin ? Mais ça dépend des cas. Neutre est le seul genre qui me convienne toujours[13] ». Ces quelques exemples nous rappellent en tout cas l'intérêt de confronter la réflexion théorique sur le genre à une lecture transdisciplinaire et transculturelle pour qu'il ne soit pas nécessaire sans cesse de « réinventer la roue[14] ».

Au moment de conclure, il faut souligner que derrière leur aspect parfois trivial et sans prétention, les écrits d'Irini Dentrinou offrent en réalité une réflexion de fond et ne sont pas dépourvus d'enjeux théoriques. On y retrouve une critique sociale qui interroge les rouages de la construction du genre et des rapports hiérarchiques entre les sexes, notamment l'éducation des filles des classes moyennes et supérieures. Bien qu'empreinte de subjectivité, son œuvre constitue un poste d'observation intéressant sur la condition féminine et les rapports entre hommes et femmes à Corfou au tournant du siècle, et elle encapsule les oscillations idéologiques qui accompagnent à l'époque « la question des femmes ». Mais ce n'est pas là croyons-nous l'intérêt premier de cette œuvre ni ce qui fonde son originalité.

En effet, au-delà de la dénonciation des inégalités et du bousculement des codes qui constituent le socle commun de ses écrits, Irini Dentrinou questionne les arguments féministes et l'idée même d'émancipation féminine. Son œuvre peut ainsi être lue comme un contre-discours de la rhétorique émancipatrice de la modernité, pensée dans le courant de

13 Claude Cahun, *Aveux non avenus*, Paris, éditions du Carrefour, 1930, p. 176.

14 Expression employée par Karen Offen au sujet du féminisme (*Les féminismes*, *op. cit.*, p. 499).

l'*Aufklärung*, à laquelle elle oppose, au fil de son itinéraire créateur, le récit d'une émancipation manquée, en optant avant l'heure pour des arguments que ne démentirait pas aujourd'hui la critique postcoloniale. Par un effet de mise en abyme, la fréquentation des écrits de Dentrinou constitue d'ailleurs une invitation à rejeter l'unicité illusoire de la critique féministe. La Corfiote opte en outre pour une approche globale de l'individu et ne souscrit pas à une vision figée et séparatiste des sexes, pas plus qu'aux arguments différentialistes naturalistes qui dominent les représentations de son temps.

Loin de tout esprit de chapelle, son idéal égalitaire ne nie pas l'histoire et les rapports hiérarchiques entre les sexes, mais tend à dépasser tout présupposé dualiste de la différence des sexes. Elle interroge ainsi la binarité et dépolarise les rapports entre hommes et femmes à une époque qui valorise, plus que jamais, la différenciation entre les sexes. Les figures métastables du genre offrent ainsi une opportunité de caractérisation renouvelée des individus et de leurs parcours spécifiques, et l'identité est de ce fait perçue tant dans sa profondeur et son épaisseur que dans un *continuum* labile qui résiste aux stéréotypes et aux normes. Plus que par un désir d'adhésion à la doxa féministe de son temps, Irini Dentrinou semble davantage mue par la volonté de susciter une réflexion, féconde du point du vue du genre, parfois dérangeante, mais qui en dépit du décalage temporel reste toujours d'actualité, notamment par sa capacité stimulante à poser des questions sérieuses avec une légèreté déconcertante.

BIBLIOGRAPHIE

TEXTES D'IRINI DENTRINOU

Sont successivement présentés les principales œuvres d'Irini Dentrinou publiées en volume ou en série, qui apparaissent sous la rubrique « Corpus », ainsi que les titres des compositions citées dans cet ouvrage. Pour ces dernières sont indiqués, face au titre traduit en français, leurs titres originaux en grec ainsi que leurs sources. Le cas échéant, sont également données, entre crochets et précédées d'un astérisque, les références des textes d'Irini Dentrinou publiés par Théodossis Pylarinos, plus accessibles que les originaux : Irini Dentrinou, *Τὰ Διηγήματα*, éd. critique de Théodossis Pylarinos, Athènes, Fondation Costas et Éléni Ouranis, 2014.

CORPUS : PRINCIPALES ŒUVRES D'IRINI DENTRINOU

Ἀπὸ τὸν κόσμο τοῦ σαλονιοῦ καὶ οἱ δυὸ θάνατοι. Διηγήματα, Athènes, Noumas, 1907.

Ἐξαγνισμός !, Alexandrie, Grammata, 1923.

Ἡ δασκαλίτσα. Δράμα σὲ τρεῖς πράξεις, traduction de Dario Niccodemi, Athènes, Élefthéroudakis, 1921. Rééd., Athènes, Dodoni, 2007.

Ἡ Κερκυραϊκὴ Σχολή, prologue de Costas Daphnis, Corfou, s n., 1953, éd. augmentée, Kerkyraïka Chronika III, 1971.

Ὁ ξένος καὶ οἱ μικροὶ του φίλοι (ἱστορίες ἀπὸ τὸν καιρὸ τῶν ἐθνικῶν πολέμων), Athènes, Élefthéroudakis, coll. « Paidiki Vivliothiki », 1933.

Πεταχτές κουβέντες, textes publiés dans *Kerkyraïki Anthologia* (1re période : 1915-1918 ; 2e période : 1924-1925).

Σονέττα, Alexandrie, Grammata, 1916.

Τὸ ὄνομα τοῦ πατέρα, publié en série dans *Kerkyraïka Néa* entre le 10 février 1969 et le 16 mars 1970.

Épigrammes satiriques publiées dans la revue *Kerkyraïki Anthologia* entre 1915 et 1918.

Récits publiés dans la revue *Kerkyraïki Icho* en 1930.

COMPOSITIONS D'IRINI DENTRINOU CITÉES

À l'icône d'une Vierge = *Στὸ κόνισμα μιας Παναγιάς*, *Noumas*, t. 4, n° 208, 6 septembre 1906, p. 4.

À Psichari = *Στὸν Ψυχάρη*, *Noumas*, t. 3, n° 143, 10 avril 1905, p. 6.

À un prétentieux = *Σ' ἕνα φαντασμένο*, *Kerkyraïki Anthologia*, I, 1915-1916, p. 124.

À un satyre = *Σ' ἕνα σάτυρο*, *Grammata*, n° 28-30, 1916, p. 217.

À un usurier pieux = *Σ' ἕνα θρήσκο τοκογλύφο*, *Kerkyraïki Anthologia*, I, 1915-1916, p. 41.

À une hirondelle = *Σ' ἕνα χελιδόνι*, *Éphiméris ton Kyrion*, 13 avril 1897, n° 484, p. 7.

À une laide bien dotée = *Σὲ μιὰν ἄσκημη πολύφερνη*, *Kerkyraïki Anthologia*, I, 1915-1916, p. 41.

À une laide prétentieuse = *Σὲ μιὰν ἄσκημη φαντασμένη*, *Kerkyraïki Anthologia*, II, 1916-1917, p. 102-103.

Agnès = *Ἀγνή*, *Kerkyraïki Anthologia*, II, 1916-1917, p. 107-114.

Amères vérités sur tempo joyeux = *Πικρὲς ἀλήθειες σὲ χαρούμενο ρυθμό*, *Kerkyraïki Icho*, 26, 12 décembre 1930.

Amour éternel = *Ἀτέλειωτη ἀγάπη**, *Noumas*, n° 138, 6 mars 1905, p. 3 [* p. 91-92].

Aux âmes des ceux qui sont tombés au combat pour l'idée sacrée de la Grèce = *Σταῖς ψυχαῖς ἐκείνων ποὺ ἐσκοτόθηκαν πολεμόντας γιὰ τὴν ἱερὴν ἰδέαν τῆς Ἑλλάδος* [*sic*], *Éphiméris ton Eidisséon*, n° 466, 12 mai 1897, p. 4.

Beauté bonté = *Ὀμορφιά Καλοσύνη**, *Noumas*, t. 13, n° 579, novembre-décembre 1915, p. 403 [* p. 182-188].

Bons sentiments des aristocrates = *Ἀριστοκρατικὴ εὐαισθησία*, *Kerkyraïki Anthologia*, I, 1915-1916, p. 103-107.

Caprices puérils = *Παιδιαροκάμωμα**, *Ἀπὸ τὸν κόσμο τοῦ σαλονιοῦ καὶ οἱ δυὸ θάνατοι. Διηγήματα*, *Noumas*, Athènes, 1907 [* p. 122-127].

Carnaval triste = *Θλιβερὴ ἀποκριάτικη ἱστορία**, *Éphiméris ton Kyrion*, 21 février 1899, n° 564, p. 6-8 [* p. 76-80].

Causeries légères = *Πεταχτές κουβέντες*, Textes publiés dans *Kerkyraïki Anthologia*, 1re période : 1915-1918 ; 2e période : 1924-1925.

Civil ou religieux = *Πολιτικός ἢ θρησκευτικός*, *Kerkyraïki Icho*, 26, 12 décembre 1930.

Comme un conte = *Σὰν παραμύθι**, *Kerkyraïki Icho*, 12, 28 août 1930 [* p. 342-345].

« Constantin Théotokis : l'écrivain, l'homme » = « Ὁ Κωνσταντῖνος Θεοτόκης σὰν συγγραφέας, σὰν ἄνθρωπος », *Ἡ Κερκυραϊκὴ Σχολή*, prologue de Costas Daphnis, Corfou, s. n., 1953, éd. augmentée, Kerkyraïka Chronika III, 1971, p. 91 (reproduction du texte d'une conférence prononcée au Lycée des Grecques le 29 avril 1927).

Contraste = *Ἀντίθεση*, *Σονέττα*, *Grammata*, Alexandrie, 1916, p. 9.

Conversations mondaines = *Κοσμικοί διάλογοι*, Inédits cités par Théodossis Pylarinos, « Ειρήνη Α. Δεντρινού », p. 93 *sqq.*

Dans la masure de Saint Jean = *Στὴν καλύβα τ' Ἄη Γιαννιοῦ**, *Néa Hestia*, t. 4, 15 octobre 1928, p. 920 [* p. 315-327].

Deux choses vues = *Δυὸ εἰκονοῦλες**, *Ἀπὸ τὸν κόσμο τοῦ σαλονιοῦ καὶ οἱ δυὸ θάνατοι. Διηγήματα*, *Noumas*, Athènes, 1907 [* p. 159-161].

Dislocation = *Ξεχαρβάλωμα*, *Kerkyraïki Anthologia*, II, 1916-1917, p. 59-64.

Éducation à l'anglaise = *Ἰγγλέζικη ἀνατροφή**, *Ἀπὸ τὸν κόσμο τοῦ σαλονιοῦ καὶ οἱ δυὸ θάνατοι. Διηγήματα*, *Noumas*, Athènes, 1907 [* p. 155-159].

En attendant le prince = *Περιμένοντας τὸν πρίγκιπα*, *Kerkyraïki Anthologia*, I, 1915-1916, p. 113-119.

Esprit pratique = *Μυαλὸ πραχτικό**, *Ἀπὸ τὸν κόσμο τοῦ σαλονιοῦ καὶ οἱ δυὸ θάνατοι. Διηγήματα*, *Noumas*, Athènes, 1907 [* p. 127-131].

Femme d'aujourd'hui... = *Συγχρονισμένη...*, *Kerkyraïki Icho*, 24, 28 novembre 1930.

Fichu monde = *Παλιόκοσμε**, *Kerkyraïki Anthologia*, année 5, n° 2, 1er mars 1925, p. 11-20 [* p. 287-296].

Figure atypique = *Ἀσυνήθιστος τύπος**, *Ἀπὸ τὸν κόσμο τοῦ σαλονιοῦ καὶ οἱ δυὸ θάνατοι. Διηγήματα*, *Noumas*, Athènes, 1907 [* p. 108-117].

Figure ordinaire = *Συνηθισμένος τύπος**, *Ἀπὸ τὸν κόσμο τοῦ σαλονιοῦ καὶ οἱ δυὸ θάνατοι. Διηγήματα*, *Noumas*, Athènes, 1907 [* p. 105-108].

Flagornerie = *Γλειφοπιατισμός*, *Kerkyraïki Anthologia*, II, 1916-1917, p. 1-7.

Flirt = *Φλέρτ**, *Ἀπὸ τὸν κόσμο τοῦ σαλονιοῦ καὶ οἱ δυὸ θάνατοι. Διηγήματα*, *Noumas*, Athènes, 1907 [* p. 131-135].

Fou ? = *Τρελός;**, *Ἀπὸ τὸν κόσμο τοῦ σαλονιοῦ καὶ οἱ δυὸ θάνατοι. Διηγήματα*, *Noumas*, Athènes, 1907 [* p. 162-166].

Grandeur de l'Amour = *Μεγαλεῖο Ἀγάπης*, *Sfaira*, année 3, 1903, p. 15-18.

Guerre = *Πόλεμος*, *Σονέττα*, *Grammata*, Alexandrie, 1916, p. 11.

Honnête = *Τίμιος*, *Kerkyraïki Anthologia*, année 5, n° 3, 1er mai 1925, p. 21-28.

Insignifiant = *Ἀσήμαντος**, *Néa Hestia*, t. 14, n° 159, 1er août 1933, p. 806-807 [* p. 377-380].

Jalousie = *Ζήλεια**, *Ἀπὸ τὸν κόσμο τοῦ σαλονιοῦ καὶ οἱ δυὸ θάνατοι. Διηγήματα*, *Noumas*, Athènes, 1907 [* p. 138-141].

L'Album d'Irini Dentrinou = *Το λεύκωμα της Ειρήνης Α. Δεντρινού*, *Το λεύκωμα της Ειρήνης Α. Δεντρινού*, éditions Eirmos, Athènes, 1989.

L'École de Corfou = *Η Κερκυραϊκή Σχολή*, *Ἡ Κερκυραϊκὴ Σχολή*, prologue de Costas Daphnis, Corfou, s. n, 1953, édition augmentée, Kerkyraïka *Chronika* III, 1971.

L'éducation de Didis = *Ἡ ἀνατροφὴ τοῦ Ντιντή*, *Kerkyraïki Anthologia*, I, 1915-1916, p. 58-62.

L'épouvantail = *Τὸ σκιάχτρο*, *Kerkyraïki Anthologia*, I, 1915-1916, p. 30-36.

L'Espoir = *Ἡ Ἐλπίδα*, *Éphiméris ton Kyrion*, année 12, n° 534, 31 mai 1898, p. 6-7.

L'étranger et ses jeunes amis (histoires de l'époque des guerres balkaniques) = *Ὁ ξένος καὶ οἱ μικροὶ του φίλοι (ἱστορίες ἀπὸ τὸν καιρὸ τῶν ἐθνικῶν πολέμων)*, Élefthéroudakis, coll. « Paidiki Vivliothiki », Athènes, 1933.

L'héritage de tante Marina = *Ἡ κληρονομιὰ τῆς θείας Μαρίνας**, *Kerkyraïki Anthologia*, année 4, n° 4, 1er juillet 1924, p. 3-10 [* p. 265-272].

L'Institutrice. Pièce en trois actes = *Ἡ δασκαλίτσα. Δράμα σὲ τρεῖς πράξεις*, Traduction de la pièce de Dario Niccodemi, Athènes, Élefthéroudakis, 1921. Rééd. Athènes, Dodoni, 2007.

La chanceuse = *Ἡ τυχερή*, *Kerkyraïki Anthologia*, année 4, n° 3, 1er mai 1924, p. 12-19 [* p. 259-265].

La chanson du batelier = *Τὸ τραγούδι τοῦ βαρκάρη*, *Éphiméris ton Kyrion*, année 10, n° 471, 5 janvier 1896, p. 6-7.

La chanson inchantée = *Τὸ ἀνείπωτο τραγούδι**, *Kerkyraïki Icho*, 8, 31 juillet 1930 [* p. 337-338].

La cloche des soupirs = *Ἡ καμπάνα τοῦ στεναγμοῦ**, *Kerkyraïki Icho*, 27, 25 décembre 1930 [* p. 367-373].

« La conférence – le public – le conférencier » = « Ἡ διάλεξις – Τὸ ἀκροατήριο – Ὁ ὁμιλητὴς », *Ἡ Κερκυραϊκὴ Σχολή*, prologue de Costas Daphnis, Corfou, s. n, 1953, éd. augmentée, Kerkyraïka Chronika III, 1971, p. 126-129.

La faute de la mère = *Τὸ κρίμα τῆς μάνας**, *Noumas*, t. 5, n° 254, 31 juin 1907, p. 4-5 [* p. 177-182].

La faute de madame Martha = *Τὸ κρίμα τῆς κυρὰ Μάρθας**, *I Féministiki*, 15 février 1930 [* p. 328-333].

La fin de la vieille Lambiro = *Τὸ τέλος τῆς γριᾶς Λαμπίρως**, *Kerkyraïki Anthologia*, année 4, n° 6, 1er novembre 1924, p. 3-12 [* p. 272-280].

La grand-mère aux sept petits-enfants = *Ἡ γιαγιὰ μὲ τὰ ἑπτὰ ἐγγονάκια*, Inédit conservé aux archives.

La jeune fille passe = *Περνᾶ ἡ κόρη*, *Imérologio Skokou*, 1901, p. 384-385.

La Mère des neuf braves = *Ἡ Μάνα τῶν ἐννιὰ παλληκαριῶν*, *Kerkyraïki Anthologia*, II, 1916-1917, p. 21-23.

La monnaie de sa pièce = *Μὲ τὸ ἴδιο νόμισμα**, *Ἀπὸ τὸν κόσμο τοῦ σαλονιοῦ καὶ οἱ δυὸ θάνατοι. Διηγήματα*, *Noumas*, Athènes, 1907 [* p. 135-137].

La petite aux yeux bleus = *Ἡ παιδούλα μὲ τὰ γαλάζια μάτια**, *Kerkyraïki Icho*, 23, 20 novembre 1930 [* p. 364-367].

La plus malheureuse des deux = *Μεγαλείτερος πόνος*, *Kerkyraïki Anthologia*, II, 1916-1917, p. 125-128.

La robe de bal = *Τὸ φόρεμα τοῦ χωροῦ**, *Ἀπὸ τὸν κόσμο τοῦ σαλονιοῦ καὶ οἱ δυὸ θάνατοι. Διηγήματα*, *Noumas*, Athènes, 1907 [* p. 147-153].

La robe de mariée = *Τὸ φόρεμα τῆς νύφης*, *Noumas*, t. 6, n° 277, 6 janvier 1908, p. 5.

La vertueuse = *Ἡ ἐνάρετη**, *Ἀπὸ τὸν κόσμο τοῦ σαλονιοῦ καὶ οἱ δυὸ θάνατοι. Διηγήματα*, *Noumas*, Athènes, 1907 [* p. 153-155].

La vie en rose = *Ὅλα ρόζ!...* [*sic*]*, *Kerkyraïki Icho*, 6, 17 juillet 1930 [* p. 334-335].

La vieille fille = *Τὸ γεροντοκόριτσο*, *Kathimérini ton Kalamon*, 29 avril 1899.

Lamentation = *Τραγούδι Μοιρολόι*, *Oikogéniako Imérologio*, 1903, p. 150.

Le chant de l'Amour = *Τὸ τραγούδι τῆς Ἀγάπης*, *Pinakothiki*, année 4, n° 39, mai 1904, p. 57.

Le cheval de Saint Georges = *Τὸ ἄλογο τοῦ Ἅη Γεωργιοῦ*, *Alexandrini Techni*, année 2, n° 9, août 1928, p. 327-329.

Le jour maudit = *Ἡ καταραμένη μέρα**, *Éphiméris ton Kyrion*, année 12, n° 526, 29 mars 1898, p. 3-6 [* p. 58-64].

Le lendemain du bal = *Τὴν ἐπομένη τοῦ χοροῦ*, *Kerkyraïki Anthologia*, année 4, n° 5, 1er septembre 1924, p. 11-15.

Le mariage de Galini = *Ὁ γάμος τῆς Γαληνῆς**, *Noumas*, t. 4, n° 197, 7 juillet 1906, p. 3-4 [* p. 96-99].

Le mensonge = *Τὸ ψέμα*, *Ἡ Κερκυραϊκὴ Σχολή*, prologue de Costas Daphnis, Corfou, s. n, 1953, éd. augmentée, Kerkyraïka Chronika III, 1971, p. 117-125.

Le monde des salons = *Ἀπὸ τὸν κόσμο τοῦ σαλονιοῦ**, *Ἀπὸ τὸν κόσμο τοῦ σαλονιοῦ καὶ οἱ δυὸ θάνατοι. Διηγήματα*, *Noumas*, Athènes, 1907 [* p. 103-176].

Le moralisateur = *Ὁ ἠθικολόγος*, *Kerkyraïki Anthologia*, I, 1915-1916, p. 96.

Le nom du père = *Τὸ ὄνομα τοῦ πατέρα*, Publié en série dans *Κερκυραϊκά Νέα* entre le 10 février 1969 et le 16 mars 1970.

Le philanthrope = *Ὁ φιλάνθρωπος*, *Kerkyraïki Anthologia*, II, 1916-1917, p. 102-103.

Le rêve de Despinio = *Τ' ὄνειρο τῆς Δεσποινιῶς**, *Kerkyraïki Icho*, 18, 9 octobre 1930 [* p. 354-357].

Le rire = *Τὸ γέλοιο*, *Éphiméris ton Kyrion*, année 13, n° 586, 12 septembre 1899, p. 4.

Le serpent pétrifié = *Τὸ λιθωμένο φίδι**, *Imérologio tis Éphiméridos ton Kyrion*, année 12, 1899 [* p. 83-85].

Le vengeur = *Ὁ ἐκδικητής**, *Kerkyraïki Anthologia*, année 5, n° 6, 1er novembre 1925, p. 1-13 [* p. 304-315].

Le vieux violoniste = *Ὁ γέρο-βιολιστής**, *Kerkyraïki Anthologia*, III, 1917-1918, n° 16-17, 1er mars – 1er mai 1918, p. 111-118 [* p. 191-197].

Les deux morts = *Οἱ δυὸ θάνατοι**, *Ἀπὸ τὸν κόσμο τοῦ σαλονιοῦ καὶ οἱ δυὸ θάνατοι. Διηγήματα*, *Noumas*, Athènes, 1907 [* p. 166-176].

Les deux œillets = *Τὰ δυὸ γαρούφαλλα**, *Pinakothiki*, année 2, n° 19, septembre 1902, p. 149 [* p. 89-91].

Les deux vieillards = *Οἱ δυὸ γέροι**, *Panképhalliniakon Imérologion*, année 1, 1937 [* p. 380-383].

Les escarpins du bal = *Τὰ γοβάκια τοῦ χοροῦ**, *Ἀπὸ τὸν κόσμο τοῦ σαλονιοῦ καὶ οἱ δυὸ θάνατοι. Διηγήματα*, *Noumas*, Athènes, 1907 [* p. 143-147].

Les paroles de la magicienne = *Τὰ λόγια τῆς μάγισσας*, *Noumas*, année 4, n° 182, 22 janvier 1906, p. 8.
Les Récits = *Τὰ Διηγήματα*, *Τὰ Διηγήματα*, éd. critique de Théodossis Pylarinos, Athènes, Fondation Costas et Éléni Ouranis, 2014.
Les trrraîtres = *Οἱ πρροδότες*, *Noumas*, année 3, n° 136, 20 février 1905, p. 1.
Lettre ouverte = *Ἀνοιχτὸ γράμμα**, *Pinakothiki*, année 1, t. 5, juillet 1901, p. 115-116 [* p. 85-88].
Lettres corfiotes = *Κορφιάτικα γράμματα*, *Noumas*, année 4, n° 200, 28 mai 1906, p. 9-10.
Lettres corfiotes = *Κορφιάτικα γράμματα*, *Noumas*, année 4, n° 204, 25 juin 1906, p. 2-3.
Liana = *Λιάνα*, *Kerkyraïki Anthologia*, II, 1916-1917, p. 34-39.
Ma chanson = *Τὸ τραγοῦδι μου*, *Σονέττα*, *Grammata*, Alexandrie, 1916, p. 27.
Ma voisine madame Panoria = *Ἡ γειτόνισσά μου ἡ κυρά Πανώρια*, *Kerkyraïkon Vima*, n° 14, 30 juillet 1933.
Madeleine = *Μαγδαληνή*, *Σονέττα*, *Grammata*, Alexandrie, 1916, p. 5.
Méchante bergère ! = *Κακὴ βοσκοπούλα !!!* [*sic*] *, *Éphiméris ton Kyrion*, année, 12, n° 537, 21 juin 1898, p. 4-5 [* p. 81-83].
Meilleurs vœux ! = *Νά' ναι μὲ καλὴ ὥρα !...* [*sic*] *, *Kerkyraïki Anthologia*, année 5, n° 1, 1er janvier 1925, p. 10-16 [* p. 281-287].
Mensonge = *Ψέμα**, *Noumas*, t. 4, n° 209, 2 juin 1905, p. 11 [* p. 93-95].
Mère grecque = *Μάνα Ἑλληνίδα*, *Éphiméris ton Eidisséon*, n° 473, 12 juillet 1897, p. 4.
Mon curé chez les riches = *Ὁ παπὰς μου ἀνάμεσα στοὺς πλουσίους*, Traduction de la pièce de Clément Vautel, *Mon curé chez les riches*, inédite. Théodossis Pylarinos signale que la pièce fut jouée au théâtre municipal de Corfou les 23 et 28 mai 1931 (Th. Pylarinos, « Ειρήνη Α. Δεντρινού », *op. cit.*, p. 145).
Morale double face = *Διπλοπρόσωπη ἠθική*, *Kerkyraïki Anthologia*, I, 1915-1916, p. 137-142.
Notre question et Vénizélos = *Τὸ ζήτημά μας καὶ ὁ Βενιζέλος*, *Noumas*, n° 478, 5 mai 1912, p. 281.
Par la fenêtre = *Ἀπὸ τὸ παράθυρο**, *Kerkyraïki Anthologia*, année 5, n° 5, 1er septembre 1925, p. 23-31 [* p. 296-303].
Passagère solitaire = *Στὴ μοναξιώτισα τοῦ διάπλου*, *Σονέττα*, *Grammata*, Alexandrie, 1916, p. 14.
Pensées de rien du tout = *Σκεψούλες**, *Ἀπὸ τὸν κόσμο τοῦ σαλονιοῦ καὶ οἱ δυὸ θάνατοι. Διηγήματα*, *Noumas*, Athènes, 1907 [* p. 142-143].
Pour la cérémonie du souvenir des Corfiotes tombés au combat = *Γιὰ τὸ μνημόσυνον τῶν σκοτωμένων Κερκυραίων*, *Éphiméris ton Eidisséon*, 8 novembre 1897.
Pourquoi pas = *Γιατὶ ὄχι*, *Kerkyraïki Anthologia*, I, 1915-1916, p. 17-23.

Premier de l'an = *Πρωτοχρονιά*, *Oikogéneia*, 17 janvier 1898.
Purification ! = *Ἐξαγνισμός !**, *Grammata*, Alexandrie, 1923 [* p. 199-258].
Qu'est-ce que le bonheur = *Τί εἶναι εὐτυχία*, *Kathimérini ton Kalamon*, n° 1, 11 avril 1899 ; rééd. *Pleias*, n° 16, 20 juin 1899, p. 244-245.
Quelle chanceuse ! = *Τί τυχερή !**, *Kerkyraïki Icho*, n° 9, 7 juillet 1930, p. 1.
Revanche future = *Ὁ αὐριανός*, *Néa Épithéorissi*, n° 6, juin 1928, p. 167 ; rééd. *Η Κερκυραϊκή Σχολή*, p. 134-135.
Rêve = *Ὄνειρο**, *Attiki Iris*, n° 4, 15 mars 1898 [* p. 56-58].
Rêve perdu = *Χαμένο ὄνειρο**, *Éphiméris ton Kyrion*, année 12, n° 543, 20 septembre 1898, p. 3-4 [* p. 72-75].
Sacrifice sanglant = *Αἱματοστάλαχτη θυσία*, *Néa Hestia*, t. 8, n° 87, 1er août 1930, p. 787-788.
Séparation = *Χωρισμός**, *Éphiméris ton Kyrion*, année 11, n° 517, 20 janvier 1898, p. 4 [* p. 53-55].
Son premier bal = *Ὁ πρῶτος της χορός**, *Ἀπὸ τὸν κόσμο τοῦ σαλονιοῦ καὶ οἱ δυὸ θάνατοι. Διηγήματα*, *Noumas*, Athènes, 1907 [* p. 117-121].
Sonnets = *Σονέττα*, *Grammata*, Alexandrie, 1916.
Telle doit être la volonté de Dieu ! ! = *Τέτοιο θα' ναι τὸ θέλημα τοῦ Θεοῦ !**, *Néa Hestia*, année 5, n° 113, 1er septembre 1931, p. 907-908 [* p. 373-376].
Un souvenir = *Μιὰ ἐνθύμηση**, *Éphiméris ton Kyrion*, année 12, n° 531, 10 mai 1898, p. 5-6 [* p. 65-69].
Un vœu = *Μιὰ εὐχή**, *Attiki Iris*, n° 10-11, 1er juillet 1898 [* p. 69-71].
Une larme pour ma chère Fani = *Ἐν δάκρυ γιὰ τὴ Φανή μου*, *Laos*, 26 novembre 1898.
Vieille fille = *Γεροντοκόρη*, *Σονέττα*, *Grammata*, Alexandrie, 1916, p. 6.

TITRES ORIGINAUX EN CARACTÈRES LATINS

*De Profundis**, *Kerkyraïki Icho*, n° 19, 16 octobre 1930 [* p. 357-359].
*Honni soit qui mal y pense**, *Kerkyraïki Icho*, n° 14, 11 septembre 1930 [* p. 345-347].
*In articulo mortis**, *Noumas*, t. 14, n° 597, p. 223-224 [* p. 189-191].
*O tempora o mores !**, *Kerkyraïki Icho*, n° 22, 13 novembre 1930 [* p. 362-364].
Patrizio Volgo, *Kerkyraïki Anthologia*, année 4, n° 2, 1er mars 1924, p. 17-25.
Spes ultima dea, *Kerkyraïki Anthologia*, III, 1917-1918, n° 16-17, 1/3-1/5 1918, p. 80-82.
*Vivre et laisser vivre !**, *Kerkyraïki Icho*, n° 16, 26 septembre 1930 [* p. 348-351].

RÉFÉRENCES À IRINI DENTRINOU

Sont recensés ici ouvrages et articles mentionnant Irini Dentrinou, notamment pour sa contribution aux lettres ou au féminisme grecs.

ARGYRIOU, Alexandros, *Ιστορία της Ελληνικής λογοτεχνίας και η πρόσληψή της στα χρόνια του Μεσοπόλεμου (1918-1940)*, Athènes, Kastaniotis, 2002, p. 188, 225, 1055.

DALAKOURA, Katerina, ZIOGOU-KARASTERGIOU, Sidéroula, *Η εκπαίδευση των γυναικών. Γυναίκες στην εκπαίδευση. Κοινωνικοί, ιδεολογικοί, εκπαιδευτικοί μετασχηματισμοί και η γυναικεία παρέμβαση (18ος – 20ος αι.)*, Syndesmos Ellinikon Akadimaïkon Vivliothikon, Athènes, Kallipos, 2015, https://repository.kallipos.gr/handle/11419/2585 (consulté le 10/05/2019).

DIMARAS, Constantin, « Ειρήνη Δεντρινού », *To Vima* (« Chroniques de Vima »), 3-9-1971.

GEORGIOU, Christos, « Η συμβολή των νέων παιδαγωγικών αντιλήψεων και των εκπαιδευτικών μεταρρυθμίσεων στη διαμόρφωση του παιδικού βιβλίου στην Ελλάδα του Μεσοπολέμου », thèse de doctorat, Université Aristote de Thessalonique, 2010.

GIAKOS, Dimitris, « Οἱ Ἑλληνίδες τῆς λογοτεχνίας », *Néa Hestia*, année 56, Noël 1982, n° 1331, p. 180-207.

GIAKOU, Réna Dim., « Δενδρινού Ειρήνη », *Mégali Enkyklopédia tis Néohellinikis Logotechnias*, 6, Athènes, Charis Patsis, s. D. GIAKOU, Réna Dim., « Δενδρινού Ειρήνη », *Pangosmio Viographiko Lexiko*, 3, Athènes, éditions d'Athènes, 1985.

GLYKOPHRYDI-ATHANASSOPOULOU, Théodora, « Από την εξάρτηση στην αυτοτέλεια. Στερεότυπες εικόνες γυναικών στο πεζογραφικό έργο του Κωνσταντίνου Θεοτόκη », thèse de doctorat, Université d'Athènes Capodistria, 2001 (publiée par le *Syllogos pros diadossin ophélimon vivlion*, 2007).

HESSELING, Dirk Christian, *Histoire de la littérature grecque moderne*, traduction Hubert Pernot, Paris, Société d'Édition Les Belles Lettres, 1924.

KOKKINIS, Spyros, *Ανθολογία νεοελληνικής σατιρικής ποίησης από τις αρχές του 18ου αι. ως τις μέρες μας*, Hestia, Athènes, 1981.

LAMBIKIS Dimitris, *Ἑλληνίδες ποιήτριες. Ἀπὸ τὴν ἱστορία τῆς φιλολογικῆς γενεάς μας*, Athènes, s. N., 1936.

LIANOPOULOU, Eleni, *Οι Ελληνίδες πεζογράφοι του Μεσοπολέμου (1921-1944)*, thèse de doctorat, Université Aristote de Thessalonique, 1994.

LIATSOS, Dimitris, *Οι Ελληνίδες στα γράμματα μας*, Athènes, s. N., 1966.

M.E., « Εξαγνισμός. Διήγημα Ειρήνης Α. Δεντρινού », *O Agonas tis gynaikas*, n° 8, mars 1924.

MACKERIDGE, Peter, RICKS, David, *The British Council and Anglo-Greek Literary Interactions, 1945-1955*, Abingdon, Oxon, New York, Routledge, 2018.

MARAS, Stathis, *Η γυναίκα, t. 1 : Κοινωνική ανισότητα και ερωτικό τραγούδι*, t. 2 : *Ελληνίδες ποιήτριες*, Athènes, Kastaniotis, 1990.

NAUDIER, Delphine, « L'écriture-femme, une innovation esthétique emblématique », *Sociétés contemporaines*, vol. 44, 4, 2001, p. 57-73.

PAPA, Katina, « Εἰρήνη Δενδρινοῦ », *Néa Hestia*, 97, année 49, 15-1-1975, n° 1141, p. 102-107.

PHTÉRIS, Giorgos, « Ειρήνη Δενδρινού και οι κερκυραίοι λόγιοι », *Ελληνικές μορφές*, Athènes, Diphros, 1979, p. 197-206.

PROTOPAPPA, Glykéria, « Εἰρήνη Α. Δεντρινοῦ », *Néa Hestia*, année 34, t. 68, n° 792, 1er juillet 1960, p. 858-866.

PYLARINOS, Théodossis, « Ειρήνη Α. Δεντρινού (1879-1974) : από τη μεγάλη ακμή έως την αναπόφευκτη πτώση της Κερκυραϊκής Σχολής ή από την πρωτοπορία της περιφέρειας στην απομόνωση του επαρχιωτισμού », thèse de doctorat inédite, Université d'Athènes, 1997.

RIZAKI, Irini, *Οι "γράφουσες" Ελληνίδες. Σημειώσεις για τη γυναικεία λογιοσύνη του 19ου αιώνα*, Athènes, Katarti, 2007.

SAVVIDIS, Giorgos, TSANTSANOGLOU, Eleni, « Μικρή ανθολογία ποίησης Ελληνίδων », *Néa Hestia*, année 56, Noël 1982, n° 1331, p. 11-41.

TARSOULI, Athina, *Ἑλληνίδες ποιήτριες (1857-1940)*, Athènes, s. N., 1951, p. 84.

THRAKIOTIS, Costas, *Σύντομη Ιστορία της Νεοελληνικής Λογοτεχνίας (1000-1965)*, Athènes, Diphros, 1965, p. 167.

TSAKONAS, Dimitris, *Λογοτεχνία και κοινωνία στον μεσοπόλεμο*, Athènes, Kaktos, 1987.

VALÉTAS, Georgios, *Ανθολογία της δημοτικής πεζογραφίας*, t. 3, Athènes, P. Panos, 1947 (y figure *Το πρώτο μας φιλί*, 1905).

VARIKAS, Eleni, *Η εξέγερση των Κυριών. Η γένεση μιας φεμινιστικής συνείδησης στην Ελλάδα 1833-1907*, Athènes, Papadissi, 2011[5].

ZOUMBOS, Giorgos, THYMIS, Konstantinos, PRIPHTIS, Alékos, PHILIPPOU, Philoppos (dir.), *Σοσιαλιστικός Όμιλος Κέρκυρας*, Alkinoos, 2011.

SUR LA LITTÉRATURE GRECQUE ÉCRITE PAR DES FEMMES

Cette liste, non exhaustive, recense des ouvrages qui consacrent un chapitre ou quelques pages à la production littéraire des femmes auteurs grecques, ainsi que d'autres, plus rares, dont l'objet est précisément la littérature écrite par des femmes dans la culture grecque.

AMILITOU, Eftychia *L'Écrivain et le Camelot. Littérature médiatique en Grèce (1880-1945)*, Paris, Honoré Champion, 2015 (un chapitre consacré à la question des femmes).

ATHANASSIADIS, Tassos, ZORAS, Gérassimos, APERGIS, Pantélis (éd.), *Ελληνική λογοτεχνία : πανόραμα του ελληνικού διηγήματος*, Athènes, Alexandros, 2001.

CAMBANIS, Aristos, *Ιστορία της Νέας Ελληνικής Λογοτεχνίας*, Athènes, Karavias, 1971 (5e édition, complétée par rapport à la première édition de 1925).

COAVOUX, Sophie (dir.), *Masculin Féminin dans la langue, la littérature et l'art grecs modernes*, Actes du XXIe Colloque international des néo-hellénistes des universités francophones, 28-30 mai 2009, Lyon, Publication de l'IETT, Université Jean Moulin Lyon 3, 2011.

DENISSI, Sophia, *Ανιχνεύοντας την "αόρατη" γραφή. Γυναίκες και γραφή στα χρόνια του ελληνικού διαφωτισμού-ρομαντισμού*, Athènes, Néféli, 2014.

DIMARAS, Constantin, *Ιστορία της Νεοελληνικής λογοτεχνίας*, Athènes, Ikaros, 1985 (7e édition).

GIAKOS, Dimitris, « Οἱ Ἑλληνίδες τῆς λογοτεχνίας », *Néa Hestia*, année 56, Noël 1982, n° 1331, p. 180-207.

HESSELING, Dirk Christian, *Histoire de la littérature grecque moderne*, traduction Hubert Pernot, Société d'Édition Les Belles Lettres, Paris, 1924.

IOANNIDOU, Marietta, « Μια λησμονημένη μορφή των γραμμάτων μας : Ευγενία Ζωγράφου (1878-1963) », dans Μνήμη Γ. Π. Σαββίδη, *Θέματα Νεοελληνικής Φιλολογίας. Γραμματολογικά, εκδοτικά, κριτικά, Πρακτικά Η΄ επιστημονικής συνάντησης*, Athènes, Hermis, 2001, p. 216-223.

IOANNIDOU, Marietta, *Γράφουσες Ελληνίδες τον 19ο-αρχές του 20ου αιώνα, Η περίπτωση της Ευγενίας Ζωγράφου (1878-1963) : Μια συμβολή στην ιστορία της λογοτεχνίας*, Groningue, Rijksuniversiteit, 2001.

KASTRINAKI, Aggela, « *Με κομμένα τα μαλλιά.* Η Γαλάτεια Καζαντζάκη και η γυναικεία χειραφέτηση », *Thémata Logotéchnias*, juillet-octobre 1998.

KASTRINAKI, Aggela, GERGATSOULI, Irini, *Γαλάτεια Καζαντζάκη. Εργογραφία. Βιβλιογραφία*, Réthymnon, s. n, 2012.

KASTRINAKI, Aggela, *Η λογοτεχνία στη δεκαετία 1940-1950*, Athènes, Kallipos, 2015 (chapitres 11 et 14 consacrés aux femmes auteurs).

KONTOGIANNI, Vassiliki (dir.), *Λόγος γυναικών, πρακτικά Διεθνούς συνεδρίου, Κομοτηνή, 26-28 Μαΐου 2006*, Université Démocrite de Thrace, Athènes, ELIA, 2008.

KORDATOS, Giannis, *Ιστορία Νεοελληνικής λογοτεχνίας. Από το 1453 ως το 1961*, Athènes, Épikairotita, 1962 (« Οι Ελληνίδες στη λογοτεχνία »).

LAMBIKIS, Dimitris, *Ἑλληνίδες ποιήτριες. Ἀπὸ τὴν ἱστορία τῆς φιλολογικῆς γενεάς μας*, Athènes, s. n, 1936.

LIANOPOULOU, Eleni, *Οι Ελληνίδες πεζογράφοι του Μεσοπολέμου (1921-1944)*, thèse de doctorat, Université Aristote de Thessalonique, 1994.

LIATSOS, Dimitris, *Οι Ελληνίδες στα γράμματα μας*, Athènes, s. n, 1966.

MARAS, Stathis, *Η γυναίκα*, 2 t. (A : *Κοινωνική ανισότητα και ερωτικό τραγούδι*, B : *Ελληνίδες ποιήτριες*), Athènes, Kastaniotis, 1990.

MENTI, Dora, « Η γυναικεία λογοτεχνική παρουσία στα Επτάνησα τον 19° αιώνα », *Θέματα Λογοτεχνίας*, 13, novembre 1999 – février 2000, p. 82-99.

NIARCHOS, Thanassis, *Ανθολογία ελληνικού διηγήματος του 20ού αιώνα*, Athènes, Kastaniotis, 2009 (plusieurs références féminines comme Galatée Kazantzaki, Alexandra Papadopoulou, Melpo Axioti).

NIKOLOPOULOU, Maria, « Γυναικεία σεξουαλικότητα και γραφή στα περιοδικά λόγου και τέχνης (1900-1920) », Actes du 4e Congrès des études néo-helléniques (Grenade, 2010), Constantin A. Dimadis (éd.), Athènes, Société Européenne des Études Néo-helléniques, 2011.

PALEOU, Nina, « Στα ίχνη μιας χειραφετικής φωνής των αρχών του 20ού αιώνα : η περίπτωση της Λώρας Δάφνη », dans *Continuities, Discontinuities, Ruptures in the Greek World (1204-2014) : Economy, Society, History, Literature*, Actes du 5e Congrès des études néo-helléniques (Thessalonique, 2014), Constantin A. Dimadis (éd.), Athènes, Société Européenne des études Néo-helléniques, 2015, p. 451-467.

PAPAKOSTAS, Giannis, *Η ζωή και το έργο της Αλεξάνδρας Παπαδοπούλου*, Athènes, ELIA 1980.

PAPANIKOLAOU, Anastasia, « Η άγαμη γυναίκα στο ελληνικό μυθιστόρημα το πρώτο μισό του 20ου αιώνα : (1900-1950) », thèse de doctorat inédite, Athènes, Université Panteio, 2009.

PAPPAS, Nikos, *Η αληθινή ιστορία της νεοελληνικής λογοτεχνίας (1100-1973)*, Athènes, Tymphi, 1973 (« Η γυναικεία λογοτεχνία στην Ελλάδα »).

PÉRANTHIS, Michalis, *Ελληνική πεζογραφία 1453 έως σήμερα*, Εκδόσεις Έργων Περάνθη, τομ, Δ', Athènes, 1967 (un chapitre est consacré à la prose féminine de 1921 à 1940, p. 471-518).

PÉTRAKOU, Kyriaki, « Η εμφάνιση του φεμινισμού στο νεοελληνικό θέατρο », dans *Ο ελληνικός κόσμος ανάμεσα στην εποχή του Διαφωτισμού και στον εικοστό αιώνα*, Actes du 3e Congrès Européen de la Société Européenne d'Études Néo-helléniques, « Identités dans le monde hellénique, de 1204 à nos jours », Bucarest, 2-4 juin 2006.

POESTION, Josef Calasanz, *Ελληνίδες ποιήτριαι : συμβολή προς την ιστορίαν της φιλολογίας των γυναικών*, Athènes, Typografeio A. Kolaraki – N. Triandaphyllou, 1884.

POLITIS, Linos, *Ιστορία της Νεοελληνικης λογοτεχνίας*, Athènes, MIET, 1980 (3e édition).

POULOS, Margaret, *Arms and the woman : just warriors and Greek feminist identity*, Gutenberg-e, New York, Columbia University Press, 2008 http://www.gutenberg-e.org/poulos/ (consulté le 2/09/2019).

RIZAKI, Irini, *Οι "γράφουσες" Ελληνίδες. Σημειώσεις για τη γυναικεία λογιοσύνη του 19[ου] αιώνα*, Athènes, Katarti, 2007.

ROZOS, Évaggelos, *Σύγχρονη ανθολογία γυναικείας ποίησης, 1900 1980*, Athènes, Drymos, 1980.

SACHINIS, Apostolos, *Νέοι πεζογράφοι. Είκοσι χρόνια νεοελληνικής πεζογραφίας 1945-1965*, Athènes, Bibliopoleion tis Hestias, 1965 (« Η γυναικεία πεζογραφία » p. 71-104).

STAVROPOULOU, Éri, « Η παρουσία των γυναικών συγγραφέων στις ιστορίες της νεοελληνικής λογοτεχνίας », dans *Για μια ιστορία της ελληνικής λογοτεχνίας του είκοστου αιώνα, Προτάσεις ανασυγκρότησης, θέματα και ρεύματα*, Actes du colloque à la mémoire d'Alexandros Argyriou, Réthymnon, 20-22 mai 2011, édit. Aggela Kastrinaki, Politis Alexis, Dimitris Tziovas, Héraklion, Presses Universitaires de Crète, 2012.

TARSOULI, Athina, *Ἑλληνίδες ποιήτριες (1857-1940)*, Athènes, s. n., 1951.

THRAKIOTIS, Kostas, *Σύντομη Ιστορία της Νεοελληνικής Λογοτεχνίας*, Athènes, Diphros, 1965.

VARIKAS, Eleni, *Η εξέγερση των Κυριών. Η γένεση μιας φεμινιστικής συνείδησης στην Ελλάδα 1833-1907*, Athènes, Papadissi, 2011[5].

VITTI, Mario, *Ιστορία της νεοελληνικής λογοτεχνίας*, Athènes, Odysséas, 2003 (« Η συμβολή μερικών γυναικών », p. 515-518).

VOUTIÉRIDIS, Ilias, *Ιστορία της Νεοελληνικης λογοτεχνίας*, Athènes, Papadimas, 1976 (3e édition, complétée par Dimitris Giakos).

WILSON, Katharina M., *An Encyclopedia of Continental Women Writers*, New York, Londres, Garland, 1991.

WILSON, Katharina M., SCHLUETER, Paul and June (éd.), *Women Writers of Great Britain and Europe : An Encyclopedia*, New York, Garland, 1997.

AUTRES TEXTES CITÉS
Littérature, culture, études de genre

AGRAS, Tellos, *Οἱ νέοι. Ἐκλογὴ ἀπὸ τὸ ἔργο τῶν νέων Ἑλλήνων ποιητῶν 1910-1920*, Athènes, Élefthéroudakis, 1922.

AMILITOU, Eftychia, *L'Écrivain et le Camelot. Littérature médiatique en Grèce (1880-1945)*, Paris, Honoré Champion, 2015.

ANAGNOSTOPOULOU, Diamanti, *Αναπαραστάσεις του γυναικείου στη λογοτεχνία*, Athènes, Pataki, 2007.

ANGENOT, Marc, « Qu'est-ce que la paralittérature ? », *Études littéraires*, 7 (1), 1974, p. 9-22.

ATHANASSIADIS, Tassos, ZORAS, Gérassimos, APERGIS, Pantélis (éd.), *Ελληνική λογοτεχνία : πανόραμα του ελληνικού διηγήματος*, Athènes, Alexandros, 2001.

ANASTASOPOULOU, Maria, "Feminist Discourse and Literary Representation in Turn-of-the-Century Greece : Kallirrhoe Siganou-Parren, *The Book of Dawn*", *Journal of Modern Greek Studies*, 15, 1997, p. 1-28.

ARGYRIOU, Alexandros, *Ιστορία της Ελληνικής λογοτεχνίας και η πρόσληψή της στα χρόνια του Μεσοπόλεμου (1918-1940)*, Athènes, Kastaniotis, 2002.

AUTHIER, Catherine, *Femmes d'exception, femmes d'influence. Une histoire des courtisanes au XIXe siècle*, Paris, Armand Colin, 2015.

AVDELA, Efi, PSARRA Angelika, *Ο φεμινισμός στην Ελλάδα του Μεσοπολέμου : μια ανθολογία*, Athènes, Gnossi, 1985.

AVDELA, Efi, *Δημόσιοι υπάλληλοι γένους θηλυκού*, Fondation pour la recherche et l'éducation de la Banque de Commerce de Grèce (Ίδρυμα Έρευνας και Παιδείας της Εμπορικής Τράπεζας της Ελλάδος), Athènes, 1990.

AVDELA, Efi, « *Pour cause d'honneur* : violence interpersonnelle et rapports de genre en Grèce dans les années 1950-1960 », dans *Femmes et justice pénale : XIXe-XXe siècles*, Rennes, Presses universitaires de Rennes, 2002.

AVDELA, Efi, "Between Duties and Rights : Gender and Citizenship in Greece, 1864-1952", dans Faruk Birtek – Thalia Dragonas (ed.), *Citizenship and the Nation State : Greece and Turkey*, Routledge, London and New York, 2005, p. 117-143.

AVDELA, Efi, PSARRA, Angelika, "Engendering 'Greekness' : Women's Emancipation and Irredentist Politics in Nineteenth-Century Greece", *Mediterranean Historical Review*, vol. 20, n° 1, juin 2005, p. 67-79.

AVDELA, Efi, « Les études genre en Grèce : ce champ qui n'en est pas un », 1res Rencontres Européennes du RING, « À propos des études de genre dans les pays européens. Où en sommes-nous ? », sous la responsabilité de Danièle Bussy Genevois et Michèle Riot-Sarcey, 27-28 octobre

2006, Saint-Denis, http://www2.univ-paris8.fr/RING/spip.php?rubrique25 (consulté le 2/06/2019).

Avdela, Efi, *Le genre entre classe et nation. Essai d'historiographie grecque*, Paris, Syllepse, 2006.

Badinter, Élisabeth, *XY. De l'identité masculine*, Paris, éditions Odile Jacob, 1992.

Bakalaki, Alexandra, Elegmitou, Eleni, *Η εκπαίδευση «εις τα του οίκου» και τα γυναικεία καθήκοντα. Από την ίδρυση του ελληνικού κράτους έως την εκπαιδευτική μεταρρύθμιση του 1929*, Athènes, éd. IAEN, 1987.

Balaskas, Costas, *Κωνσταντίνος Θεοτόκης. Ο τραγικός του έρωτα και της ουτοπίας*, Athènes, éd. Eirmos, 1993.

Baloglou, Christos, « Προσπάθειες διαδόσεως των ιδεών του Saint-Simon και πρακτικής των εφαρμογής στον ελλαδικό χώρο 1825-1837 », *Σπουδαί*, t. 53, 3, 2003, Université du Pirée, p. 77-108.

Bard, Christine, *Les filles de Marianne, Histoire des féminismes, 1914-1940*, Paris, Fayard, 1995.

Bard, Christine (dir.), *Un Siècle d'antiféminisme*, Paris, Fayard, 1999.

Bayle, Ariane, *Rire et émancipation féminine*, Paris, L'Harmattan, coll. « Identités, Genres, Sexualités », 2013.

Beauvoir, Simone de, *Le deuxième sexe*, vol. I, Paris, Gallimard, NRF, coll. « Idées », n° 152, 1972 (1949[1]).

Beauvoir, Simone de, *Le deuxième sexe*, vol. II, Paris, Gallimard, NRF, coll. « Idées », n° 153, 1973 (1949[1]).

Beauvoir, Simone de, *Pour une morale de l'ambiguïté*, Paris, Gallimard, Folio Essais, 2003.

Bhabha, Homi, *The location of culture*, London, New York, Routledge, 1994.

Boxer, Marilyn J., "Rethinking the Socialist Construction and International Career of the Concept 'Bourgeois Feminism'", *The American Historical Review*, vol. 112, No. 1 (Feb., 2007), p. 131-158 (publié par Oxford University Press).

Cahun, Claude, *Aveux non avenus*, Paris, éditions du Carrefour, 1930.

Cambanis, Aristos, *Ιστορία της Νέας Ελληνικής Λογοτεχνίας*, Athènes, Karavias, 1971[5].

Campell, John K., *Honour, Family, and Patronage. A Study of Institutions and Moral Values in a Greek Mountain Community*, New York et Oxford, Oxford University Press, 1964.

Camus, Marianne (dir.), *Création au féminin, Les humeurs de l'humour* (vol. 4.), Dijon, Éditions universitaires de Dijon, coll. « Kaléidoscopes », 2010.

Coavoux, Sophie (dir.), *Masculin Féminin dans la langue, la littérature et l'art grecs modernes*, Actes du XXIe Colloque international des néo-hellénistes des universités francophones, 28-30 mai 2009, Lyon, Publication de l'IETT, Université Jean Moulin Lyon 3, 2011.

COAVOUX, Sophie, *Le développement de l'érotisme dans la poésie de Constantin Cavafy*, Montpellier, PULM, 2013.

COAVOUX, Sophie, « Η γυναίκα στο έργο της Ειρήνης Δεντρινού », Actes du Xe Colloque international des îles Ioniennes, Corfou, vol. 3, Dimitris Konidaris (dir.), Corfou, 2017, p. 505-515.

COAVOUX, Sophie, « Irini Dentrinou (Corfou, 1879-1974), "ombre muette" de la littérature et du féminisme néo-helléniques ? », *Romantisme. Revue du dix-neuvième siècle*, n° 178, 2017/4, p. 135-144.

COAVOUX, Sophie, « Écriture de l'histoire et littérature féminine grecque au XIXe siècle », *Clio. Femmes, Genre, Histoire*, Belin, n° 49 « Travail de care », 2019, p. 221-238.

COLLIN, Françoise, « Ces études qui sont "pas tout". Fécondité et limites des études féministes », dans *Les Cahiers du GRIF*, n° 45, 1990. Savoir et différence des sexes, p. 81-94.

COLLIN, Françoise, « Penser/agir la différence des sexes. Entre insurrection et institution », dans *Transmission(s) féministe(s) – Penser/agir la différence des sexes. Avec et autour de Françoise Collin*, Sophia (Réseau belge des études de genre), « Transmission(s) féministe(s) », n° 1, 2011 https://cdn.atria.nl/epublications/IAV_B00107136.pdf (consulté le 31/05/2019).

CONNELL, Raewyn, "Hegemonic Masculinity : Rethinking the Concept", *Gender & Society*, vol. 19 n° 6, décembre 2005, p. 829-859.

CONNELL, Raewyn, *Masculinités. Enjeux sociaux de l'hégémonie*, édition établie par Meoïn Hagège, Arthur Vuattoux, Paris, Éditions Amsterdam, 2014.

CUVILLIER, Armand, *Anthologie des philosophes français contemporains*, Paris, Presses Universitaires de France, 1962.

DALAKOURA, Katerina, ZIOGOU KARASTERGIOU, Sidéroula, *Η εκπαίδευση των γυναικών. Γυναίκες στην εκπαίδευση. Κοινωνικοί, ιδεολογικοί, εκπαιδευτικοί μετασχηματισμοί και η γυναικεία παρέμβαση (18ος – 20ος αι.)*, Syndesmos Ellinikon Akadimaïkon Vivliothikon, Kallipos, Athènes, 2015 http://hdl.handle.net/11419/2585 (consulté le 10/05/2019).

DAUPHIN, Cécile, « *Femmes seules* », dans *Histoire des femmes en Occident*, Georges Duby, Geneviève Fraisse, Michelle Perrot (dir.), vol. 4, XIXe siècle, Paris, Plon, 1991, p. 445-459.

DEAN, Carolyn J., « Christine Bard (dir.), *Un Siècle d'antiféminisme*, Paris, Fayard, 1999 », *Clio. Femmes, Genre, Histoire*, 11 | 2000.

DEBAISIEUX, Renée-Paule, « Femmes et fantasmes dans l'œuvre d'Épiskopopoulos. Les voies du décadentisme », dans *Revue des études néo-helléniques*, Paris-Athènes, Daedalus, I/1, 1992, p. 77-92.

DEBAISIEUX, Renée-Paule, *Le soupçon et l'amertume dans le roman grec moderne*, Paris, L'Harmattan, coll. « Études grecques », 1992.

DEBAISIEUX, Renée-Paule, *Le décadentisme grec dans les œuvres en prose (1894-1912)*, Paris, L'Harmattan, coll. « Études grecques », 1995.

DEBAISIEUX, Renée-Paule, *Le décadentisme grec, une esthétique de la déformation*, Paris, L'Harmattan, coll. « Études grecques », 1997.

DENISSI, Sophia, « Οι λόγιες Ελληνίδες στα χρόνια του Ελληνικού ρομαντισμού (1830-1880). Μια πρώτη προσέγγιση », *Diavazo*, 1994, p. 335-347.

DENISSI, Sophia, *Ανιχνεύοντας την "αόρατη" γραφή. Γυναίκες και γραφή στα χρόνια του ελληνικού διαφωτισμού-ρομαντισμού*, Athènes, Néféli, 2014.

DIMARAS, Constantin Th., *Ιστορία της Νεοελληνικής λογοτεχνίας*, Athènes, Ikaros, 1977 et 1985[7].

DIMARAS, Constantin Th., *La Grèce au temps des Lumières*, Genève, Droz, 1969.

DIMARAS, Constantin, « Ειρήνη Δεντρινού », *To Vima* (« Chroniques de Vima »), 3-9-1971.

DORLIN, Elsa, *Sexe, genre et sexualités. Introduction à la théorie féministe*, Paris, PUF, coll. « Philosophies », 2008.

DORON, Josette (dir.), *Voix de femmes grecques, Anthologie bilingue*, Paris, Hellinika Chronika, t. 10, 2000.

DRIKOS, Thomas, *Η πορνεία στην Ερμούπολη το 19ο αιώνα. 1820-1900*, Athènes, Hellinika Grammata, 2002.

DUBY, Georges, FRAISSE, Geneviève, PERROT, Michelle (dir.), *Histoire des femmes en Occident*, vol. 4, XIXe siècle, Paris, Plon, 1991.

ELIAS, Norbert, « Les transformations de la balance des sexes. Étude sociologique d'un processus à travers l'exemple de l'État romain antique », *Politix*, vol. 13, nº 51, Troisième trimestre 2000, p. 15-53.

FISHER, Linda, EMBREE, Lester (dir.), *Feminist phenomenology*, Dordrecht, Kluwer, 2000.

FISHER, Linda, « La phénoménologie féministe de Beauvoir », dans Christine Delphy et Sylvie Chaperon (dir.), *Cinquantenaire du Deuxième Sexe*, Colloque international Simone de Beauvoir, Paris, Syllepse, coll. « Nouvelles Questions féministes », 2002, p. 130-138.

FOUCAULT, Michel, *Histoire de la sexualité*, t. I. *La volonté de savoir*, Paris, Gallimard, 1976.

FOUCAULT, Michel, *Dits et écrits I. 1954-1975*, Paris, Quatro Gallimard, 2001.

FOUQUE, Antoinette, DIDIER, Béatrice, CALLE-GRUBER, Mireille (dir.), *Dictionnaire universel des créatrices*, Paris, Des Femmes, 2013.

FOURNARAKI, Eleni, *Εκπαίδευση και αγωγή των κοριτσιών. Ελληνικοί προβληματισμοί (1830-1910). Ένα ανθολόγιο*, Athènes, IAEN, 1987.

FOURNARAKI, Eleni, *Institutrice, femme et mère : idées sur l'éducation des femmes grecques au XIXe siècle (1830-1880)*, thèse de doctorat sous la direction de Michelle Perrot, Université Paris Diderot – Paris 7, Paris, s. n., 1992.

FOURNARAKIS, Constantinos, « Η διαμόρφωση μιας ανεξάρτητης γυναικείας ταυτότητας στο πρώτο μισό του 19ου αιώνα·η περίπτωση της ποιήτριας Αντωνούσας Καμπουράκη », dans *Identities in the Greek world (from 1204 to the present day)*, Actes du 4e Congrès des études néo-helléniques (Grenade, 2010), Constantin A. Dimadis (éd.), Athènes, Société Européenne des études Néo-helléniques, 2011, p. 287-303.

GALSTER, Ingrid (dir.), *Le Deuxième sexe : le livre fondateur du féminisme moderne en situation*, Colloque Simone de Beauvoir, Paris, Honoré Champion, 2004.

GALSTER, Ingrid (dir.), *Le Deuxième sexe de Simone de Beauvoir*, textes réunis et présentés par Ingrid Galster, Paris, Presses de l'Université Paris-Sorbonne, 2004.

GARGAM, Adeline, LANÇON, Bertrand, *Histoire de la misogynie de l'Antiquité à nos jours*, Paris, Arkhê, coll. « Histoire des femmes », 2013.

GEORGIOU, Christos, « Η συμβολή των νέων παιδαγωγικών αντιλήψεων και των εκπαιδευτικών μεταρρυθμίσεων στη διαμόρφωση του παιδικού βιβλίου στην Ελλάδα του Μεσοπολέμου », thèse de doctorat, Thessalonique, Université Aristote d'Athènes, École de formation des professeurs du primaire, 2010.

GEORGOPOULOS, Dionysis, « Το γυναικείο φύλο στα λογοτεχνικά και αυτοβιογραφικά κείμενα της Πηνελόπης Δέλτα : γυναικείοι λογοτεχνικοί χαρακτήρες και έμφυλες αποτυπώσεις τους », thèse de doctorat, Université Aristote d'Athènes, 2015, p. 65-66.

GIAKOS, Dimitris, « Οἱ Ἑλληνίδες τῆς λογοτεχνίας », *Néa Hestia*, année 56, Noël 1982, n° 1331, p. 180-207.

GIAKOU, Réna Dim., « Δενδρινού Ειρήνη », *Mégali Enkyklopédia tis Néohellinikis Logotechnias*, 6, Athènes, Charis Patsis, s. d.

GIAKOU, Réna Dim., « Δενδρινού Ειρήνη », *Pangosmio Viographiko Lexiko*, 3, Athènes, éditions d'Athènes, 1985.

GISSING, George, *Femmes en trop*, traduction Pierre Coustillas et Suzanne Calbris, Presses Universitaires de Lille, Septentrion, 1982.

GLYKOPHRYDI-ATHANASSOPOULOU, Théodora, « Από την εξάρτηση στην αυτοτέλεια. Στερεότυπες εικόνες γυναικών στο πεζογραφικό έργο του Κωνσταντίνου Θεοτόκη », thèse de doctorat, Université d'Athènes Capodistria, 2001 (publiée par le *Syllogos pros diadossin ophélimon vivlion*, 2007).

GOTHLIN, Eva, « Lire Simone de Beauvoir à la lumière de Heidegger », traduit de l'anglais par Michel Kail, *Les Temps Modernes*, 2002/2002, n° 619, p. 53-77.

GRENAUDIER-KLIJN, France, MUELSCH, Élisabeth-Christine, ANDERSON Jean (dir.), *Écrire les hommes. Personnages masculins et masculinité dans l'œuvre des écrivaines de la Belle Époque*, Saint-Denis, PUV, Université Paris 8, 2012.

GROLLIOS, Constantinos, « Το μεταφραστικό έργο του Κωνσταντίνου Θεοτόκη », *Néa Hestia*, année 47, Noël 1973, n° 1115.

GUBAR, Susan, "Feminist Misogyny : Mary Wollstonecraft and the Paradox of *It Takes One to Know One*" *Feminist Studies*, vol. 20, n° 3, 1994, p. 452-473.

HEINICH, Nathalie, *États de femme. L'identité féminine dans la fiction occidentale*, coll. NRF Essais, Paris, Gallimard, 1996.

HEINICH, Nathalie, « Femmes écrivains : écriture et indépendance », dans Nicole Racine et Michel Trebitsch (dir.), *Intellectuelles : du genre en histoire des intellectuels*, Paris Bruxelles, IHTP-CNRS, Complexe, coll. « Histoire du temps présent », 2004.

HÉRITIER, Françoise, *Masculin/Féminin II. Dissoudre la hiérarchie*, Paris, Éditions Odile Jacob, 2007.

HESSELING, Dirk Christian, *Histoire de la littérature grecque moderne*, traduction Hubert Pernot, Paris, Société d'Édition Les Belles Lettres, 1924.

IOANNIDOU, Marietta, « Μια λησμονημένη μορφή των γραμμάτων μας : Ευγενία Ζωγράφου (1878-1963) », dans Μνήμη Γ. Π. Σαββίδη, *Θέματα Νεοελληνικής Φιλολογίας. Γραμματολογικά, εκδοτικά, κριτικά, Πρακτικά Η επιστημονικής συνάντησης*, Hermis, Athènes, 2001, p. 216-223.

IOANNIDOU, Marietta, *Γράφουσες Ελληνίδες τον 19ο-αρχές του 20ου αιώνα, Η περίπτωση της Ευγενίας Ζωγράφου (1878-1963) : Μια συμβολή στην ιστορία της λογοτεχνίας*, Groningue, Rijksuniversiteit, 2001.

JOUBERT, Claire, « L'éternel féministe : un discours critique et ses mythes », *Revue Française d'Études Américaines*, n° 65, juillet 1995, La critique littéraire aux États-Unis, p. 448-459.

JOUBERT, Lucile, HAYWARD, Annette (dir.), *La vieille fille : lectures d'un personnage*, Montréal, éd. Triptyque, 2005.

JUNG, Carl Gustav, *Dialectique du Moi et de l'inconscient*, traduction Roland Cahen, Paris, Gallimard, Folio Essais, 1964.

KASTRINAKI, Aggela, « *Με κομμένα τα μαλλιά.* Η Γαλάτεια Καζαντζάκη και η γυναικεία χειραφέτηση », *Thémata Logotéchnias*, juillet-octobre 1998.

KITROMILIDÈS, Paschalis M., « The Enlightenment and womanhood : Cultural exchange and the politics of exclusion ». *Journal of Modern Greek Studies*, 1, 1983, p. 39-61.

KOKKINIS, Spyros, *Ανθολογία νεοελληνικές σατιρικής ποίησης από τις αρχές του 18ου αι. ως τις μέρες μας*, Athènes, Hestia, 1981.

KORASIDOU, Maria, *Οι άθλιοι των Αθηνών και οι θεραπευτές τους : φτώχεια και φιλανθρωπία στην ελληνική πρωτεύουσα τον 19ο αιώνα*, Athènes, IAEN, 1996.

KORDATOS, Giannis, *Ιστορία Νεοελληνικής λογοτεχνίας. Από το 1453 ως το 1961*, Athènes, Épikairotita, 1962.

KRUKS, Sonia, *Simone de Beauvoir and the Politics of Ambiguity*, Studies in Feminist Philosophy, Oxford and New York, Oxford University Press, 2012.

LAFARGUE, Paul, *La question de la femme*, Paris, édition de l'Œuvre nouvelle, 1904.

LAMBIKIS Dimitris, *Ἑλληνίδες ποιήτριες. Ἀπὸ τὴν ἱστορία τῆς φιλολογικῆς γενεάς μας*, Athènes, s. n., 1936.

LAMBROPOULOU, Voula, *Αντιφεμινιστικά και φεμινιστικά*, Athènes, édition privée, 1983.

LAMBROPOULOU, Voula, *Το βιβλίο των αντιφεμινιστών*, Athènes, Ermeias, 1994.

LAQUEUR, Thomas, *Making Sex. Body and Gender from the Greeks to Freud*, Cambridge, Mass., and London, Harvard University Press, 1990.

LEDUC, Guyone (dir.), *Comment faire des études genre avec de la littérature. Masquereading*, ouvrage collectif, préface de Marie-Hélène Bourcier, Paris, L'Harmattan, coll. « Des idées et des femmes », 2014.

Les femmes de Platon à Derrida. Anthologie critique, textes réunis et présentée par Françoise Collin, Évelyne Pisier, Eleni Varikas, Paris, Dalloz, 2011[2].

LIANOPOULOU, Eleni, *Οι Ελληνίδες πεζογράφοι του Μεσοπολέμου (1921-1944)*, thèse de doctorat, Université Aristote de Thessalonique, 1994.

LIATSOS, Dimitris, *Οι Ελληνίδες στα γράμματα μας*, Athènes, 1966.

M.E., « Ἐξαγνιμσός. Διήγημα Εἰρήνης Α. Δεντρινού », *O Agonas tis gynaikas*, n° 8, mars 1924.

LYOTARD, Jean-François, *Le Postmoderne expliqué aux enfants*, Paris, Galilée, 1988.

MARAS, Stathis, *Η γυναίκα*, t. 1 : *Κοινωνική ανισότητα και ερωτικό τραγούδι*, t. 2 : *Ελληνίδες ποιήτριες*, Athènes, Kastaniotis, 1990.

MAVRÉLOS, Nikos, « Η απουσία του ανδρικού λόγου/ρόλου ως εξουσιαστικού σε διήγημα της Λ. Παπαδοπούλου », *Λόγος γυναικών, πρακτικά Διεθνούς συνεδρίου, Κομοτηνή, 26-28 Μαΐου 2006*, Vassiliki Kontogianni (dir.), Université Démocrite de Thrace, Athènes, ELIA, 2008.

MENTI, Dora, « Η γυναικεία λογοτεχνική παρουσία στα Επτάνησα τον 19° αιώνα », *Θέματα Λογοτεχνίας*, 13, novembre 1999 – février 2000, p. 82-99.

MITSOU, Marie-Lise, « Le Philhellénisme bavarois et la "Grande Idée" », *Revue germanique internationale*, 1-2 | 2005, http://rgi.revues.org/70 (consulté le 22/06/2020).

MOHANTY, Chandra Talpade, "Under Western Eyes revisited : Feminist Scholarship and Colonial Discourses", *Boundary* 2, vol. 12, n° 3, *On Humanism and the University I : The Discourse of Humanism*, (Spring – Autumn, 1984), p. 333-358.

MOULLAS, Panayotis, *Ο χώρος του εφήμερου. Στοιχεία για την παραλογοτεχνία του 19ου αιώνα*, Athènes, Sokolis, 2007.

MOUTSAN-MARTINENGOU, Élisabeth, *Αυτοβιογραφία*, introduction V. Athanassopoulos, Athènes, Okéanida, 1999.

NAVET-GRÉMILLET, Marie-Cécile, *L'Alexandrie de Pénélope Delta (1874-1941), face cachée d'un écrivain grec*, Alexandrie, De Boccard, Centre d'études alexandrines, 2019.

NIARCHOS, Thanassis, *Ανθολογία ελληνικού διηγήματος του 20ού αιώνα*, Athènes, Kastaniotis, 2009.

NIKOLOPOULOU, Maria, « Γυναικεία σεξουαλικότητα και γραφή στα περιοδικά λόγου και τέχνης (1900-1920) », Actes du 4e Congrès des études néo-helléniques (Grenade, 2010), Constantin A. Dimadis (éd.), Athènes, Société Européenne des Études Néo-helléniques, 2011.

NOCHLIN, Linda, "Why Have There Been No Great Women Artists ?", *Art News*, 69, 1971 ; « Pourquoi n'y a-t-il pas eu de grande femme artiste ? », *Femmes, art et pouvoir et autres essais*, Nîmes, Éditions Jacqueline Chambon, 1993.

NOUTSOS, Panayiotis, *Ἡ σοσιαλιστική σκέψη στήν 'Ελλάδα, από τό 1875 ώς τό 1974*, t. I : *Οι σοσιαλιστές διαννοούμινοι και ή πολιτική λειτουργία της πρώιμης κοινωνικής κριτικής (1875-1907)*, Athènes, Gnossi, 1990.

OFFEN, Karen, *Les féminismes en Europe. 1700-1950*, Préface et traduction Yvonne Knibiehler, Rennes, Presses Universitaires de Rennes, 2012.

PALAMAS, Costis, *Ἅπαντα*, t. 5, Athènes, Biris, s. d.

PALÉOU, Nina, « Στα ίχνη μιας χειραφετικής φωνής των αρχών του 20ού αιώνα : η περίπτωση της Λώρας Δάφνη », dans *Continuities, Discontinuities, Ruptures in the Greek World (1204-2014) : Economy, Society, History, Literature*, Actes du 5e Congrès des études néo-helléniques, Thessalonique, 2014, Constantin A. Dimadis (éd.), Athènes, Société Européenne des études Néo-helléniques, 2015, p. 451-467.

PAPA, Katina, « Εἰρήνη Δενδρινοῦ », *Néa Hestia*, année 49, t. 97, nº 1141, 15 janvier 1975, p. 102-107.

PAPADOPOULOU, Alexandra, *Περιπέτειαι μιας διδασκαλίσσης, Στο Μοναστήριο*, Ziras Alexis et Giannis Papakostas (éd.), Athènes, Patakis, 2005.

PAPAKOSTAS, Giannis, *Η ζωή και το έργο της Αλεξάνδρας Παπαδοπούλου*, ELIA Athènes, 1980.

PAPANIKOLAOU, Anastasia, « Η άγαμη γυναίκα στο ελληνικό μυθιστόρημα το πρώτο μισό του 20ου αιώνα : (1900-1950) », thèse de doctorat inédite, Athènes, Université Panteio, 2009.

PAPASTAVROU, Barbara, « L'Heptanèse (1823-1923) : apogée et déclin littéraires d'un lieu médiateur », dans Corinne Alexandre-Garner (dir.), *Frontières, marges et confins*, Nanterre, Presses universitaires de Paris Nanterre, 2008, https://books.openedition.org/pupo/2925 (consulté le 2/12/2019).

PAPPAS, Nikos, *Η αληθινή ιστορία της νεοελληνικής λογοτεχνίας (1100-1973)*, Athènes, Tymphi, 1973.

PARREN, Callirhoé, *Η χειραφετημένη*, Angelika Psara (éd.), Athènes, Hécati, 1999.

PÉLISSIER, Georges, « La littérature dialoguée en France », *Études de littérature contemporaine*, Paris, Perin et Cie, 1898, https://archive.org/details/tudesdelitt01pell/page/248 (consulté le 4/12/2019).

PÉRANTHIS Michalis, *Ελληνική πεζογραφία 1453 έως σήμερα*, Εκδόσεις Έργων Περάνθη, τομ, Δ', Athènes, 1967.

PERROT, Michelle (dir.), *Une histoire des femmes est-elle possible ?*, Marseille, Rivages, 1984.

PERROT, Michelle, « Public, privé et rapports de sexes », dans Jacques Chevallier (dir.), *Public/privé*, Paris, PUF, 1995, p. 65-73.

PERROT, Michelle, *Les femmes ou les silences de l'histoire*, Paris, Flammarion, 1998.

PERROT, Michelle, « Portrait », *Circé. Histoires, Cultures & Sociétés*, numéro 6, 2015.

PÉTRAKOU, Kyriaki, « Η εμφάνιση του φεμινισμού στο νεοελληνικό θέατρο », dans *Ο ελληνικός κόσμος ανάμεσα στην εποχή του Διαφωτισμού και στον εικοστό αιώνα*, Actes du 3e Congrès Européen de la Société Européenne d'Études Néo-helléniques, « Identités dans le monde hellénique, de 1204 à nos jours », Bucarest, 2-4 juin 2006.

PHTÉRIS, Giorgos, « Ειρήνη Δενδρινού και οι κερκυραίοι λόγιοι », *Ελληνικές μορφές*, Athènes, Diphros, 1979.

PICQ, Françoise, « Le féminisme bourgeois : une théorie élaborée par les femmes socialistes avant la guerre de 14 », dans *Stratégies des femmes*, Tierce 1984, p. 391-406.

PLANTÉ, Christine, « Femmes exceptionnelles. Des exceptions pour quelle règle », *Les Cahiers du GRIF*, n° 37-38, 1988, « Le genre de l'histoire », p. 90-111.

PLANTÉ, Christine, « La place des femmes dans l'histoire littéraire : annexe, ou point de départ d'une relecture critique ? », *Revue d'Histoire littéraire de la France*, 3, 2003, p. 655-668.

PLANTÉ, Christine, *La petite sœur de Balzac. Essai sur la femme auteur*, nouvelle édition révisée, Lyon, Presses Universitaires de Lyon, 2015.

PLANTÉ, Christine, « Le genre en littérature : difficultés, fondements et usages d'un concept », dans GENERE (dir.), *Épistémologies du genre : Croisements des disciplines, intersections des rapports de domination*, Lyon, ENS Éditions, 2018, http://books.openedition.org.acces.bibliotheque-diderot.fr/ensedi-tions/9197 (consulté le 10/12/2019).

PLOUMIDIS, Spyridon, *Γυναίκες και γάμος στην Κέρκυρα (1600-1864). Έμφυλες σχέσεις και οικονομικές δραστηριότητες*, Corfou, Université des îles Ioniennes, 2008.

POESTION, Josef Calasanz, *Ελληνίδες ποιήτριαι : συμβολή προς την ιστορίαν της φιλολογίας των γυναικών*, Athènes, Typografeio A. Kolaraki – N. Triandaphyllou, 1884.

POLITIS, Linos, *Ιστορία της Νεοελληνικης λογοτεχνίας*, MIET, Athènes, 1980[3].

POULOS, Margaret, *Arms and the woman : just warriors and Greek feminist identity*, New York, Gutenberg-e, Columbia University Press, 2008, http://www.gutenberg-e.org/poulos/ (consulté le 2/09/2019).

PRAZ, Mario, *La chair, la mort et le diable dans la littérature du* XIXe *siècle. Le romantisme noir*, Paris, Gallimard, coll. « Tel », 1998[2].

PRÉJEAN, Marc, *Sexes et pouvoirs. La construction sociale des corps et des émotions*, Montréal, Presses de l'Université de Montréal, 1994.

PROTOPAPPA, Glykéria, « Εἰρήνη Α. Δεντρινοῦ », Néa *Hestia*, année 34, t. 68, n° 792, 1er juillet 1960, p. 858-866.

PSARRA, Angelika, "'Few Women Have a History' : Callirhoe Parren and the Beginnings of Women's History in Greece", *Gender and History*, 2006, vol. 18, n° 2, p. 400-411.

PSICHARI, Jean, *'Ρόδα καὶ μῆλα*, t. I, Athènes, Hestia, 1902.

PSICHARI, Jean, *Τὸ Ταξίδι μου*, Athènes, Hestia, 1905[2].

PYLARINOS, Théodossis, *Το λεύκωμα της Ειρήνης Α. Δενδρινού*, Athènes, Eirmos, 1989.

PYLARINOS, Théodossis, « Ειρήνη Α. Δεντρινού (1879-1974) : από τη μεγάλη ακμή έως την αναπόφευκτη πτώση της Κερκυραϊκής Σχολής ή από την πρωτοπορία της περιφέρειας στην απομόνωση του επαρχιωτισμού », thèse de doctorat inédite, Université d'Athènes, 1997.

PYLARINOS, Théodossis, « Από το Γεροστάθη του Λέοντα Μελά και τον ξένο της Ειρήνης Δεντρινού ως τους μειλίχιους παππούδες της Λιλίκας Νάκου. Οι σεβάσμιοι γέροντες ως ήρωες-πρότυπα στα κείμενα λογοτεχνίας για παιδιά », *Périplous*, n° 49, 2000.

PYLARINOS, Théodossis, « Δύο φεμινίστριες συγγραφείς, Καλλιρόη Παρρέν και Ειρήνη Δεντρινού », *Mikrophilologika*, 10, automne 2001, p. 31-32.

PYLARINOS, Théodossis, *Επτανησιακή Σχολή*, Athènes, Savvalas, 2003.

PYLARINOS, Théodossis, « Multum in parvo : Από το "Πίστομα" και την *Τιμή και το χρήμα* του Κωνστ. Θεοτόκη στην τιμή και την υπόληψη του "Ασπροπόταμου" του Ι. Μ. Παναγιωτόπουλου », Corfou, *Ionios Logos*, 2007, p. 181-191.

PYLARINOS, Théodossis, « Το χρήμα στην πεζογραφία των όψιμων χρόνων της Επτανησιακής Σχολής (1880-1920) », dans *Η λάμψη του χρήματος στη νεοελληνική λογοτεχνία. Από την Κρητική Αναγέννηση στην αυγή του 21[ου] αιώνα*, G. P. Péfanis (dir.), Athènes, Fondation Costas et Éléni Ouranis, 2014, p. 504-517.

REGARD, Frédéric, *La force du féminin : sur trois essais de Virginia Woolf*, La Fabrique, Paris, 2002.

REID, Martine, *Des femmes en littérature*, Paris, Belin, 2010.

REID, Martine, « Quelques observations à propos de *The Sentimental Education of the Novel* de Margaret Cohen », *LHT*, n° 7, avril 2010, https://www.fabula.org/lht/7/reid.html (consulté le 12/10/2019).

REYNIER, Christine, « Virginia Stephen (Woolf) et le rire comme horizon », *Études britanniques contemporaines*, 40 | 2011, p. 5-18.

REPOUSSI, Maria, « Mixité et enseignement en Grèce aux XIXe et XXe siècles », *Clio. Histoire, femmes et sociétés*, 18, 2003, p. 155-166.

RIGHAS VÉLESTINLIS, *Βασική βιβλιοθήκη*, Athènes, L. Vranoussis, n° 10, 1953.

RIOT-SARCEY, Michèle, VARIKAS, Eleni, "Feminist Consciousness in the Nineteenth Century : A Pariah Consciousness ?", *Praxis International* (PRAXIS International), n° 4, 1985, p. 443-465.

RIOT-SARCEY, Michèle, PLANTÉ, Christine, VARIKAS, Eleni, « Introduction », *Les Cahiers du GRIF*, 37-38, 1988, *Le genre de l'histoire*, p. 21-23.

RIOT-SARCEY, Michèle, VARIKAS, Eleni, « Réflexions sur la notion d'exceptionnalité », *Les Cahiers du GRIF*, n° 37-38, 1988, « Le genre de l'histoire », p. 77-89.

RIZAKI, Irini, « Domaine grec : la production littéraire des femmes au XIXe siècle », *Romantisme*, 85, 1994, p. 93-95.

RIZAKI, Irini, *Οι "γράφουσες" Ελληνίδες. Σημειώσεις για τη γυναικεία λογιοσύνη του 19ου αιώνα*, Athènes, Katarti, 2007.

ROCHEBLAVE-SPENLÉ, Anne-Marie, *Les rôles masculins et féminins. Les stéréotypes, la famille, les états intersexuels*, Paris, Presses universitaires de France, 1964.

ROZOS, Évaggélos, *Σύγχρονη ανθολογία γυναικείας ποίησης, 1900 1980*, Athènes, Drymos, 1980.

SACHINIS, Apostolos, *Συμβολή στην ιστορία της Πανδώρας και των παλιών περιοδικών*, Athènes, s. n., 1964.

SACHINIS, Apostolos, *Νέοι πεζογράφοι. Είκοσι χρόνια νεοελληνικής πεζογραφίας 1945-1965*, Athènes, Vivliopoleion tis Hestias, 1965.

SADOUN-ÉDOUARD, Clara, « *La Vie parisienne* ou la mise en scène de la mondanité », *Médias 19*, dans Olivier Bara et Marie-Ève Thérenty (dir.), *Théâtralisation des écritures de presse, Presse et scène au XIXe siècle*, http://www.medias19.org/index.php?id=5052 (consulté le 4/12/2019).

SAÏD, Edward, *Orientalism*, New York, Vintage, 1979 ; *L'Orientalisme. L'Orient créé par l'Occident*, traduction française par Catherine Malamoud et préface par Tzvetan Todorov, Paris, Seuil, 2005[5].

SALIMBA, Zizi, *Γυναίκες εργάτριες στην ελληνική βιομηχανία και στη βιοτεχνία (1870-1922)*, Athènes, éd. IAEN, 2002.

SANNA, Maria Eleonora, VARIKAS, Eleni, « Genre, modernité et "colonialité" du pouvoir : penser ensemble des subalternités dissonantes. Introduction », *Cahiers du Genre*, 2011/1 (n° 50), p. 5-15.

SAVOIE, Chantal, « Pour une sociopoétique historique des pratiques littéraires des femmes », dans Anthony Glinoer (dir.), *Carrefours de la sociocritique*, dans *Texte, revue de critique et de théorie littéraire*, Toronto, Trintexte, n° 45/46, octobre 2009, http://ressources-socius.info/index.php/reeditions/24-reeditions-de-livres/

carrefours-de-la-sociocritique/131-pour-une-sociopoetique-historique-des-pratiques-litteraires-des-femmes (consulté le 2/06/2020).

SAVVIDIS, Giorgos, TSANTSANOGLOU, Eleni, « Μικρή ανθολογία ποίησης Ελληνίδων », *Néa Hestia*, année 56, Noël 1982, nº 1331, p. 11-41.

SCHOR, Naomi, « La femme indépendante », dans Ingrid Gaster (dir.), *Simone de Beauvoir : Le Deuxième sexe. Le livre fondateur du féminisme moderne en situation*, Paris, Honoré Champion, 2004, p. 465-477.

SCOTT, Joan W., « Le genre : une catégorie d'analyse toujours utile ? », *Diogène*, vol. 225, no. 1, 2009, p. 5-14.

SIMMS, Eva-Maria, STAWARSKA, Beata, "Introduction : Concepts and Methods in Interdisciplinary Feminist Phenomenology", *Janus Head*, vol. 13, numéro 1, 2013, p. 6-16.

SIMONDON, Gilbert, *L'individu et sa genèse physico-biologique*, Grenoble, Million, 1995.

SOFIO, Séverine, PERIN, Emel Yavuz, MOLINIER, Pascale (dir.), « Genre, féminisme et valeur de l'art », *Cahiers du genre*, nº 43, Paris, L'Harmattan, 2007.

SOHN, Anne-Marie, *Sois un homme ! La construction de la masculinité au XIXe siècle*, Paris, Seuil, 2009.

SPIVAK, Gayatri Chakravorty, *In Other Worlds : Essays in Cultural Politics*, Routledge, 1987 ; *En d'autres mondes, en d'autres mots. Essais de politique culturelle*, traduction par Françoise Bouillot, Paris, Payot, 2009.

SPIVAK, Gayatri Chakravorty, *Nationalism and the Imagination*, New York, Seagull Books, 2010 ; *Nationalisme et Imagination*, traduction par Françoise Bouillot, Paris, Payot, 2011.

STAVROPOULOU, Éri, « Η παρουσία των γυναικών συγγραφέων στις ιστορίες της νεοελληνικής λογοτεχνίας », dans *Για μια ιστορία της ελληνικής λογοτεχνίας του είκοστου αιώνα, Προτάσεις ανασυγκρότησης, θέματα και ρεύματα*, Actes du colloque à la mémoire d'Alexandros Argyriou, Réthymnon, 20-22 mai 2011, édit. Aggela Kastrinaki, Politis Alexis, Dimitris Tziovas, Héraklion, Presses Universitaires de Crète, 2012.

TARSOULI, Athina, *Ελληνίδες ποιήτριες (1857-1940)*, Athènes, s. n., 1951.

THÉBAUD, Françoise, *Socialisme, femmes et féminisme*, Essais, Fondation Jean Jaurès, 2010.

THÉOTOKIS, Constantin, *Σονέτα*, éd. Orestis Alexakis, Athènes, Okéanida, 1999.

TONNET Henri, *Histoire du roman grec des origines à 1960*, Paris, L'Harmattan, coll. « Études grecques », 1996.

TONNET, Henri, « D'Élisabeth Martinengou à Melpo Axioti : l'émergence d'une "littérature féminine" en Grèce », dans *Masculin Féminin dans la langue, la littérature et l'art grecs modernes*, Actes du XXIe Colloque international des néo-hellénistes des universités francophones, 28-30 mai 2009, éd. Sophie Coavoux, Lyon, Publication de l'IETT, Université Jean Moulin Lyon 3, 2011, p. 197-204.

TONNET, Henri, *Des Mystères de Constantinople aux Misérables d'Athènes*, Paris, Classiques Garnier, coll. « Perspectives comparatistes », 2018.

TSAKONAS, Dimitris, *Λογοτεχνία και κοινωνία στον μεσοπόλεμο*, Athènes, Kaktos, 1987.

TSOUKALAS, Constantin, *Εξάρτηση και αναπαραγωγή. Ο κοινωνικός ρόλος των εκπαιδευτικών μηχανισμών στην Ελλάδα (1830-1922)*, Athènes, Thémélio, 1977.

TZANAKI, Demetra, *Δούλα και κυρά. Όψεις εθνικισμού : Ρόλοι και συμπεριφορές στην Ελλάδα των ρομαντικών χρόνων 1836-1897*, Athènes, Savvalas, 2007.

TZANAKI, Demetra, *Women and Nationalism in the Making of Modern Greece. The Founding of the Kingdom to the Greco-Turkish War*, Oxford, Palgrave Macmillan in association with St Anthony's College, 2009.

TZIOVAS, Dimitris, "A telling absence : the novel in the Ionian Islands", *Journal of Mediterranean Studies*, 1994, 4/1, p. 73-82.

TZIOVAS, Dimitris, "The novel and the crown : O Leandros and the politics of romanticism", dans Beaton Roderick, Ricks David, *The Making of Modern Greece : Nationalism, Romanticism, and the Uses of the Past (1797-1896)*, London – New York, Routledge, 2016 (rééd.), p. 211-224.

VALÉTAS, Georgios, *Ανθολογία της δημοτικής πεζογραφίας*, t. 3, Athènes, P. Panos, 1947.

VAN RENTERGHEM, Steven, « *Ο Λέανδρος* (1834) και η ιδεολογία του Ελληνισμού », Actes du 4e Congrès Européen de la Société Européenne d'Études Néo-helléniques, « Identités dans le monde hellénique, de 1204 à nos jours », Grenade, 9-12 septembre 2010, https://www.eens.org/EENS_congresses/2010/VanRenterghem_Steven.pdf (consulté le 2/06/2019).

VARIKAS, Eleni, « Μια δημοσιογραφία στην υπηρεσία της γυναικείας φυλής », *Diavazo*, n 198, 1988, p. 6-12.

VARIKAS, Eleni, « Question nationale et égalité des sexes », dans *Peuples méditerranéens*, n° 48-49, juil.-déc. 1989, p. 229-239.

VARIKAS, Eleni, « Subjectivité et identité de genre. L'univers de l'éducation féminine dans la Grèce du XIXe siècle », *Genèses*, vol. 6, numéro 1, 1991. p. 29-51.

VARIKAS, Eleni, "Gender and national identity in fin-de-siècle Greece", dans *Gender and History*, vol. 5, n° 2, 1993, p. 269-283.

VARIKAS, Eleni, « Trop archaïques ou trop modernes ? Les citadines grecques face à l'occidentalisation, (1833-1875) », *Les femmes et la modernité, Peuples méditerranéens*, n° 44-45, juillet-décembre 1988.

VARIKAS, Eleni « L'action des femmes dans la Révolution grecque, 1800-1827 », in *Nouvelle encyclopédie politique et historique des femmes*, Christine Fauré (dir.), Les Belles Lettres, Paris, 2010, p. 355-377.

VARIKAS, Eleni, *Η εξέγερση των Κυριών. Η γένεση μιας φεμινιστικής συνείδησης στην Ελλάδα 1833-1907*, Papadissi, Athènes, 2011[5].

VERSCHUUR, Christine, « Orientalisme dans les études de genre ? Les apports des théories et pratiques des "autres" femmes et organisation de femmes », dans Christine Verschuur (dir.), *Vents d'Est, vents d'Ouest. Mouvements de femmes et féminismes anticoloniaux*, Actes des colloques genre de l'IHEID, Commission nationale suisse pour l'UNESCO DDC IHEID, Genève-Berne, 2009, p. 13-21.

VEYNE, Paul, *Foucault, sa pensée, sa personne*, Paris, Albin Michel, 2008.

VISWANATHAN-DELORD, Jacqueline, *Spectacles de l'esprit. Du roman dramatique au roman-théâtre*, Québec, Presses de l'Université Laval, 2000.

VITTI, Mario, *Histoire de la littérature grecque moderne*, Paris, Hatier, 1989.

VITTI, Mario, *Ιστορία της νεοελληνικής λογοτεχνίας*, Athènes, Odysséas, 2003.

VOUTIÉRIDIS Ilias, *Ιστορία της Νεοελληνικής λογοτεχνίας*, Athènes, Papadimas, 1976 (3e édition, complétée par Dimitris Giakos).

WALKER, Nancy, "Do Feminists Ever Laugh ? Women's Humor and Women's Rights", *International journal of Women's Studies*, 4.1, janvier-février 1981, p. 1-9.

WALLRAVEN, Miriam, *A Writing Halfway Between Theory and Fiction : Mediating Feminism from the Seventeeth to the Twentieh Century*, Würzburg, Königshausen & Neumann, 2007.

WILLIAMS, Raymond, *Marxism and literature*, Londres, New York, Oxford University Press, Marxist Introductions Series, 1977.

WILSON, Katharina M., *An Encyclopedia of Continental Women Writers*, Garland, New York, Londres, 1991.

WILSON, Katharina M., SCHLUETER Paul and June (éd.), *Women Writers of Great Britain and Europe : An Encyclopedia*, New York, Garland, 1997.

WOOLF, Virginia, *Rire ou ne pas rire*, Textes traduits de l'anglais et présentés par Caroline Marie, Nathalie Pavec et Anne-Laure Rigeade, Paris, La Différence, coll. « Littérature étrangère », 2014.

WOOLF, Virginia, *A Room of One's Own*, Londres, Hogarth Press, 1929 ; *Un lieu à soi*, traduction française par Marie Darrieussecq, Paris, Denoël, « Empreinte », 2016.

XIRADAKI, Koula, *Γυναίκες στη Φιλική Εταιρία. Φαναριώτισσες. Αφιέρωμα στα 150 χρόνια από την Ελληνική Επανάσταση*, Athènes, s. n., 1971.

XIRADAKI, Koula, *Το Φεμινιστικό Κίνημα στην Ελλάδα. Πρωτοπόρες Ελληνίδες 1830-1936*, Athènes, Glaros, 1988.

XIRADAKI, Koula, *Οι γυναίκες στον ατυχή πόλεμο του 1897*, Athènes, Philipotti, 1994.

XIRADAKI, Koula, *Γυναίκες του 1821*, Athènes, Dodoni, 1995.

XIRADAKI, Koula, *Φαναριώτισσες, η συμβολή τους στα γράμματα, στις τέχνες και την κοινωνική πρόνοια*, Athènes, Philippoti, 1999.

ZIOGOU-KARASTERGIOU, Sidéroula, *Η μέση εκπαίδευση των κοριτσιών στην Ελλάδα, (1830-1893)*, Athènes, IAEN, 1986.

ZIRAS, Alexis, *Η παλαιότερη πεζογραφία μας από τις αρχές ως τον πρώτο παγκόσμιο πόλεμο*, t. 5 (1830-1880), Athènes, 1996.

« Γυναίκες και γάμος στην Κέρκυρα (17ος-19ος αιώνας) », *Περί Ιστορίας*, 6, Ionios Étaireia Istorikon Méléton, Corfou, Université des îles Ioniennes, Département d'histoire, 2013.

Ιόνιοι Νησοί, Ιστορία και πολιτισμός, Ιστορικά τεκμήρια, Athènes, Région des îles Ioniennes, 2007.

« Οι γυναίκες της Κέρκυρας για την Ειρήνη Δεντρινού », *Éphiméridα ton Eidisséon*, 21/22 février 1959 (s. n.).

INDEX DES NOTIONS

INDEX DES NOMS

TABLE DES MATIÈRES

IMPRIM'VERT®

Achevé d'imprimer par Corlet,
Condé-en-Normandie (Calvados), en septembre 2021
N° d'impression : 172956 - dépôt légal : septembre 2021
Imprimé en France